T&P BOOKS

GEORGIANO

VOCABULÁRIO

PORTUGUÊS BRASILEIRO

PORTUGUÊS GEORGIANO

Para alargar o seu léxico e apurar as suas competências linguísticas

9000 palavras

Vocabulário Português Brasileiro-Georgiano - 9000 palavras
Por Andrey Taranov

Os vocabulários da T&P Books destinam-se a ajudar a aprender, a memorizar, e a rever palavras estrangeiras. O dicionário é dividido em temas, cobrindo todas as principais esferas de atividades quotidianas, negócios, ciência, cultura, etc.

O processo de aprendizagem, utilizando os dicionários baseados em temáticas da T&P Books dá-lhe as seguintes vantagens:

- Informação de origem corretamente agrupada predetermina o sucesso em fases subsequentes da memorização de palavras
- Disponibilização de palavras derivadas da mesma raiz, o que permite a memorização de unidades de texto (em vez de palavras separadas)
- Pequenas unidades de palavras facilitam o processo de estabelecimento de vínculos associativos necessários para a consolidação do vocabulário
- O nível de conhecimento da língua pode ser estimado pelo número de palavras aprendidas

T&P Books Publishing
www.tpbooks.com

ISBN: 978-1-78767-277-2

Este livro também está disponível em formato E-book.
Por favor visite www.tpbooks.com ou as principais livrarias on-line.

VOCABULÁRIO GEORGIANO
palavras mais úteis

Os vocabulários da T&P Books destinam-se a ajudar a aprender, a memorizar, e a rever palavras estrangeiras. O vocabulário contém mais de 9000 palavras de uso comum organizadas tematicamente.

O vocabulário contém as palavras mais comummente usadas

Recomendado como adicional para qualquer curso de línguas

Satisfaz as necessidades dos iniciados e dos alunos avançados de línguas estrangeiras

Conveniente para o uso diário, sessões de revisão e atividades de auto-teste

Permite avaliar o seu vocabulário

Características especias do vocabulário

- As palavras estão organizadas de acordo com o seu significado, e não por ordem alfabética
- As palavras são apresentadas em três colunas para facilitar os processos de revisão e auto-teste
- As palavras compostas são divididas em pequenos blocos para facilitar o processo de aprendizagem
- O vocabulário oferece uma transcrição simples e adequada de cada palavra estrangeira

O vocabulário contém 256 tópicos incluindo:

Conceitos básicos, Números, Cores, Meses, Estações do ano, Unidades de medida, Roupas & Acessórios, Alimentos & Nutrição, Restaurante, Membros da Família, Parentes, Caráter, Sentimentos, Emoções, Doenças, Cidade, Passeios, Compras, Dinheiro, Casa, Lar, Escritório, Trabalho no Escritório, Importação & Exportação, Marketing, Pesquisa de Emprego, Esportes, Educação, Computador, Internet, Ferramentas, Natureza, Países, Nacionalidades e muito mais ...

TABELA DE CONTEÚDOS

GUIA DE PRONUNCIAÇÃO

Letra	Exemplo Georgiano	Alfabeto fonético T&P	Exemplo Português
ა	აკადემია	[ɑ]	chamar
ბ	ბიოლოგია	[b]	barril
გ	გრამატიკა	[g]	gosto
დ	შუალედი	[d]	dentista
ე	ბედნიერი	[ɛ]	mesquita
ვ	ვერცხლი	[v]	fava
ზ	ზარი	[z]	sésamo
თ	თანაკლასელი	[th]	[t] aspirada
ი	ივლისი	[i]	sinônimo
კ	კამა	[k]	aquilo
ლ	ლანგარი	[l]	libra
მ	მარჯვენა	[m]	magnólia
ნ	ნაყინი	[n]	natureza
ო	ოსტატობა	[ɔ]	emboço
პ	პასპორტი	[p]	presente
ჟ	ჟიური	[ʒ]	talvez
რ	რეჟისორი	[r]	riscar
ს	სასმელი	[s]	sanita
ტ	ტურისტი	[t]	tulipa
უ	ურდული	[u]	bonita
ფ	ფაიფური	[ph]	[p] aspirada
ქ	ქალაქი	[kh]	[k] aspirada
ღ	ღილაკი	[ɣ]	agora
ყ	ყინული	[q]	teckel
შ	შედეგი	[ʃ]	mês
ჩ	ჩამჩა	[ʧh]	[tsch] aspirado
ც	ცურვა	[tsh]	[ts] aspirado
ძ	ძიძა	[ʣ]	pizza
წ	წამწამი	[ʦ]	tsé-tsé
ჭ	ჭანჭიკი	[ʧ]	Tchau!
ხ	ხარისხი	[h]	[h] suave
ჯ	ჯიბე	[ʤ]	adjetivo
ჰ	ჰოკიჯოხა	[h]	[h] aspirada

ABREVIATURAS
usadas no vocabulário

Abreviaturas do Português

adj	-	adjetivo
adv	-	advérbio
anim.	-	animado
conj.	-	conjunção
desp.	-	esporte
etc.	-	Etcetera
ex.	-	por exemplo
f	-	nome feminino
f pl	-	feminino plural
fem.	-	feminino
inanim.	-	inanimado
m	-	nome masculino
m pl	-	masculino plural
m, f	-	masculino, feminino
masc.	-	masculino
mat.	-	matemática
mil.	-	militar
pl	-	plural
prep.	-	preposição
pron.	-	pronome
sb.	-	sobre
sing.	-	singular
v aux	-	verbo auxiliar
vi	-	verbo intransitivo
vi, vt	-	verbo intransitivo, transitivo
vr	-	verbo reflexivo
vt	-	verbo transitivo

CONCEITOS BÁSICOS

Conceitos básicos. Parte 1

1. Pronomes

eu	მე	me
você	შენ	shen
ele, ela	ის	is
nós	ჩვენ	chven
vocês	თქვენ	tkven
eles, elas	ისინი	isini

2. Cumprimentos. Saudações. Despedidas

Oi!	გამარჯობა!	gamarjoba!
Olá!	გამარჯობათ!	gamarjobat!
Bom dia!	დილა მშვიდობისა!	dila mshvidobisa!
Boa tarde!	დღე მშვიდობისა!	dghe mshvidobisa!
Boa noite!	საღამო მშვიდობისა!	saghamo mshvidobisa!
cumprimentar (vt)	მისალმება	misalmeba
Oi!	სალამი!	salami!
saudação (f)	სალამი	salami
saudar (vt)	მისალმება	misalmeba
Tudo bem?	როგორ ხარ?	rogor khar?
E aí, novidades?	რა არის ახალი?	ra aris akhali?
Tchau! Até logo!	ნახვამდის!	nakhvamdis!
Até breve!	მომავალ შეხვედრამდე!	momaval shekhvedramde!
Adeus!	მშვიდობით!	mshvidobit!
despedir-se (dizer adeus)	გამომშვიდობება	gamomshvidobeba
Até mais!	კარგად!	k'argad!
Obrigado! -a!	გმადლობთ!	gmadlobt!
Muito obrigado! -a!	დიდი მადლობა!	didi madloba!
De nada	არაფრის	arapris
Não tem de quê	მადლობად არ ღირს	madlobad ar ghirs
Não foi nada!	არაფრის	arapris
Desculpa! -pe!	ბოდიში!	bodishi!
desculpar (vt)	პატიება	p'at'ieba
desculpar-se (vr)	ბოდიშის მოხდა	bodishis mokhda
Me desculpe	ბოდიში	bodishi
Desculpe!	მაპატიეთ!	map'at'iet!

perdoar (vt)	პატიება	p'at'ieba
Não faz mal	არა უშავს.	ara ushavs.
por favor	გეთაყვა	getaqva
Não se esqueça!	არ დაგავიწყდეთ!	ar dagavits'qdet!
Com certeza!	რა თქმა უნდა!	ra tkma unda!
Claro que não!	რა თქმა უნდა, არა!	ra tkma unda, ara!
Está bem! De acordo!	თანახმა ვარ!	tanakhma var!
Chega!	საკმარისია!	sak'marisia!

3. Como se dirigir a alguém

senhor	ბატონო	bat'ono
senhora	ქალბატონო	kalbat'ono
senhorita	ქალიშვილო	kalishvilo
jovem	ახალგაზრდავ	akhalgazrdav
menino	ბიჭო	bich'i
menina	გოგო	gogo

4. Números cardinais. Parte 1

zero	ნული	nuli
um	ერთი	erti
dois	ორი	ori
três	სამი	sami
quatro	ოთხი	otkhi
cinco	ხუთი	khuti
seis	ექვსი	ekvsi
sete	შვიდი	shvidi
oito	რვა	rva
nove	ცხრა	tskhra
dez	ათი	ati
onze	თერთმეტი	tertmet'i
doze	თორმეტი	tormet'i
treze	ცამეტი	tsamet'i
catorze	თოთხმეტი	totkhmet'i
quinze	თხუთმეტი	tkhutmet'i
dezesseis	თექვსმეტი	tekvsmet'i
dezessete	ჩვიდმეტი	chvidmet'i
dezoito	თვრამეტი	tvramet'i
dezenove	ცხრამეტი	tskhramet'i
vinte	ოცი	otsi
vinte e um	ოცდაერთი	otsdaerti
vinte e dois	ოცდაორი	otsdaori
vinte e três	ოცდასამი	otsdasami
trinta	ოცდაათი	otsdaati
trinta e um	ოცდათერთმეტი	otsdatertmet'i

trinta e dois	ოცდათორმეტი	otsdatormet'i
trinta e três	ოცდაცამეტი	otsdatsamet'i
quarenta	ორმოცი	ormotsi
quarenta e um	ორმოცდაერთი	ormotsdaerti
quarenta e dois	ორმოცდაორი	ormotsdaori
quarenta e três	ორმოცდასამი	ormotsdasami
cinquenta	ორმოცდაათი	ormotsdaati
cinquenta e um	ორმოცდათერთმეტი	ormotsdatertmet'i
cinquenta e dois	ორმოცდათორმეტი	ormotsdatormet'i
cinquenta e três	ორმოცდაცამეტი	ormotsdatsamet'i
sessenta	სამოცი	samotsi
sessenta e um	სამოცდაერთი	samotsdaerti
sessenta e dois	სამოცდაორი	samotsdaori
sessenta e três	სამოცდასამი	samotsdasami
setenta	სამოცდაათი	samotsdaati
setenta e um	სამოცდათერთმეტი	samotsdatertmet'i
setenta e dois	სამოცდათორმეტი	samotsdatormet'i
setenta e três	სამოცდაცამეტი	samotsdatsamet'i
oitenta	ოთხმოცი	otkhmotsi
oitenta e um	ოთხმოცდაერთი	otkhmotsdaerti
oitenta e dois	ოთხმოცდაორი	otkhmotsdaori
oitenta e três	ოთხმოცდასამი	otkhmotsdasami
noventa	ოთხმოცდაათი	otkhmotsdaati
noventa e um	ოთხმოცდათერთმეტი	otkhmotsdatertmet'i
noventa e dois	ოთხმოცდათორმეტი	otkhmotsdatormet'i
noventa e três	ოთხმოცდაცამეტი	otkhmotsdatsamet'i

5. Números cardinais. Parte 2

cem	ასი	asi
duzentos	ორასი	orasi
trezentos	სამასი	samasi
quatrocentos	ოთხასი	otkhasi
quinhentos	ხუთასი	khutasi
seiscentos	ექვსასი	ekvsasi
setecentos	შვიდასი	shvidasi
oitocentos	რვაასი	rvaasi
novecentos	ცხრაასი	tskhraasi
mil	ათასი	atasi
dois mil	ორი ათასი	ori atasi
três mil	სამი ათასი	sami atasi
dez mil	ათი ათასი	ati atasi
cem mil	ასი ათასი	asi atasi
um milhão	მილიონი	milioni
um bilhão	მილიარდი	miliardi

6. Números ordinais

primeiro (adj)	პირველი	p'irveli
segundo (adj)	მეორე	meore
terceiro (adj)	მესამე	mesame
quarto (adj)	მეოთხე	meotkhe
quinto (adj)	მეხუთე	mekhute
sexto (adj)	მეექვსე	meekvse
sétimo (adj)	მეშვიდე	meshvide
oitavo (adj)	მერვე	merve
nono (adj)	მეცხრე	metskhre
décimo (adj)	მეათე	meate

7. Números. Frações

fração (f)	წილადი	ts'iladi
um meio	ერთი მეორედი	erti meoredi
um terço	ერთი მესამედი	erti mesamedi
um quarto	ერთი მეოთხედი	erti meotkhedi
um oitavo	ერთი მერვედი	erti mervedi
um décimo	ერთი მეათედი	erti meatedi
dois terços	ორი მესამედი	ori mesamedi
três quartos	სამი მეოთხედი	sami meotkhedi

8. Números. Operações básicas

subtração (f)	გამოკლება	gamok'leba
subtrair (vi, vt)	გამოკლება	gamok'leba
divisão (f)	გაყოფა	gaqopa
dividir (vt)	გაყოფა	gaqopa
adição (f)	შეკრება	shek'reba
somar (vt)	შეკრება	shek'reba
adicionar (vt)	მიმატება	mimat'eba
multiplicação (f)	გამრავლება	gamravleba
multiplicar (vt)	გამრავლება	gamravleba

9. Números. Diversos

algarismo, dígito (m)	ციფრი	tsipri
número (m)	რიცხვი	ritskhvi
numeral (m)	რიცხვითი სახელი	ritskhviti sakheli
menos (m)	მინუსი	minusi
mais (m)	პლიუსი	p'liusi
fórmula (f)	ფორმულა	pormula
cálculo (m)	გამოანგარიშება	gamoangarisheba
contar (vt)	დათვლა	datvla

calcular (vt)	დათვლა	datvla
comparar (vt)	შედარება	shedareba
Quanto, -os, -as?	რამდენი?	ramdeni?
soma (f)	ჯამი	jami
resultado (m)	შედეგი	shedegi
resto (m)	ნაშთი	nashti
alguns, algumas ...	რამდენიმე	ramdenime
pouco (~ tempo)	ცოტაოდენი ...	tsot'aodeni ...
resto (m)	დანარჩენი	danarcheni
um e meio	ერთ-ნახევარი	ert-nakhevari
dúzia (f)	დუჟინი	duzhini
ao meio	შუაზე	shuaze
em partes iguais	თანაბრად	tanabrad
metade (f)	ნახევარი	nakhevari
vez (f)	ჯერ	jer

10. Os verbos mais importantes. Parte 1

abrir (vt)	გაღება	gagheba
acabar, terminar (vt)	დამთავრება	damtavreba
aconselhar (vt)	რჩევა	rcheva
adivinhar (vt)	გამოცნობა	gamotsnoba
advertir (vt)	გაფრთხილება	gaprtkhileba
ajudar (vt)	დახმარება	dakhmareba
almoçar (vi)	სადილობა	sadiloba
alugar (~ um apartamento)	დაქირავება	dakiraveba
amar (pessoa)	სიყვარული	siqvaruli
ameaçar (vt)	დამუქრება	damukreba
anotar (escrever)	ჩაწერა	chats'era
apressar-se (vr)	აჩქარება	achkareba
arrepender-se (vr)	სინანული	sinanuli
assinar (vt)	ხელის მოწერა	khelis mots'era
brincar (vi)	ხუმრობა	khumroba
brincar, jogar (vi, vt)	თამაში	tamashi
buscar (vt)	ძებნა	dzebna
caçar (vi)	ნადირობა	nadiroba
cair (vi)	ვარდნა	vardna
cavar (vt)	თხრა	tkhra
chamar (~ por socorro)	დაძახება	dadzakheba
chegar (vi)	ჩამოსვლა	chamosvla
chorar (vi)	ტირილი	t'irili
começar (vt)	დაწყება	dats'qeba
comparar (vt)	შედარება	shedareba
concordar (dizer "sim")	დათანხმება	datankhmeba
confiar (vt)	ნდობა	ndoba
confundir (equivocar-se)	არევა	areva

conhecer (vt)	ცნობა	tsnoba
contar (fazer contas)	დათვლა	datvla
contar com ...	იმედის ქონა	imedis kona
continuar (vt)	გაგრძელება	gagrdzeleba
controlar (vt)	კონტროლის გაწევა	k'ont'rolis gats'eva
convidar (vt)	მოწვევა	mots'veva
correr (vi)	გაქცევა	gaktseva
criar (vt)	შექმნა	shekmna
custar (vt)	ღირება	ghireba

11. Os verbos mais importantes. Parte 2

dar (vt)	მიცემა	mitsema
dar uma dica	კარნახი	k'arnakhi
decorar (enfeitar)	მორთვა	mortva
defender (vt)	დაცვა	datsva
deixar cair (vt)	ხელიდან გავარდნა	khelidan gavardna
descer (para baixo)	ჩასვლა	chasvla
desculpar-se (vr)	ბოდიშის მოხდა	bodishis mokhda
dirigir (~ uma empresa)	ხელმძღვანელობა	khelmdzghvaneloba
discutir (notícias, etc.)	განხილვა	gankhilva
disparar, atirar (vi)	სროლა	srola
dizer (vt)	თქმა	tkma
duvidar (vt)	დაეჭვება	daech'veba
encontrar (achar)	პოვნა	p'ovna
enganar (vt)	მოტყუება	mot'queba
entender (vt)	გაგება	gageba
entrar (na sala, etc.)	შემოსვლა	shemosvla
enviar (uma carta)	გაგზავნა	gagzavna
errar (enganar-se)	შეცდომა	shetsdoma
escolher (vt)	არჩევა	archeva
esconder (vt)	დამალვა	damalva
escrever (vt)	წერა	ts'era
esperar (aguardar)	ლოდინი	lodini
esperar (ter esperança)	იმედოვნება	imedovneba
esquecer (vt)	დავიწყება	davits'qeba
estudar (vt)	შესწავლა	shests'avla
exigir (vt)	მოთხოვნა	motkhovna
existir (vi)	არსებობა	arseboba
explicar (vt)	ახსნა	akhsna
falar (vi)	ლაპარაკი	lap'arak'i
faltar (a la escuela, etc.)	გაცდენა	gatsdena
fazer (vt)	კეთება	k'eteba
ficar em silêncio	დუმილი	dumili
gabar-se (vr)	ტრაბახი	t'rabakhi
gostar (apreciar)	მოწონება	mots'oneba
gritar (vi)	ყვირილი	qvirili

guardar (fotos, etc.)	შენახვა	shenakhva
informar (vt)	ინფორმირება	inpormireba
insistir (vi)	დაჟინება	dazhineba
insultar (vt)	შეურაცხყოფა	sheuratskhqopa
interessar-se (vr)	დაინტერესება	daint'ereseba
ir (a pé)	სვლა	svla
ir nadar	ბანაობა	banaoba
jantar (vi)	ვახშმობა	vakhshmoba

12. Os verbos mais importantes. Parte 3

ler (vt)	კითხვა	k'itkhva
libertar, liberar (vt)	გათავისუფლება	gatavisupleba
matar (vt)	მოკვლა	mok'vla
mencionar (vt)	ხსენება	khseneba
mostrar (vt)	ჩვენება	chveneba
mudar (modificar)	შეცვლა	shetsvla
nadar (vi)	ცურვა	tsurva
negar-se a … (vr)	უარის თქმა	uaris tkma
objetar (vt)	წინააღმდეგ ყოფნა	ts'inaaghmdeg qopna
observar (vt)	დაკვირვება	dak'virveba
ordenar (mil.)	ბრძანება	brdzaneba
ouvir (vt)	სმენა	smena
pagar (vt)	გადახდა	gadakhda
parar (vi)	გაჩერება	gachereba
parar, cessar (vt)	შეწყვეტა	shets'qvet'a
participar (vi)	მონაწილეობა	monats'ileoba
pedir (comida, etc.)	შეკვეთა	shek'veta
pedir (um favor, etc.)	თხოვნა	tkhovna
pegar (tomar)	აღება	agheba
pegar (uma bola)	ჭერა	ch'era
pensar (vi, vt)	ფიქრი	pikri
perceber (ver)	შენიშვნა	shenishvna
perdoar (vt)	პატიება	p'at'ieba
perguntar (vt)	კითხვა	k'itkhva
permitir (vt)	ნების დართვა	nebis dartva
pertencer a … (vi)	კუთვნება	k'utvneba
planejar (vt)	დაგეგმვა	dagegmva
poder (~ fazer algo)	შეძლება	shedzleba
possuir (uma casa, etc.)	ფლობა	ploba
preferir (vt)	მჯობინება	mjobineba
preparar (vt)	მზადება	mzadeba
prever (vt)	გათვალისწინება	gatvalists'ineba
prometer (vt)	დაპირება	dap'ireba
pronunciar (vt)	წარმოთქმა	ts'armotkma
propor (vt)	შეთავაზება	shetavazeba
punir (castigar)	დასჯა	dasja

quebrar (vt)	ტეხა	t'ekha
queixar-se de ...	ჩივილი	chivili
querer (desejar)	ნდომა	ndoma

13. Os verbos mais importantes. Parte 4

ralhar, repreender (vt)	ლანძღვა	landzghva
recomendar (vt)	რეკომენდაციის მიცემა	rek'omendatsiis mitsema
repetir (dizer outra vez)	გამეორება	gameoreba
reservar (~ um quarto)	რეზერვირება	rezervireba
responder (vt)	პასუხის გაცემა	p'asukhis gatsema
rezar, orar (vi)	ლოცვა	lotsva
rir (vi)	სიცილი	sitsili
roubar (vt)	პარვა	p'arva
saber (vt)	ცოდნა	tsodna
sair (~ de casa)	გამოსვლა	gamosvla
salvar (resgatar)	გადარჩენა	gadarchena
seguir (~ alguém)	მიდევნა	midevna
sentar-se (vr)	დაჯდომა	dajdoma
ser necessário	საჭიროება	sach'iroeba
ser, estar	ყოფნა	qopna
significar (vt)	აღნიშვნა	aghnishvna
sorrir (vi)	გაღიმება	gaghimeba
subestimar (vt)	არშეფასება	arshepaseba
surpreender-se (vr)	გაკვირვება	gak'virveba
tentar (~ fazer)	ცდა	tsda
ter (anim.)	ყოლა	qola
ter (inanim.)	ქონა	kona
ter medo	შიში	shishi
tocar (com as mãos)	ხელის ხლება	khelis khleba
tomar café da manhã	საუზმობა	sauzmoba
trabalhar (vi)	მუშაობა	mushaoba
traduzir (vt)	თარგმნა	targmna
unir (vt)	გაერთიანება	gaertianeba
vender (vt)	გაყიდვა	gaqidva
ver (vt)	ხედვა	khedva
virar (~ para a direita)	მობრუნება	mobruneba
voar (vi)	ფრენა	prena

14. Cores

cor (f)	ფერი	peri
tom (m)	ელფერი	elperi
tonalidade (m)	ტონი	t'oni
arco-íris (m)	ცისარტყელა	tsisart'qela
branco (adj)	თეთრი	tetri

preto (adj)	შავი	shavi
cinza (adj)	რუხი	rukhi
verde (adj)	მწვანე	mts'vane
amarelo (adj)	ყვითელი	qviteli
vermelho (adj)	წითელი	ts'iteli
azul (adj)	ლურჯი	lurji
azul claro (adj)	ცისფერი	tsisperi
rosa (adj)	ვარდისფერი	vardisperi
laranja (adj)	ნარინჯისფერი	narinjisperi
violeta (adj)	იისფერი	iisperi
marrom (adj)	ყავისფერი	qavisperi
dourado (adj)	ოქროსფერი	okrosperi
prateado (adj)	ვერცხლისფერი	vertskhlisperi
bege (adj)	ჩალისფერი	chalisperi
creme (adj)	კრემისფერი	k'remisperi
turquesa (adj)	ფირუზისფერი	piruzisperi
vermelho cereja (adj)	ალუბლისფერი	alublisperi
lilás (adj)	ლილისფერი	lilisperi
carmim (adj)	ჟოლოსფერი	zholosperi
claro (adj)	ღია ფერისა	ghia perisa
escuro (adj)	მუქი	muki
vivo (adj)	კაშკაშა	k'ashk'asha
de cor	ფერადი	peradi
a cores	ფერადი	peradi
preto e branco (adj)	შავ-თეთრი	shav-tetri
unicolor (de uma só cor)	ერთფეროვანი	ertperovani
multicolor (adj)	მრავალფეროვანი	mravalperovani

15. Questões

Quem?	ვინ?	vin?
O que?	რა?	ra?
Onde?	სად?	sad?
Para onde?	სად?	sad?
De onde?	საიდან?	saidan?
Quando?	როდის?	rodis?
Para quê?	რისთვის?	ristvis?
Por quê?	რატომ?	rat'om?
Para quê?	რისთვის?	ristvis?
Como?	როგორ?	rogor?
Qual (~ é o problema?)	როგორი?	rogori?
Qual (~ deles?)	რომელი?	romeli?
A quem?	ვის?	vis?
De quem?	ვიზე?	vize?
Do quê?	რაზე?	raze?
Com quem?	ვისთან ერთად?	vistan ertad?

Quanto, -os, -as?	რამდენი?	ramdeni?
De quem? (masc.)	ვისი?	visi?

16. Preposições

com (prep.)	ერთად	ertad
sem (prep.)	გარეშე	gareshe
a, para (exprime lugar)	-ში	-shi
sobre (ex. falar ~)	შესახებ	shesakheb
antes de ...	წინ	ts'in
em frente de ...	წინ	ts'in
debaixo de ...	ქვეშ	kvesh
sobre (em cima de)	ზემოთ	zemot
em ..., sobre ...	-ზე	-ze
de, do (sou ~ Rio de Janeiro)	-დან	-dan
de (feito ~ pedra)	-გან	-gan
em (~ 3 dias)	-ში	-shi
por cima de ...	-ზე	-ze

17. Palavras funcionais. Advérbios. Parte 1

Onde?	სად?	sad?
aqui	აქ	ak
lá, ali	იქ	ik
em algum lugar	სადღაც	sadghats
em lugar nenhum	არსად	arsad
perto de ...	-თან	-tan
perto da janela	ფანჯარასთან	panjarastan
Para onde?	სად?	sad?
aqui	აქ	ak
para lá	იქ	ik
daqui	აქედან	akedan
de lá, dali	იქიდან	ikidan
perto	ახლოს	akhlos
longe	შორს	shors
perto de ...	გვერდით	gverdit
à mão, perto	გვერდით	gverdit
não fica longe	ახლო	akhlo
esquerdo (adj)	მარცხენა	martskhena
à esquerda	მარცხნივ	martskhniv
para a esquerda	მარცხნივ	martskhniv
direito (adj)	მარჯვენა	marjvena
à direita	მარჯვნივ	marjvniv

para a direita	მარჯვნივ	marjvniv
em frente	წინ	ts'in
da frente	წინა	ts'ina
adiante (para a frente)	წინ	ts'in
atrás de ...	უკან	uk'an
de trás	უკნიდან	uk'nidan
para trás	უკან	uk'an
meio (m), metade (f)	შუა	shua
no meio	შუაში	shuashi
do lado	გვერდიდან	gverdidan
em todo lugar	ყველგან	qvelgan
por todos os lados	გარშემო	garshemo
de dentro	შიგნიდან	shignidan
para algum lugar	სადღაც	sadghats
diretamente	პირდაპირ	p'irdap'ir
de volta	უკან	uk'an
de algum lugar	საიდანმე	saidanme
de algum lugar	საიდანღაც	saidanghats
em primeiro lugar	პირველ რიგში	p'irvel rigshi
em segundo lugar	მეორედ	meored
em terceiro lugar	მესამედ	mesamed
de repente	უცებ	utseb
no início	თავდაპირველად	tavdap'irvelad
pela primeira vez	პირველად	p'irvelad
muito antes de ...	დიდი ხნით ადრე	didi khnit adre
de novo	ხელახლა	khelakhla
para sempre	სამუდამოდ	samudamod
nunca	არასდროს	arasdros
de novo	ისევ	isev
agora	ახლა	akhla
frequentemente	ხშირად	khshirad
então	მაშინ	mashin
urgentemente	სასწრაფოდ	sasts'rapod
normalmente	ჩვეულებრივად	chveulebrivad
a propósito, ...	სხვათა შორის	skhvata shoris
é possível	შესაძლოა	shesadzloa
provavelmente	ალბათ	albat
talvez	შეიძლება	sheidzleba
além disso, ...	ამას გარდა, ...	amas garda, ...
por isso ...	ამიტომ	amit'om
apesar de ...	მიუხედავად	miukhedavad
graças a ...	წყალობით	ts'qalobit
que (pron.)	რა	ra
que (conj.)	რომ	rom
algo	რაღაც	raghats
alguma coisa	რაიმე	raime

nada	არაფერი	araperi
quem	ვინ	vin
alguém (~ que ...)	ვიღაც	vighats
alguém (com ~)	ვინმე	vinme
ninguém	არავინ	aravin
para lugar nenhum	არსად	arsad
de ninguém	არავისი	aravisi
de alguém	ვინმესი	vinmesi
tão	ასე	ase
também (gostaria ~ de ...)	აგრეთვე	agretve
também (~ eu)	-ც	-ts

18. Palavras funcionais. Advérbios. Parte 2

Por quê?	რატომ?	rat'om?
por alguma razão	რატომღაც	rat'omghats
porque ...	იმიტომ, რომ ...	imit'om, rom ...
por qualquer razão	რატომღაც	rat'omghats
e (tu ~ eu)	და	da
ou (ser ~ não ser)	ან	an
mas (porém)	მაგრამ	magram
para (~ a minha mãe)	-თვის	-tvis
muito, demais	მეტისმეტად	met'ismet'ad
só, somente	მხოლოდ	mkholod
exatamente	ზუსტად	zust'ad
cerca de (~ 10 kg)	თითქმის	titkmis
aproximadamente	დაახლოებით	daakhloebit
aproximado (adj)	დაახლოებითი	daakhloebiti
quase	თითქმის	titkmis
resto (m)	დანარჩენი	danarcheni
cada (adj)	ყოველი	qoveli
qualquer (adj)	ნებისმიერი	nebismieri
muito, muitos, muitas	ბევრი	bevri
muitas pessoas	ბევრნი	bevrni
todos	ყველა	qvela
em troca de ...	ნაცვლად	natsvlad
em troca	ნაცვლად	natsvlad
à mão	ხელით	khelit
pouco provável	საეჭვოა	saech'voa
provavelmente	ალბათ	albat
de propósito	განზრახ	ganzrakh
por acidente	შემთხვევით	shemtkhvevit
muito	ძალიან	dzalian
por exemplo	მაგალითად	magalitad
entre	შორის	shoris

entre (no meio de)	შორის	shoris
tanto	ამდენი	amdeni
especialmente	განსაკუთრებით	gansak'utrebit

Conceitos básicos. Parte 2

19. Opostos

rico (adj)	მდიდარი	mdidari
pobre (adj)	ღარიბი	gharibi
doente (adj)	ავადმყოფი	avadmqopi
bem (adj)	ჯანმრთელი	janmrteli
grande (adj)	დიდი	didi
pequeno (adj)	პატარა	p'at'ara
rapidamente	სწრაფად	sts'rapad
lentamente	ნელა	nela
rápido (adj)	სწრაფი	sts'rapi
lento (adj)	ნელი	neli
alegre (adj)	მხიარული	mkhiaruli
triste (adj)	სევდიანი	sevdiani
juntos (ir ~)	ერთად	ertad
separadamente	ცალ-ცალკე	tsal-tsalk'e
em voz alta (ler ~)	ხმამაღლა	khmamaghla
para si (em silêncio)	თავისთვის	tavistvis
alto (adj)	მაღალი	maghali
baixo (adj)	დაბალი	dabali
profundo (adj)	ღრმა	ghrma
raso (adj)	წყალმცირე	ts'qalmtsire
sim	დიახ	diakh
não	არა	ara
distante (adj)	შორეული	shoreuli
próximo (adj)	ახლო	akhlo
longe	შორს	shors
à mão, perto	ახლოს	akhlos
longo (adj)	გრძელი	grdzeli
curto (adj)	მოკლე	mok'le
bom (bondoso)	კეთილი	k'etili
mal (adj)	ბოროტი	borot'i
casado (adj)	ცოლიანი	tsoliani

solteiro (adj)	უცოლო	utsolo
proibir (vt)	აკრძალვა	ak'rdzalva
permitir (vt)	ნების დართვა	nebis dartva
fim (m)	ბოლო	bolo
início (m)	დასაწყისი	dasats'qisi
esquerdo (adj)	მარცხენა	martskhena
direito (adj)	მარჯვენა	marjvena
primeiro (adj)	პირველი	p'irveli
último (adj)	ბოლო	bolo
crime (m)	დანაშაული	danashauli
castigo (m)	სასჯელი	sasjeli
ordenar (vt)	ბრძანება	brdzaneba
obedecer (vt)	დამორჩილება	damorchileba
reto (adj)	სწორი	sts'ori
curvo (adj)	მრუდი	mrudi
paraíso (m)	სამოთხე	samotkhe
inferno (m)	ჯოჯოხეთი	jojokheti
nascer (vi)	დაბადება	dabadeba
morrer (vi)	მოკვდომა	mok'vdoma
forte (adj)	ძლიერი	dzlieri
fraco, débil (adj)	სუსტი	sust'i
velho, idoso (adj)	ძველი	dzveli
jovem (adj)	ახალგაზრდა	akhalgazrda
velho (adj)	ძველი	dzveli
novo (adj)	ახალი	akhali
duro (adj)	მაგარი	magari
macio (adj)	რბილი	rbili
quente (adj)	თბილი	tbili
frio (adj)	ცივი	tsivi
gordo (adj)	მსუქანი	msukani
magro (adj)	გამხდარი	gamkhdari
estreito (adj)	ვიწრო	vits'ro
largo (adj)	განიერი	ganieri
bom (adj)	კარგი	k'argi
mau (adj)	ცუდი	tsudi
valente, corajoso (adj)	მამაცი	mamatsi
covarde (adj)	მშიშარა	mshishara

20. Dias da semana

segunda-feira (f)	ორშაბათი	orshabati
terça-feira (f)	სამშაბათი	samshabati
quarta-feira (f)	ოთხშაბათი	otkhshabati
quinta-feira (f)	ხუთშაბათი	khutshabati
sexta-feira (f)	პარასკევი	p'arask'evi
sábado (m)	შაბათი	shabati
domingo (m)	კვირა	k'vira
hoje	დღეს	dghes
amanhã	ხვალ	khval
depois de amanhã	ზეგ	zeg
ontem	გუშინ	gushin
anteontem	გუშინწინ	gushints'in
dia (m)	დღე	dghe
dia (m) de trabalho	სამუშაო დღე	samushao dghe
feriado (m)	სადღესასწაულო დღე	sadghesasts'aulo dghe
dia (m) de folga	დასვენების დღე	dasvenebis dghe
fim (m) de semana	დასვენების დღეები	dasvenebis dgheebi
o dia todo	მთელი დღე	mteli dghe
no dia seguinte	მომდევნო დღეს	momdevno dghes
há dois dias	ორი დღის წინ	ori dghis ts'in
na véspera	წინადღეს	ts'inadghes
diário (adj)	ყოველდღიური	qoveldghiuri
todos os dias	ყოველდღიურად	qoveldghiurad
semana (f)	კვირა	k'vira
na semana passada	გასულ კვირას	gasul k'viras
semana que vem	მომდევნო კვირას	momdevno k'viras
semanal (adj)	ყოველკვირეული	qovelk'vireuli
toda semana	ყოველკვირეულად	qovelk'vireulad
duas vezes por semana	კვირაში ორჯერ	k'virashi orjer
toda terça-feira	ყოველ სამშაბათს	qovel samshabats

21. Horas. Dia e noite

manhã (f)	დილა	dila
de manhã	დილით	dilit
meio-dia (m)	შუადღე	shuadghe
à tarde	სადილის შემდეგ	sadilis shemdeg
tardinha (f)	საღამო	saghamo
à tardinha	საღამოს	saghamos
noite (f)	ღამე	ghame
à noite	ღამით	ghamit
meia-noite (f)	შუაღამე	shuaghame
segundo (m)	წამი	ts'ami
minuto (m)	წუთი	ts'uti
hora (f)	საათი	saati

meia hora (f)	ნახევარი საათი	nakhevari saati
quarto (m) de hora	თხუთმეტი წუთი	tkhutmet'i ts'uti
quinze minutos	თხუთმეტი წუთი	tkhutmet'i ts'uti
vinte e quatro horas	დღე-ღამე	dghe-ghame
nascer (m) do sol	მზის ამოსვლა	mzis amosvla
amanhecer (m)	განთიადი	gantiadi
madrugada (f)	ადრიანი დილა	adriani dila
pôr-do-sol (m)	მზის ჩასვლა	mzis chasvla
de madrugada	დილით ადრე	dilit adre
esta manhã	დღეს დილით	dghes dilit
amanhã de manhã	ხვალ დილით	khval dilit
esta tarde	დღეს	dghes
à tarde	სადილის შემდეგ	sadilis shemdeg
amanhã à tarde	ხვალ სადილის შემდეგ	khval sadilis shemdeg
esta noite, hoje à noite	დღეს საღამოს	dghes saghamos
amanhã à noite	ხვალ საღამოს	khval saghamos
às três horas em ponto	ზუსტად სამ საათზე	zust'ad sam saatze
por volta das quatro	დაახლოებით ოთხი საათი	daakhloebit otkhi saati
às doze	თორმეტი საათისთვის	tormet'i saatistvis
em vinte minutos	ოც წუთში	ots ts'utshi
em uma hora	ერთ საათში	ert saatshi
a tempo	დროულად	droulad
... um quarto para	თხუთმეტი წუთი აკლია	tkhutmet'i ts'uti ak'lia
dentro de uma hora	საათის განმავლობაში	saatis ganmavlobashi
a cada quinze minutos	ყოველ თხუთმეტ წუთში	qovel tkhutmet' ts'utshi
as vinte e quatro horas	დღე-ღამის განმავლობაში	dghe-ghamis ganmavlobashi

22. Meses. Estações

janeiro (m)	იანვარი	ianvari
fevereiro (m)	თებერვალი	tebervali
março (m)	მარტი	mart'i
abril (m)	აპრილი	ap'rili
maio (m)	მაისი	maisi
junho (m)	ივნისი	ivnisi
julho (m)	ივლისი	ivlisi
agosto (m)	აგვისტო	agvist'o
setembro (m)	სექტემბერი	sekt'emberi
outubro (m)	ოქტომბერი	okt'omberi
novembro (m)	ნოემბერი	noemberi
dezembro (m)	დეკემბერი	dek'emberi
primavera (f)	გაზაფხული	gazapkhuli
na primavera	გაზაფხულზე	gazapkhulze
primaveril (adj)	გაზაფხულისა	gazapkhulisa
verão (m)	ზაფხული	zapkhuli

no verão	ზაფხულში	zapkhulshi
de verão	ზაფხულისა	zapkhulisa
outono (m)	შემოდგომა	shemodgoma
no outono	შემოდგომაზე	shemodgomaze
outonal (adj)	შემოდგომისა	shemodgomisa
inverno (m)	ზამთარი	zamtari
no inverno	ზამთარში	zamtarshi
de inverno	ზამთრის	zamtris
mês (m)	თვე	tve
este mês	ამ თვეში	am tveshi
mês que vem	მომდევნო თვეს	momdevno tves
no mês passado	გასულ თვეს	gasul tves
um mês atrás	ერთი თვის წინ	erti tvis ts'in
em um mês	ერთი თვის შემდეგ	erti tvis shemdeg
em dois meses	ორი თვის შემდეგ	ori tvis shemdeg
todo o mês	მთელი თვე	mteli tve
um mês inteiro	მთელი თვე	mteli tve
mensal (adj)	ყოველთვიური	qoveltviuri
mensalmente	ყოველთვიურად	qoveltviurad
todo mês	ყოველ თვე	qovel tve
duas vezes por mês	თვეში ორჯერ	tveshi orjer
ano (m)	წელი	ts'eli
este ano	წელს	ts'els
ano que vem	მომავალ წელს	momaval ts'els
no ano passado	შარშან	sharshan
há um ano	ერთი წლის წინ	erti ts'lis ts'in
em um ano	ერთი წლის შემდეგ	erti ts'lis shemdeg
dentro de dois anos	ორი წლის შემდეგ	ori ts'lis shemdeg
todo o ano	მთელი წელი	mteli ts'eli
um ano inteiro	მთელი წელი	mteli ts'eli
cada ano	ყოველ წელს	qovel ts'els
anual (adj)	ყოველწლიური	qovelts'liuri
anualmente	ყოველწლიურად	qovelts'liurad
quatro vezes por ano	წელიწადში ოთხჯერ	ts'elits'adshi otkhjer
data (~ de hoje)	რიცხვი	ritskhvi
data (ex. ~ de nascimento)	თარიღი	tarighi
calendário (m)	კალენდარი	k'alendari
meio ano	ნახევარი წელი	nakhevari ts'eli
seis meses	ნახევარწელი	nakhevarts'eli
estação (f)	სეზონი	sezoni
século (m)	საუკუნე	sauk'une

23. Tempo. Diversos

tempo (m)	დრო	dro
momento (m)	წამი	ts'ami

instante (m)	წამი	ts'ami
instantâneo (adj)	წამიერი	ts'amieri
lapso (m) de tempo	მონაკვეთი	monak'veti
vida (f)	სიცოცხლე	sitsotskhle
eternidade (f)	მარადისობა	maradisoba
época (f)	ეპოქა	ep'oka
era (f)	ერა	era
ciclo (m)	ციკლი	tsik'li
período (m)	პერიოდი	p'eriodi
prazo (m)	ვადა	vada
futuro (m)	მომავალი	momavali
futuro (adj)	მომავალი	momavali
da próxima vez	შემდგომში	shemdgomshi
passado (m)	წარსული	ts'arsuli
passado (adj)	წარსული	ts'arsuli
na última vez	ამას წინათ	amas ts'inat
mais tarde	მოგვიანებით	mogvianebit
depois de ...	შემდეგ	shemdeg
atualmente	ამჟამად	amzhamad
agora	ახლა	akhla
imediatamente	დაუყოვნებლივ	dauqovnebliv
em breve	მალე	male
de antemão	წინასწარ	ts'inasts'ar
há muito tempo	დიდი ხნის წინ	didi khnis ts'in
recentemente	ახლახან	akhlakhan
destino (m)	ბედი	bedi
recordações (f pl)	მეხსიერება	mekhsiereba
arquivo (m)	არქივი	arkivi
durante ...	... დროს	... dros
durante muito tempo	დიდხანს	didkhans
pouco tempo	ცოტა ხანს	tsot'a khans
cedo (levantar-se ~)	ადრე	adre
tarde (deitar-se ~)	გვიან	gvian
para sempre	სამუდამოდ	samudamod
começar (vt)	დაწყება	dats'qeba
adiar (vt)	გადატანა	gadat'ana
ao mesmo tempo	ერთდროულად	ertdroulad
permanentemente	მუდმივად	mudmivad
constante (~ ruído, etc.)	მუდმივი	mudmivi
temporário (adj)	დროებითი	droebiti
às vezes	ზოგჯერ	zogjer
raras vezes, raramente	იშვიათად	ishviatad
frequentemente	ხშირად	khshirad

24. Linhas e formas

quadrado (m)	კვადრატი	k'vadrat'i
quadrado (adj)	კვადრატული	k'vadrat'uli

círculo (m)	წრე	ts're
redondo (adj)	მრგვალი	mrgvali
triângulo (m)	სამკუთხედი	samk'utkhedi
triangular (adj)	სამკუთხა	samk'utkha
oval (f)	ოვალი	ovali
oval (adj)	ოვალური	ovaluri
retângulo (m)	მართკუთხედი	martk'utkhedi
retangular (adj)	მართკუთხა	martk'utkha
pirâmide (f)	პირამიდა	p'iramida
losango (m)	რომბი	rombi
trapézio (m)	ტრაპეცია	t'rap'etsia
cubo (m)	კუბი	k'ubi
prisma (m)	პრიზმა	p'rizma
circunferência (f)	წრეხაზი	ts'rekhazi
esfera (f)	სფერო	spero
globo (m)	სფერო	spero
diâmetro (m)	დიამეტრი	diamet'ri
raio (m)	რადიუსი	radiusi
perímetro (m)	პერიმეტრი	p'erimet'ri
centro (m)	ცენტრი	tsent'ri
horizontal (adj)	ჰორიზონტალური	horizont'aluri
vertical (adj)	ვერტიკალური	vert'ik'aluri
paralela (f)	პარარელი	p'arareli
paralelo (adj)	პარალელური	p'araleluri
linha (f)	ხაზი	khazi
traço (m)	ხაზი	khazi
reta (f)	წრფე	ts'rpe
curva (f)	მრუდი	mrudi
fino (linha ~a)	თხელი	tkheli
contorno (m)	კონტური	k'ont'uri
interseção (f)	გადაკვეთა	gadak'veta
ângulo (m) reto	მართი კუთხე	marti k'utkhe
segmento (m)	სეგმენტი	segment'i
setor (m)	სექტორი	sekt'ori
lado (de um triângulo, etc.)	გვერდი	gverdi
ângulo (m)	კუთხე	k'utkhe

25. Unidades de medida

peso (m)	წონა	ts'ona
comprimento (m)	სიგრძე	sigrdze
largura (f)	სიგანე	sigane
altura (f)	სიმაღლე	simaghle
profundidade (f)	სიღრმე	sighrme
volume (m)	მოცულობა	motsuloba
área (f)	ფართობი	partobi
grama (m)	გრამი	grami
miligrama (m)	მილიგრამი	miligrami

quilograma (m)	კილოგრამი	k'ilogrami
tonelada (f)	ტონა	t'ona
libra (453,6 gramas)	გირვანქა	girvanka
onça (f)	უნცია	untsia
metro (m)	მეტრი	met'ri
milímetro (m)	მილიმეტრი	milimet'ri
centímetro (m)	სანტიმეტრი	sant'imet'ri
quilômetro (m)	კილომეტრი	k'ilomet'ri
milha (f)	მილი	mili
polegada (f)	დუიმი	duimi
pé (304,74 mm)	ფუტი	put'i
jarda (914,383 mm)	იარდი	iardi
metro (m) quadrado	კვადრატული მეტრი	k'vadrat'uli met'ri
hectare (m)	ჰექტარი	hek't'ari
litro (m)	ლიტრი	lit'ri
grau (m)	გრადუსი	gradusi
volt (m)	ვოლტი	volt'i
ampère (m)	ამპერი	amp'eri
cavalo (m) de potência	ცხენის ძალა	tskhenis dzala
quantidade (f)	რაოდენობა	raodenoba
um pouco de ...	ცოტაოდენი ...	tsot'aodeni ...
metade (f)	ნახევარი	nakhevari
dúzia (f)	დუჟინი	duzhini
peça (f)	ცალი	tsali
tamanho (m), dimensão (f)	ზომა	zoma
escala (f)	მასშტაბი	massht'abi
mínimo (adj)	მინიმალური	minimaluri
menor, mais pequeno	უმცირესი	umtsiresi
médio (adj)	საშუალო	sashualo
máximo (adj)	მაქსიმალური	maksimaluri
maior, mais grande	უდიდესი	udidesi

26. Recipientes

pote (m) de vidro	ქილა	kila
lata (~ de cerveja)	ქილა	kila
balde (m)	ვედრო	vedro
barril (m)	კასრი	k'asri
bacia (~ de plástico)	ტაშტი	t'asht'i
tanque (m)	ბაკი	bak'i
cantil (m) de bolso	მათარა	matara
galão (m) de gasolina	კანისტრა	k'anist'ra
cisterna (f)	ცისტერნა	tsist'erna
caneca (f)	კათხა	k'atkha
xícara (f)	ფინჯანი	pinjani

pires (m)	ლამბაქი	lambaki
copo (m)	ჭიქა	ch'ika
taça (f) de vinho	ბოკალი	bok'ali
panela (f)	ქვაბი	kvabi
garrafa (f)	ბოთლი	botli
gargalo (m)	ყელი	qeli
jarra (f)	გრაფინი	grapini
jarro (m)	დოქი	doki
recipiente (m)	ჭურჭელი	ch'urch'eli
pote (m)	ქოთანი	kotani
vaso (m)	ლარნაკი	larnak'i
frasco (~ de perfume)	ფლაკონი	plak'oni
frasquinho (m)	შუშა	shusha
tubo (m)	ტუბი	t'ubi
saco (ex. ~ de açúcar)	ტომარა	t'omara
sacola (~ plastica)	პაკეტი	p'ak'et'i
maço (de cigarros, etc.)	შეკვრა	shek'vra
caixa (~ de sapatos, etc.)	კოლოფი	k'olopi
caixote (~ de madeira)	ყუთი	quti
cesto (m)	კალათი	k'alati

27. Materiais

material (m)	მასალა	masala
madeira (f)	ხე	khe
de madeira	ხისა	khisa
vidro (m)	მინა	mina
de vidro	მინისა	minisa
pedra (f)	ქვა	kva
de pedra	ქვისა	kvisa
plástico (m)	პლასტიკი	p'last'ik'i
plástico (adj)	პლასტმასისა	p'last'masisa
borracha (f)	რეზინი	rezini
de borracha	რეზინისა	rezinisa
tecido, pano (m)	ქსოვილი	ksovili
de tecido	ქსოვილისგან	ksovilisgan
papel (m)	ქაღალდი	kaghaldi
de papel	ქაღალდისა	kaghaldisa
papelão (m)	მუყაო	muqao
de papelão	მუყაოსი	muqaosi
polietileno (m)	პოლიეთილენი	p'olietileni
celofane (m)	ცელოფანი	tselopani

linóleo (m)	ლინოლეუმი	linoleumi
madeira (f) compensada	ფანერა	panera
porcelana (f)	ფაიფური	paipuri
de porcelana	ფაიფურისა	paipurisa
argila (f), barro (m)	თიხა	tikha
de barro	თიხისა	tikhisa
cerâmica (f)	კერამიკა	k'eramik'a
de cerâmica	კერამიკისა	k'eramik'isa

28. Metais

metal (m)	ლითონი	litoni
metálico (adj)	ლითონისა	litonisa
liga (f)	შენადნობი	shenadnobi
ouro (m)	ოქრო	okro
de ouro	ოქროს	okros
prata (f)	ვერცხლი	vertskhli
de prata	ვერცხლისა	vertskhlisa
ferro (m)	რკინა	rk'ina
de ferro	რკინისა	rk'inisa
aço (m)	ფოლადი	poladi
de aço (adj)	ფოლადისა	poladisa
cobre (m)	სპილენძი	sp'ilendzi
de cobre	სპილენძისა	sp'ilendzisa
alumínio (m)	ალუმინი	alumini
de alumínio	ალუმინისა	aluminisa
bronze (m)	ბრინჯაო	brinjao
de bronze	ბრინჯაოსი	brinjaosi
latão (m)	თითბერი	titberi
níquel (m)	ნიკელი	nik'eli
platina (f)	პლატინა	p'lat'ina
mercúrio (m)	ვერცხლისწყალი	vertskhlists'qali
estanho (m)	კალა	k'ala
chumbo (m)	ტყვია	t'qvia
zinco (m)	თუთია	tutia

O SER HUMANO

O ser humano. O corpo

29. Humanos. Conceitos básicos

ser (m) humano	ადამიანი	adamiani
homem (m)	კაცი	k'atsi
mulher (f)	ქალი	kali
criança (f)	ბავშვი	bavshvi
menina (f)	გოგო	gogo
menino (m)	ბიჭი	bich'i
adolescente (m)	მოზარდი	mozardi
velho (m)	მოხუცი	mokhutsi
velha (f)	დედაბერი	dedaberi

30. Anatomia humana

organismo (m)	ორგანიზმი	organizmi
coração (m)	გული	guli
sangue (m)	სისხლი	siskhli
artéria (f)	არტერია	art'eria
veia (f)	ვენა	vena
cérebro (m)	ტვინი	t'vini
nervo (m)	ნერვი	nervi
nervos (m pl)	ნერვები	nervebi
vértebra (f)	მალა	mala
coluna (f) vertebral	ხერხემალი	kherkhemali
estômago (m)	კუჭი	k'uch'i
intestinos (m pl)	კუჭ-ნაწლავი	k'uch'-nats'lavi
intestino (m)	ნაწლავი	nats'lavi
fígado (m)	ღვიძლი	ghvidzli
rim (m)	თირკმელი	tirk'meli
osso (m)	ძვალი	dzvali
esqueleto (m)	ჩონჩხი	chonchkhi
costela (f)	ნეკნი	nek'ni
crânio (m)	თავის ქალა	tavis kala
músculo (m)	კუნთი	k'unti
bíceps (m)	ორთავა კუნთი	ortava k'unti
tríceps (m)	სამთავა კუნთი	samtava k'unti
tendão (m)	მყესი	mqesi
articulação (f)	სახსარი	sakhsari

pulmões (m pl)	ფილტვები	pilt'vebi
órgãos (m pl) genitais	სასქესო ორგანოები	saskeso organoebi
pele (f)	კანი	k'ani

31. Cabeça

cabeça (f)	თავი	tavi
rosto, cara (f)	სახე	sakhe
nariz (m)	ცხვირი	tskhviri
boca (f)	პირი	p'iri
olho (m)	თვალი	tvali
olhos (m pl)	თვალები	tvalebi
pupila (f)	გუგა	guga
sobrancelha (f)	წარბი	ts'arbi
cílio (f)	წამწამი	ts'amts'ami
pálpebra (f)	ქუთუთო	kututo
língua (f)	ენა	ena
dente (m)	კბილი	k'bili
lábios (m pl)	ტუჩები	t'uchebi
maçãs (f pl) do rosto	ყვრიმალები	qvrimalebi
gengiva (f)	ღრძილი	ghrdzili
palato (m)	სასა	sasa
narinas (f pl)	ნესტოები	nest'oebi
queixo (m)	ნიკაპი	nik'ap'i
mandíbula (f)	ყბა	qba
bochecha (f)	ლოყა	loqa
testa (f)	შუბლი	shubli
têmpora (f)	საფეთქელი	sapetkeli
orelha (f)	ყური	quri
costas (f pl) da cabeça	კეფა	k'epa
pescoço (m)	კისერი	k'iseri
garganta (f)	ყელი	qeli
cabelo (m)	თმები	tmebi
penteado (m)	ვარცხნილობა	vartskhniloba
corte (m) de cabelo	შეკრეჭილი თმა	shek'rech'ili tma
peruca (f)	პარიკი	p'arik'i
bigode (m)	ულვაშები	ulvashebi
barba (f)	წვერი	ts'veri
ter (~ barba, etc.)	ტარება	t'areba
trança (f)	ნაწნავი	nats'navi
suíças (f pl)	ბაკენბარდები	bak'enbardebi
ruivo (adj)	წითური	ts'ituri
grisalho (adj)	ჭაღარა	ch'aghara
careca (adj)	მელოტი	melot'i
calva (f)	მელოტი	melot'i
rabo-de-cavalo (m)	კუდი	k'udi
franja (f)	შუბლზე შეჭრილი თმა	shublze shech'rili tma

32. Corpo humano

mão (f)	მტევანი	mt'evani
braço (m)	მკლავი	mk'lavi

dedo (m)	თითი	titi
polegar (m)	ცერა თითი	tsera titi
dedo (m) mindinho	ნეკი	nek'i
unha (f)	ფრჩხილი	prchkhili

punho (m)	მუშტი	musht'i
palma (f)	ხელისგული	khelisguli
pulso (m)	მაჯა	maja
antebraço (m)	წინამხარი	ts'inamkhari
cotovelo (m)	იდაყვი	idaqvi
ombro (m)	მხარი	mkhari

perna (f)	ფეხი	pekhi
pé (m)	ტერფი	t'erpi
joelho (m)	მუხლი	mukhli
panturrilha (f)	წვივი	ts'vivi
quadril (m)	თეძო	tedzo
calcanhar (m)	ქუსლი	kusli

corpo (m)	ტანი	t'ani
barriga (f), ventre (m)	მუცელი	mutseli
peito (m)	მკერდი	mk'erdi
seio (m)	მკერდი	mk'erdi
lado (m)	გვერდი	gverdi
costas (dorso)	ზურგი	zurgi
região (f) lombar	წელი	ts'eli
cintura (f)	წელი	ts'eli

umbigo (m)	ჭიპი	ch'ip'i
nádegas (f pl)	დუნდულები	dundulebi
traseiro (m)	საჯდომი	sajdomi

sinal (m), pinta (f)	ხალი	khali
tatuagem (f)	ტატუირება	t'at'uireba
cicatriz (f)	ნაიარევი	naiarevi

Vestuário & Acessórios

33. Roupa exterior. Casacos

roupa (f)	ტანსაცმელი	t'ansatsmeli
roupa (f) exterior	ზედა ტანსაცმელი	zeda t'ansatsmeli
roupa (f) de inverno	ზამთრის ტანსაცმელი	zamtris t'ansatsmeli
sobretudo (m)	პალტო	p'alt'o
casaco (m) de pele	ქურქი	kurki
jaqueta (f) de pele	ჯუბაჩა	jubacha
casaco (m) acolchoado	ყურთუკი	qurtuk'i
casaco (m), jaqueta (f)	ქურთუკი	kurtuk'i
impermeável (m)	ლაბადა	labada
a prova d'água	ულტობი	ult'obi

34. Vestuário de homem & mulher

camisa (f)	პერანგი	p'erangi
calça (f)	შარვალი	sharvali
jeans (m)	ჯინსი	jinsi
paletó, terno (m)	პიჯაკი	p'ijak'i
terno (m)	კოსტიუმი	k'ost'iumi
vestido (ex. ~ de noiva)	კაბა	k'aba
saia (f)	ბოლოკაბა	bolok'aba
blusa (f)	ბლუზა	bluza
casaco (m) de malha	კოფთა	k'opta
casaco, blazer (m)	ჟაკეტი	zhak'et'i
camiseta (f)	მაისური	maisuri
short (m)	შორტი	short'i
training (m)	სპორტული კოსტიუმი	sp'ort'uli k'ost'iumi
roupão (m) de banho	ხალათი	khalati
pijama (m)	პიჟამო	p'izhamo
suéter (m)	სვიტრი	svit'ri
pulôver (m)	პულოვერი	p'uloveri
colete (m)	ჟილეტი	zhilet'i
fraque (m)	ფრაკი	prak'i
smoking (m)	სმოკინგი	smok'ingi
uniforme (m)	ფორმა	porma
roupa (f) de trabalho	სამუშაო ტანსაცმელი	samushao t'ansatsmeli
macacão (m)	კომბინეზონი	k'ombinezoni
jaleco (m), bata (f)	ხალათი	khalati

35. Vestuário. Roupa interior

roupa (f) íntima	საცვალი	satsvali
camiseta (f)	მაისური	maisuri
meias (f pl)	წინდები	ts'indebi
camisola (f)	ღამის პერანგი	ghamis p'erangi
sutiã (m)	ბიუსტჰალტერი	biust'halt'eri
meias longas (f pl)	გოლფი-წინდები	golpi-ts'indebi
meias-calças (f pl)	კოლგოტი	k'olgot'i
meias (~ de nylon)	ყელიანი წინდები	qeliani ts'indebi
maiô (m)	საბანაო კოსტიუმი	sabanao k'ost'iumi

36. Adereços de cabeça

chapéu (m), touca (f)	ქუდი	kudi
chapéu (m) de feltro	ქუდი	kudi
boné (m) de beisebol	ბეისბოლის კეპი	beisbolis k'ep'i
boina (~ italiana)	კეპი	k'ep'i
boina (ex. ~ basca)	ბერეტი	beret'i
capuz (m)	კაპიუშონი	k'ap'iushoni
chapéu panamá (m)	პანამა	p'anama
touca (f)	ნაქსოვი ქუდი	naksovi kudi
lenço (m)	თავსაფარი	tavsapari
chapéu (m) feminino	ქუდი	kudi
capacete (m) de proteção	კასკა	k'ask'a
bibico (m)	პილოტურა	p'ilot'ura
capacete (m)	ჩაფხუტი	chapkhut'i
chapéu-coco (m)	ქვაბ-ქუდა	kvab-kuda
cartola (f)	ცილინდრი	tsilindri

37. Calçado

calçado (m)	ფეხსაცმელი	pekhsatsmeli
botinas (f pl), sapatos (m pl)	ყელიანი ფეხსაცმელი	qeliani pekhsatsmeli
sapatos (de salto alto, etc.)	ტუფლი	t'upli
botas (f pl)	ჩექმები	chekmebi
pantufas (f pl)	ჩუსტები	chust'ebi
tênis (~ Nike, etc.)	ფეხსაცმელი	pekhsatsmeli
tênis (~ Converse)	კედი	k'edi
sandálias (f pl)	სანდლები	sandlebi
sapateiro (m)	მეჩექმე	mechekme
salto (m)	ქუსლი	kusli
par (m)	წყვილი	ts'qvili
cadarço (m)	ზონარი	zonari

amarrar os cadarços	ზონრით შეკვრა	zonrit shek'vra
calçadeira (f)	საშველი	sashveli
graxa (f) para calçado	ფეხსაცმლის კრემი	pekhsatsmlis k'remi

38. Têxtil. Tecidos

algodão (m)	ბამბა	bamba
de algodão	ბამბისგან	bambisgan
linho (m)	სელი	seli
de linho	სელისგან	selisgan
seda (f)	აბრეშუმი	abreshumi
de seda	აბრეშუმისა	abreshumisa
lã (f)	შალი	shali
de lã	შალისა	shalisa
veludo (m)	ხავერდი	khaverdi
camurça (f)	ზამში	zamshi
veludo (m) cotelê	ველვეტი	velvet'i
nylon (m)	ნეილონი	neiloni
de nylon	ნეილონისა	neilonisa
poliéster (m)	პოლიესტერი	p'oliest'eri
de poliéster	პოლიესტერისა	p'oliest'erisa
couro (m)	ტყავი	t'qavi
de couro	ტყავისა	t'qavisa
pele (f)	ბეწვი	bets'vi
de pele	ბეწვისა	bets'visa

39. Acessórios pessoais

luva (f)	ხელთათმანები	kheltatmanebi
mitenes (f pl)	ხელთათმანი	kheltatmani
cachecol (m)	კაშნი	k'ashni
óculos (m pl)	სათვალე	satvale
armação (f)	ჩარჩო	charcho
guarda-chuva (m)	ქოლგა	kolga
bengala (f)	ხელჯოხი	kheljokhi
escova (f) para o cabelo	თმის ჯაგრისი	tmis jagrisi
leque (m)	მარაო	marao
gravata (f)	ჰალსტუხი	halst'ukhi
gravata-borboleta (f)	პეპელა-ჰალსტუხი	p'ep'ela-halst'ukhi
suspensórios (m pl)	აჭიმი	ach'imi
lenço (m)	ცხვირსახოცი	tskhvirsakhotsi
pente (m)	სავარცხელი	savartskheli
fivela (f) para cabelo	თმის სამაგრი	tmis samagri
grampo (m)	თმის სარჭი	tmis sarch'i
fivela (f)	ბალთა	balta

cinto (m)	ქამარი	kamari
alça (f) de ombro	თასმა	tasma
bolsa (f)	ჩანთა	chanta
bolsa (feminina)	ჩანთა	chanta
mochila (f)	რუკზაკი	ruk'zak'i

40. Vestuário. Diversos

moda (f)	მოდა	moda
na moda (adj)	მოდური	moduri
estilista (m)	მოდელიერი	modelieri
colarinho (m)	საყელო	saqelo
bolso (m)	ჯიბე	jibe
de bolso	ჯიბისა	jibisa
manga (f)	სახელო	sakhelo
ganchinho (m)	საკიდარი	sak'idari
bragueta (f)	ბარტყი	bart'qi
zíper (m)	ელვა-შესაკრავი	elva-shesak'ravi
colchete (m)	შესაკრავი	shesak'ravi
botão (m)	ღილი	ghili
botoeira (casa de botão)	ჩასაღილავი	chasaghilavi
soltar-se (vr)	მოწყვეტა	mots'qvet'a
costurar (vi)	კერვა	k'erva
bordar (vt)	ქარგვა	kargva
bordado (m)	ნაქარგი	nakargi
agulha (f)	ნემსი	nemsi
fio, linha (f)	ძაფი	dzapi
costura (f)	ნაკერი	nak'eri
sujar-se (vr)	გასვრა	gasvra
mancha (f)	ლაქა	laka
amarrotar-se (vr)	დაჭმუჭნა	dach'much'na
rasgar (vt)	გახევა	gakheva
traça (f)	ჩრჩილი	chrchili

41. Cuidados pessoais. Cosméticos

pasta (f) de dente	კბილის პასტა	k'bilis p'ast'a
escova (f) de dente	კბილის ჯაგრისი	k'bilis jagrisi
escovar os dentes	კბილების გახეხვა	k'bilebis gakhekhva
gilete (f)	სამართებელი	samartebeli
creme (m) de barbear	საპარსი კრემი	sap'arsi k'remi
barbear-se (vr)	პარსვა	p'arsva
sabonete (m)	საპონი	sap'oni
xampu (m)	შამპუნი	shamp'uni
tesoura (f)	მაკრატელი	mak'rat'eli

lixa (f) de unhas	ფრჩხილის ქლიბი	prchkhilis klibi
corta-unhas (m)	ფრჩხილის საკვნეტი	prchkhilis sak'vnet'i
pinça (f)	პინცეტი	p'intset'i
cosméticos (m pl)	კოსმეტიკა	k'osmet'ik'a
máscara (f)	ნიღაბი	nighabi
manicure (f)	მანიკიური	manik'iuri
fazer as unhas	მანიკიურის კეთება	manik'iuris k'eteba
pedicure (f)	პედიკიური	p'edik'iuri
bolsa (f) de maquiagem	კოსმეტიკის ჩანთა	k'osmet'ik'is chanta
pó (de arroz)	პუდრი	p'udri
pó (m) compacto	საპუდრე	sap'udre
blush (m)	ფერი	peri
perfume (m)	სუნამო	sunamo
água-de-colônia (f)	ტუალეტის წყალი	t'ualet'is ts'qali
loção (f)	ლოსიონი	losioni
colônia (f)	ოდეკოლონი	odek'oloni
sombra (f) de olhos	ქუთუთოს ჩრდილი	kututos chrdili
delineador (m)	თვალის ფანქარი	tvalis pankari
máscara (f), rímel (m)	ტუში	t'ushi
batom (m)	ტუჩის პომადა	t'uchis p'omada
esmalte (m)	ფრჩხილის ლაქი	prchkhilis laki
laquê (m), spray fixador (m)	თმის ლაქი	tmis laki
desodorante (m)	დეზოდორანტი	dezodorant'i
creme (m)	კრემი	k'remi
creme (m) de rosto	სახის კრემი	sakhis k'remi
creme (m) de mãos	ხელის კრემი	khelis k'remi
creme (m) antirrugas	ნაოჭების საწინააღმდეგო კრემი	naoch'ebis sats'inaaghmdego k'remi
de dia	დღისა	dghisa
da noite	ღამისა	ghamisa
absorvente (m) interno	ტამპონი	t'amp'oni
papel (m) higiênico	ტუალეტის ქაღალდი	t'ualet'is kaghaldi
secador (m) de cabelo	ფენი	peni

42. Joalheria

joias (f pl)	ძვირფასეულობა	dzvirpaseuloba
precioso (adj)	ძვირფასი	dzvirpasi
marca (f) de contraste	სინჯი	sinji
anel (m)	ბეჭედი	bech'edi
aliança (f)	ნიშნობის ბეჭედი	nishnobis bech'edi
pulseira (f)	სამაჯური	samajuri
brincos (m pl)	საყურეები	saqureebi
colar (m)	ყელსაბამი	qelsabami
coroa (f)	გვირგვინი	gvirgvini

colar (m) de contas	მძივები	mdzivebi
diamante (m)	ბრილიანტი	briliant'i
esmeralda (f)	ზურმუხტი	zurmukht'i
rubi (m)	ლალი	lali
safira (f)	საფირონი	sapironi
pérola (f)	მარგალიტი	margalit'i
âmbar (m)	ქარვა	karva

43. Relógios de pulso. Relógios

relógio (m) de pulso	საათი	saati
mostrador (m)	ციფერბლატი	tsiperblat'i
ponteiro (m)	ისარი	isari
bracelete (em aço)	სამაჯური	samajuri
bracelete (em couro)	თასმა	tasma
pilha (f)	ბატარეა	bat'area
acabar (vi)	დაჯდომა	dajdoma
trocar a pilha	ბატარეის გამოცვლა	bat'areis gamotsvla
relógio (m) de parede	კედლის საათი	k'edlis saati
ampulheta (f)	ქვიშის საათი	kvishis saati
relógio (m) de sol	მზის საათი	mzis saati
despertador (m)	მაღვიძარა	maghvidzara
relojoeiro (m)	მესაათე	mesaate
reparar (vt)	გარემონტება	garemont'eba

Alimentação. Nutrição

44. Comida

carne (f)	ხორცი	khortsi
galinha (f)	ქათამი	katami
frango (m)	წიწილა	ts'its'ila
pato (m)	იხვი	ikhvi
ganso (m)	ბატი	bat'i
caça (f)	ნანადირევი	nanadirevi
peru (m)	ინდაური	indauri
carne (f) de porco	ღორის ხორცი	ghoris khortsi
carne (f) de vitela	ხბოს ხორცი	khbos khortsi
carne (f) de carneiro	ცხვრის ხორცი	tskhvris khortsi
carne (f) de vaca	საქონლის ხორცი	sakonlis khortsi
carne (f) de coelho	ბოცვერი	botsveri
linguiça (f), salsichão (m)	ძეხვი	dzekhvi
salsicha (f)	სოსისი	sosisi
bacon (m)	ბეკონი	bek'oni
presunto (m)	ლორი	lori
pernil (m) de porco	ბარკალი	bark'ali
patê (m)	პაშტეტი	p'asht'et'i
fígado (m)	ღვიძლი	ghvidzli
guisado (m)	ფარში	parshi
língua (f)	ენა	ena
ovo (m)	კვერცხი	k'vertskhi
ovos (m pl)	კვერცხები	k'vertskhebi
clara (f) de ovo	ცილა	tsila
gema (f) de ovo	კვერცხის გული	k'vertskhis guli
peixe (m)	თევზი	tevzi
mariscos (m pl)	ზღვის პროდუქტები	zghvis p'rodukt'ebi
crustáceos (m pl)	კიბოსნაირნი	k'ibosnairni
caviar (m)	ხიზილალა	khizilala
caranguejo (m)	კიბორჩხალა	k'iborchkhala
camarão (m)	კრევეტი	k'revet'i
ostra (f)	ხამანწკა	khamants'k'a
lagosta (f)	ლანგუსტი	langust'i
polvo (m)	რვაფეხა	rvapekha
lula (f)	კალმარი	k'almari
esturjão (m)	თართი	tarti
salmão (m)	ორაგული	oraguli
halibute (m)	პალტუსი	p'alt'usi
bacalhau (m)	ვირთევზა	virtevza

cavala, sarda (f)	სკუმბრია	sk'umbria
atum (m)	თინუსი	tinusi
enguia (f)	გველთევზა	gveltevza
truta (f)	კალმახი	k'almakhi
sardinha (f)	სარდინი	sardini
lúcio (m)	ქარიყლაპია	kariqlap'ia
arenque (m)	ქაშაყი	kashaqi
pão (m)	პური	p'uri
queijo (m)	ყველი	qveli
açúcar (m)	შაქარი	shakari
sal (m)	მარილი	marili
arroz (m)	ბრინჯი	brinji
massas (f pl)	მაკარონი	mak'aroni
talharim, miojo (m)	ატრია	at'ria
manteiga (f)	კარაქი	k'araki
óleo (m) vegetal	მცენარეული ზეთი	mtsenarueli zeti
óleo (m) de girassol	მზესუმზირის ზეთი	mzesumziris zeti
margarina (f)	მარგარინი	margarini
azeitonas (f pl)	ზეითუნი	zeituni
azeite (m)	ზეითუნის ზეთი	zeitunis zeti
leite (m)	რძე	rdze
leite (m) condensado	შესქელებული რძე	sheskelebuli rdze
iogurte (m)	იოგურტი	iogurt'i
creme (m) azedo	არაჟანი	arazhani
creme (m) de leite	ნაღები	naghebi
maionese (f)	მაიონეზი	maionezi
creme (m)	კრემი	k'remi
grãos (m pl) de cereais	ბურღული	burghuli
farinha (f)	ფქვილი	pkvili
enlatados (m pl)	კონსერვები	k'onservebi
flocos (m pl) de milho	სიმინდის ბურბუშელა	simindis burbushela
mel (m)	თაფლი	tapli
geleia (m)	ჯემი	jemi
chiclete (m)	საღეჭი რეზინი	saghech'i rezini

45. Bebidas

água (f)	წყალი	ts'qali
água (f) potável	სასმელი წყალი	sasmeli ts'qali
água (f) mineral	მინერალური წყალი	mineraluri ts'qali
sem gás (adj)	უგაზო	ugazo
gaseificada (adj)	გაზირებული	gazirebuli
com gás	გაზიანი	gaziani
gelo (m)	ყინული	qinuli

com gelo	ყინულით	qinulit
não alcoólico (adj)	უალკოჰოლო	ualk'oholo
refrigerante (m)	უალკოჰოლო სასმელი	ualk'oholo sasmeli
refresco (m)	გამაგრილებელი სასმელი	gamagrilebeli sasmeli
limonada (f)	ლიმონათი	limonati

bebidas (f pl) alcoólicas	ალკოჰოლიანი სასმელები	alk'oholiani sasmelebi
vinho (m)	ღვინო	ghvino
vinho (m) branco	თეთრი ღვინო	tetri ghvino
vinho (m) tinto	წითელი ღვინო	ts'iteli ghvino

licor (m)	ლიქიორი	likiori
champanhe (m)	შამპანური	shamp'anuri
vermute (m)	ვერმუტი	vermut'i

uísque (m)	ვისკი	visk'i
vodca (f)	არაყი	araqi
gim (m)	ჯინი	jini
conhaque (m)	კონიაკი	k'oniak'i
rum (m)	რომი	romi

café (m)	ყავა	qava
café (m) preto	შავი ყავა	shavi qava
café (m) com leite	რძიანი ყავა	rdziani qava
cappuccino (m)	ნაღებიანი ყავა	naghebiani qava
café (m) solúvel	ხსნადი ყავა	khsnadi qava

leite (m)	რძე	rdze
coquetel (m)	კოქტეილი	k'ok't'eili
batida (f), milkshake (m)	რძის კოქტეილი	rdzis k'ok't'eili

suco (m)	წვენი	ts'veni
suco (m) de tomate	ტომატის წვენი	t'omat'is ts'veni
suco (m) de laranja	ფორთოხლის წვენი	portokhlis ts'veni
suco (m) fresco	ახლადგამოწურული წვენი	akhladgamots'uruli ts'veni

cerveja (f)	ლუდი	ludi
cerveja (f) clara	ღია ფერის ლუდი	ghia peris ludi
cerveja (f) preta	მუქი ლუდი	muki ludi

chá (m)	ჩაი	chai
chá (m) preto	შავი ჩაი	shavi chai
chá (m) verde	მწვანე ჩაი	mts'vane chai

46. Vegetais

vegetais (m pl)	ბოსტნეული	bost'neuli
verdura (f)	მწვანილი	mts'vanili

tomate (m)	პომიდორი	p'omidori
pepino (m)	კიტრი	k'it'ri
cenoura (f)	სტაფილო	st'apilo
batata (f)	კარტოფილი	k'art'opili
cebola (f)	ხახვი	khakhvi

alho (m)	ნიორი	niori
couve (f)	კომბოსტო	k'ombost'o
couve-flor (f)	ყვავილოვანი კომბოსტო	qvavilovani k'ombost'o
couve-de-bruxelas (f)	ბრიუსელის კომბოსტო	briuselis k'ombost'o
brócolis (m pl)	კომბოსტო ბროკოლი	k'ombost'o brok'oli
beterraba (f)	ჭარხალი	ch'arkhali
berinjela (f)	ბადრიჯანი	badrijani
abobrinha (f)	ყაბაყი	qabaqi
abóbora (f)	გოგრა	gogra
nabo (m)	თალგამი	talgami
salsa (f)	ოხრახუში	okhrakhushi
endro, aneto (m)	კამა	k'ama
alface (f)	სალათი	salati
aipo (m)	ნიახური	niakhuri
aspargo (m)	სატაცური	sat'atsuri
espinafre (m)	ისპანახი	isp'anakhi
ervilha (f)	ბარდა	barda
feijão (~ soja, etc.)	პარკები	p'ark'ebi
milho (m)	სიმინდი	simindi
feijão (m) roxo	ლობიო	lobio
pimentão (m)	წიწაკა	ts'its'ak'a
rabanete (m)	ბოლოკი	bolok'i
alcachofra (f)	არტიშოკი	art'ishok'i

47. Frutos. Nozes

fruta (f)	ხილი	khili
maçã (f)	ვაშლი	vashli
pera (f)	მსხალი	mskhali
limão (m)	ლიმონი	limoni
laranja (f)	ფორთოხალი	portokhali
morango (m)	მარწყვი	marts'qvi
tangerina (f)	მანდარინი	mandarini
ameixa (f)	ქლიავი	kliavi
pêssego (m)	ატამი	at'ami
damasco (m)	გარგარი	gargari
framboesa (f)	ჟოლო	zholo
abacaxi (m)	ანანასი	ananasi
banana (f)	ბანანი	banani
melancia (f)	საზამთრო	sazamtro
uva (f)	ყურძენი	qurdzeni
ginja (f)	ალუბალი	alubali
cereja (f)	ბალი	bali
melão (m)	ნესვი	nesvi
toranja (f)	გრეიფრუტი	greiprut'i
abacate (m)	ავოკადო	avok'ado
mamão (m)	პაპაია	p'ap'aia

manga (f)	მანგო	mango
romã (f)	ბროწეული	brots'euli
groselha (f) vermelha	წითელი მოცხარი	ts'iteli motskhari
groselha (f) negra	შავი მოცხარი	shavi motskhari
groselha (f) espinhosa	ხურტკმელი	khurt'k'meli
mirtilo (m)	მოცვი	motsvi
amora (f) silvestre	მაყვალი	maqvali
passa (f)	ქიშმიში	kishmishi
figo (m)	ლეღვი	leghvi
tâmara (f)	ფინიკი	pinik'i
amendoim (m)	მიწის თხილი	mits'is tkhili
amêndoa (f)	ნუში	nushi
noz (f)	კაკალი	k'ak'ali
avelã (f)	თხილი	tkhili
coco (m)	ქოქოსის კაკალი	kokosis k'ak'ali
pistaches (m pl)	ფსტა	pst'a

48. Pão. Bolaria

pastelaria (f)	საკონდიტრო ნაწარმი	sak'ondit'ro nats'armi
pão (m)	პური	p'uri
biscoito (m), bolacha (f)	ნამცხვარი	namtskhvari
chocolate (m)	შოკოლადი	shok'oladi
de chocolate	შოკოლადისა	shok'oladisa
bala (f)	კანფეტი	k'anpet'i
doce (bolo pequeno)	ტკბილღვეზელა	t'k'bilghvezela
bolo (m) de aniversário	ტორტი	t'ort'i
torta (f)	ღვეზელი	ghvezeli
recheio (m)	შიგთავსი	shigtavsi
geleia (m)	მურაბა	muraba
marmelada (f)	მარმელადი	marmeladi
wafers (m pl)	ვაფლი	vapli
sorvete (m)	ნაყინი	naqini
pudim (m)	პუდინგი	p'udingi

49. Pratos cozinhados

prato (m)	კერძი	k'erdzi
cozinha (~ portuguesa)	სამზარეულო	samzareulo
receita (f)	რეცეპტი	retsep't'i
porção (f)	ულუფა	ulupa
salada (f)	სალათი	salati
sopa (f)	წვნიანი	ts'vniani
caldo (m)	ბულიონი	bulioni
sanduíche (m)	ბუტერბროდი	but'erbrodi

ovos (m pl) fritos	ერბო-კვერცხი	erbo-k'vertskhi
hambúrguer (m)	ჰამბურგერი	hamburgeri
bife (m)	ბივშტექსი	bivsht'eksi
acompanhamento (m)	გარნირი	garniri
espaguete (m)	სპაგეტი	sp'aget'i
purê (m) de batata	კარტოფილის პიურე	k'art'opilis p'iure
pizza (f)	პიცა	p'itsa
mingau (m)	ფაფა	papa
omelete (f)	ომლეტი	omlet'i
fervido (adj)	მოხარშული	mokharshuli
defumado (adj)	შებოლილი	shebolili
frito (adj)	შემწვარი	shemts'vari
seco (adj)	გამხმარი	gamkhmari
congelado (adj)	გაყინული	gaqinuli
em conserva (adj)	მარინადში ჩადებული	marinadshi chadebuli
doce (adj)	ტკბილი	t'k'bili
salgado (adj)	მლაშე	mlashe
frio (adj)	ცივი	tsivi
quente (adj)	ცხელი	tskheli
amargo (adj)	მწარე	mts'are
gostoso (adj)	გემრიელი	gemrieli
cozinhar em água fervente	ხარშვა	kharshva
preparar (vt)	მზადება	mzadeba
fritar (vt)	შეწვა	shets'va
aquecer (vt)	გაცხელება	gatskheleba
salgar (vt)	მარილის მოყრა	marilis moqra
apimentar (vt)	პილპილის მოყრა	p'ilp'ilis moqra
ralar (vt)	გახეხვა	gakhekhva
casca (f)	ქერქი	kerki
descascar (vt)	ფცქვნა	ptskvna

50. Especiarias

sal (m)	მარილი	marili
salgado (adj)	მლაშე	mlashe
salgar (vt)	მარილის მოყრა	marilis moqra
pimenta-do-reino (f)	პილპილი	p'ilp'ili
pimenta (f) vermelha	წიწაკა	ts'its'ak'a
mostarda (f)	მდოგვი	mdogvi
raiz-forte (f)	პირშუშხა	p'irshushkha
condimento (m)	სანელებელი	sanelebeli
especiaria (f)	სუნელი	suneli
molho (~ inglês)	სოუსი	sousi
vinagre (m)	ძმარი	dzmari
anis estrelado (m)	ანისული	anisuli
manjericão (m)	რეჰანი	rehani

cravo (m)	მიხაკი	mikhak'i
gengibre (m)	კოჭა	k'och'a
coentro (m)	ქინძი	kindzi
canela (f)	დარიჩინი	darichini
gergelim (m)	ქუნჟუტი	kunzhut'i
folha (f) de louro	დაფნის ფოთოლი	dapnis potoli
páprica (f)	წიწაკა	ts'its'ak'a
cominho (m)	კვლიავი	k'vliavi
açafrão (m)	ზაფრანა	zaprana

51. Refeições

comida (f)	საჭმელი	sach'meli
comer (vt)	ჭამა	ch'ama
café (m) da manhã	საუზმე	sauzme
tomar café da manhã	საუზმობა	sauzmoba
almoço (m)	სადილი	sadili
almoçar (vi)	სადილობა	sadiloba
jantar (m)	ვახშამი	vakhshami
jantar (vi)	ვახშმობა	vakhshmoba
apetite (m)	მადა	mada
Bom apetite!	გაამოთ!	gaamot!
abrir (~ uma lata, etc.)	გახსნა	gakhsna
derramar (~ líquido)	დაღვრა	daghvra
derramar-se (vr)	დაღვრა	daghvra
ferver (vi)	დუღილი	dughili
ferver (vt)	ადუღება	adugheba
fervido (adj)	ნადუღი	nadughi
esfriar (vt)	გაგრილება	gagrileba
esfriar-se (vr)	გაგრილება	gagrileba
sabor, gosto (m)	გემო	gemo
fim (m) de boca	გემო	gemo
emagrecer (vi)	გახდომა	gakhdoma
dieta (f)	დიეტა	diet'a
vitamina (f)	ვიტამინი	vit'amini
caloria (f)	კალორია	k'aloria
vegetariano (m)	ვეგეტარიანელი	veget'arianeli
vegetariano (adj)	ვეგეტარიანული	veget'arianuli
gorduras (f pl)	ცხიმები	tskhimebi
proteínas (f pl)	ცილები	tsilebi
carboidratos (m pl)	ნახშირწყლები	nakhshirts'qlebi
fatia (~ de limão, etc.)	ნაჭერი	nach'eri
pedaço (~ de bolo)	ნაჭერი	nach'eri
migalha (f), farelo (m)	ნამცეცი	namtsetsi

52. Por a mesa

colher (f)	კოვზი	k'ovzi
faca (f)	დანა	dana
garfo (m)	ჩანგალი	changali
xícara (f)	ფინჯანი	pinjani
prato (m)	თეფში	tepshi
pires (m)	ლამბაქი	lambaki
guardanapo (m)	ხელსახოცი	khelsakhotsi
palito (m)	კბილსაჩიჩქნი	k'bilsachichkni

53. Restaurante

restaurante (m)	რესტორანი	rest'orani
cafeteria (f)	ყავახანა	qavakhana
bar (m), cervejaria (f)	ბარი	bari
salão (m) de chá	ჩაის სალონი	chais saloni
garçom (m)	ოფიციანტი	opitsiant'i
garçonete (f)	ოფიციანტი	opitsiant'i
barman (m)	ბარმენი	barmeni
cardápio (m)	მენიუ	meniu
lista (f) de vinhos	ღვინის ბარათი	ghvinis barati
reservar uma mesa	მაგიდის დაჯავშნა	magidis dajavshna
prato (m)	კერძი	k'erdzi
pedir (vt)	შეკვეთა	shek'veta
fazer o pedido	შეკვეთის გაკეთება	shek'vetis gak'eteba
aperitivo (m)	აპერიტივი	ap'erit'ivi
entrada (f)	საუზმეული	sauzmeuli
sobremesa (f)	დესერტი	desert'i
conta (f)	ანგარიში	angarishi
pagar a conta	ანგარიშის გადახდა	angarishis gadakhda
dar o troco	ხურდის მიცემა	khurdis mitsema
gorjeta (f)	გასამრჯელო	gasamrjelo

Família, parentes e amigos

54. Informação pessoal. Formulários

nome (m)	სახელი	sakheli
sobrenome (m)	გვარი	gvari
data (f) de nascimento	დაბადების თარიღი	dabadebis tarighi
local (m) de nascimento	დაბადების ადგილი	dabadebis adgili
nacionalidade (f)	ეროვნება	erovneba
lugar (m) de residência	საცხოვრებელი ადგილი	satskhovrebeli adgili
país (m)	ქვეყანა	kveqana
profissão (f)	პროფესია	p'ropesia
sexo (m)	სქესი	skesi
estatura (f)	სიმაღლე	simaghle
peso (m)	წონა	ts'ona

55. Membros da família. Parentes

mãe (f)	დედა	deda
pai (m)	მამა	mama
filho (m)	ვაჟიშვილი	vazhishvili
filha (f)	ქალიშვილი	kalishvili
caçula (f)	უმცროსი ქალიშვილი	umtsrosi kalishvili
caçula (m)	უმცროსი ვაჟიშვილი	umtsrosi vazhishvili
filha (f) mais velha	უფროსი ქალიშვილი	uprosi kalishvili
filho (m) mais velho	უფროსი ვაჟიშვილი	uprosi vazhishvili
irmão (m)	ძმა	dzma
irmã (f)	და	da
mamãe (f)	დედა	deda
papai (m)	მამა	mama
pais (pl)	მშობლები	mshoblebi
criança (f)	შვილი	shvili
crianças (f pl)	შვილები	shvilebi
avó (f)	ბებია	bebia
avô (m)	პაპა	p'ap'a
neto (m)	შვილიშვილი	shvilishvili
neta (f)	შვილიშვილი	shvilishvili
netos (pl)	შვილიშვილები	shvilishvilebi
tio (m)	ბიძა	bidza
sogra (f)	სიდედრი	sidedri
sogro (m)	მამამთილი	mamamtili

genro (m)	სიძე	sidze
madrasta (f)	დედინაცვალი	dedinatsvali
padrasto (m)	მამინაცვალი	maminatsvali
criança (f) de colo	ძუძუმწოვარა ბავშვი	dzudzumts'ovara bavshvi
bebê (m)	ჩვილი	chvili
menino (m)	ბიჭუნა	bich'una
mulher (f)	ცოლი	tsoli
marido (m)	ქმარი	kmari
esposo (m)	მეუღლე	meughle
esposa (f)	მეუღლე	meughle
casado (adj)	ცოლიანი	tsoliani
casada (adj)	გათხოვილი	gatkhovili
solteiro (adj)	უცოლშვილო	utsolshvilo
solteirão (m)	უცოლშვილო	utsolshvilo
divorciado (adj)	განქორწინებული	gankorts'inebuli
viúva (f)	ქვრივი	kvrivi
viúvo (m)	ქვრივი	kvrivi
parente (m)	ნათესავი	natesavi
parente (m) próximo	ახლო ნათესავი	akhlo natesavi
parente (m) distante	შორეული ნათესავი	shoreuli natesavi
parentes (m pl)	ნათესავები	natesavebi
órfão (m), órfã (f)	ობოლი	oboli
tutor (m)	მეურვე	meurve
adotar (um filho)	შვილად აყვანა	shvilad aqvana
adotar (uma filha)	შვილად აყვანა	shvilad aqvana

56. Amigos. Colegas de trabalho

amigo (m)	მეგობარი	megobari
amiga (f)	მეგობარი	megobari
amizade (f)	მეგობრობა	megobroba
ser amigos	მეგობრობა	megobroba
amigo (m)	ძმაკაცი	dzmak'atsi
amiga (f)	დაქალი	dakali
parceiro (m)	პარტნიორი	p'art'niori
chefe (m)	შეფი	shepi
superior (m)	უფროსი	uprosi
subordinado (m)	ხელქვეითი	khelkveiti
colega (m, f)	კოლეგა	k'olega
conhecido (m)	ნაცნობი	natsnobi
companheiro (m) de viagem	თანამგზავრი	tanamgzavri
colega (m) de classe	თანაკლასელი	tanak'laseli
vizinho (m)	მეზობელი	mezobeli
vizinha (f)	მეზობელი	mezobeli
vizinhos (pl)	მეზობლები	mezoblebi

57. Homem. Mulher

mulher (f)	ქალი	kali
menina (f)	ქალიშვილი	kalishvili
noiva (f)	პატარძალი	p'at'ardzali
bonita, bela (adj)	ლამაზი	lamazi
alta (adj)	მაღალი	maghali
esbelta (adj)	ტანადი	t'anadi
baixa (adj)	მორჩილი ტანისა	morchili t'anisa
loira (f)	ქერა	kera
morena (f)	შავგვრემანი	shavgvremani
de senhora	ქალისა	kalisa
virgem (f)	ქალიშვილი	kalishvili
grávida (adj)	ორსული	orsuli
homem (m)	კაცი	k'atsi
loiro (m)	ქერა	kera
moreno (m)	შავგვრემანი	shavgvremani
alto (adj)	მაღალი	maghali
baixo (adj)	მორჩილი ტანისა	morchili t'anisa
rude (adj)	უხეში	ukheshi
atarracado (adj)	ჯმუხი	jmukhi
robusto (adj)	მაგარი	magari
forte (adj)	ძლიერი	dzlieri
força (f)	ძალა	dzala
gordo (adj)	ჩასუქებული	chasukebuli
moreno (adj)	შავგვრემანი	shavgvremani
esbelto (adj)	ტანადი	t'anadi
elegante (adj)	ელეგანტური	elegant'uri

58. Idade

idade (f)	ასაკი	asak'i
juventude (f)	სიჭაბუკე	sich'abuk'e
jovem (adj)	ახალგაზრდა	akhalgazrda
mais novo (adj)	უმცროსი	umtsrosi
mais velho (adj)	უფროსი	uprosi
jovem (m)	ყმაწვილი	qmats'vili
adolescente (m)	მოზარდი	mozardi
rapaz (m)	ჭაბუკი	ch'abuk'i
velho (m)	მოხუცი	mokhutsi
velha (f)	დედაბერი	dedaberi
adulto	მოზრდილი	mozrdili
de meia-idade	საშუალო ასაკისა	sashualo asak'isa

idoso, de idade (adj)	ხანში შესული	khanshi shesuli
velho (adj)	ბებერი	beberi
aposentar-se (vr)	პენსიაზე გასვლა	p'ensiaze gasvla
aposentado (m)	პენსიონერი	p'ensioneri

59. Crianças

criança (f)	ბავშვი	bavshvi
crianças (f pl)	ბავშვები	bavshvebi
gêmeos (m pl), gêmeas (f pl)	ტყუპები	t'qup'ebi
berço (m)	აკვანი	ak'vani
chocalho (m)	ჟღარუნა	zhgharuna
fralda (f)	ამოსაფენი ჩვარი	amosapeni chvari
chupeta (f), bico (m)	საწოვარა	sats'ovara
carrinho (m) de bebê	ეტლი	et'li
jardim (m) de infância	საბავშვო ბაღი	sabavshvo baghi
babysitter, babá (f)	ძიძა	dzidza
infância (f)	ბავშვობა	bavshvoba
boneca (f)	თოჯინა	tojina
brinquedo (m)	სათამაშო	satamasho
jogo (m) de montar	კონსტრუქტორი	k'onst'rukt'ori
bem-educado (adj)	ზრდილი	zrdili
malcriado (adj)	უზრდელი	uzrdeli
mimado (adj)	განებივრებული	ganebivrebuli
ser travesso	ცელქობა	tselkoba
travesso, traquinas (adj)	ცელქი	tselki
travessura (f)	ცელქობა	tselkoba
criança (f) travessa	ცელქი	tselki
obediente (adj)	დამჯერი	damjeri
desobediente (adj)	გაუგონარი	gaugonari
dócil (adj)	გონიერი	gonieri
inteligente (adj)	ჭკვიანი	ch'k'viani
prodígio (m)	ვუნდერკინდი	vunderk'indi

60. Casais. Vida de família

beijar (vt)	კოცნა	k'otsna
beijar-se (vr)	ერთმანეთის კოცნა	ertmanetis k'otsna
família (f)	ოჯახი	ojakhi
familiar (vida ~)	ოჯახური	ojakhuri
casal (m)	წყვილი	ts'qvili
matrimônio (m)	ქორწინება	korts'ineba
lar (m)	სახლის კერა	sakhlis k'era
dinastia (f)	დინასტია	dinast'ia

encontro (m)	პაემანი	p'aemani
beijo (m)	კოცნა	k'otsna
amor (m)	სიყვარული	siqvaruli
amar (pessoa)	სიყვარული	siqvaruli
amado, querido (adj)	საყვარელი	saqvareli
ternura (f)	სინაზე	sinaze
afetuoso (adj)	ნაზი	nazi
fidelidade (f)	ერთგულება	ertguleba
fiel (adj)	ერთგული	ertguli
cuidado (m)	ზრუნვა	zrunva
carinhoso (adj)	მზრუნველი	mzrunveli
recém-casados (pl)	ახლად დაქორწინებულნი	akhlad dakorts'inebulni
lua (f) de mel	თაფლობის თვე	taplobis tve
casar-se (com um homem)	გათხოვება	gatkhoveba
casar-se (com uma mulher)	ცოლის შერთვა	tsolis shertva
casamento (m)	ქორწილი	korts'ili
bodas (f pl) de ouro	ოქროს ქორწილი	okros korts'ili
aniversário (m)	წლისთავი	ts'listavi
amante (m)	საყვარელი	saqvareli
amante (f)	საყვარელი	saqvareli
adultério (m), traição (f)	ღალატი	ghalat'i
cometer adultério	ღალატი	ghalat'i
ciumento (adj)	ეჭვიანი	ech'viani
ser ciumento, -a	ეჭვიანობა	ech'vianoba
divórcio (m)	განქორწინება	gankorts'ineba
divorciar-se (vr)	განქორწინება	gankorts'ineba
brigar (discutir)	წაჩხუბება	ts'achkhubeba
fazer as pazes	შერიგება	sherigeba
juntos (ir ~)	ერთად	ertad
sexo (m)	სექსი	seksi
felicidade (f)	ბედნიერება	bedniereba
feliz (adj)	ბედნიერი	bednieri
infelicidade (f)	უბედურება	ubedureba
infeliz (adj)	უბედური	ubeduri

Caráter. Sentimentos. Emoções

61. Sentimentos. Emoções

sentimento (m)	გრძნობა	grdznoba
sentimentos (m pl)	გრძნობები	grdznobebi
sentir (vt)	გრძნობა	grdznoba
fome (f)	შიმშილი	shimshili
sede (f)	წყურვილი	ts'qurvili
sonolência (f)	მძინარობა	mdzinaroba
cansaço (m)	დაღლილობა	daghliloba
cansado (adj)	დაღლილი	daghlili
ficar cansado	დაღლა	daghla
humor (m)	გუნება	guneba
tédio (m)	მოწყენილობა	mots'qeniloba
entediar-se (vr)	მოწყენა	mots'qena
reclusão (isolamento)	განმარტოება	ganmart'oeba
isolar-se (vr)	განმარტოება	ganmart'oeba
preocupar (vt)	შეწუხება	shets'ukheba
estar preocupado	წუხილი	ts'ukhili
preocupação (f)	წუხილი	ts'ukhili
ansiedade (f)	მღელვარება	mghelvareba
preocupado (adj)	შეფიქრიანებული	shepikrianebuli
estar nervoso	ნერვიულობა	nerviuloba
entrar em pânico	პანიკიორობა	p'anik'ioroba
esperança (f)	იმედი	imedi
esperar (vt)	იმედოვნება	imedovneba
certeza (f)	რწმენა	rts'mena
certo, seguro de ...	დარწმუნებული	darts'munebuli
indecisão (f)	დაურწმუნებლობა	daurts'munebloba
indeciso (adj)	თავისი თავის რწმენის არმქონე	tavisi tavis rts'menis armkone
bêbado (adj)	მთვრალი	mtvrali
sóbrio (adj)	ფხიზელი	pkhizeli
fraco (adj)	სუსტი	sust'i
feliz (adj)	ბედნიერი	bednieri
assustar (vt)	შეშინება	sheshineba
fúria (f)	გააფთრება	gaaptreba
ira, raiva (f)	გაშმაგება	gashmageba
depressão (f)	დეპრესია	dep'resia
desconforto (m)	დისკომფორტი	disk'omport'i
conforto (m)	კომფორტი	k'omport'i

arrepender-se (vr)	სინანული	sinanuli
arrependimento (m)	სინანული	sinanuli
azar (m), má sorte (f)	უიღბლობა	uighbloba
tristeza (f)	გულისტკივილი	gulist'k'ivili
vergonha (f)	სირცხვილი	sirtskhvili
alegria (f)	მხიარულება	mkhiaruleba
entusiasmo (m)	ენთუზიაზმი	entuziazmi
entusiasta (m)	ენთუზიასტი	entuziast'i
mostrar entusiasmo	ენთუზიაზმის გამოვლენა	entuziazmis gamovlena

62. Caráter. Personalidade

caráter (m)	ხასიათი	khasiati
falha (f) de caráter	ნაკლი	nak'li
mente (f)	ჭკუა	ch'k'ua
razão (f)	გონება	goneba
consciência (f)	სინდისი	sindisi
hábito, costume (m)	ჩვევა	chveva
habilidade (f)	უნარი	unari
saber (~ nadar, etc.)	ცოდნა	tsodna
paciente (adj)	მომთმენი	momtmeni
impaciente (adj)	მოუთმენელი	moutmeneli
curioso (adj)	ცნობისმოყვარე	tsnobismoqvare
curiosidade (f)	ცნობისმოყვარეობა	tsnobismoqvareoba
modéstia (f)	თავმდაბლობა	tavmdabloba
modesto (adj)	თავმდაბალი	tavmdabali
imodesto (adj)	მოურიდებელი	mouridebeli
preguiçoso (adj)	ზარმაცი	zarmatsi
preguiçoso (m)	ზარმაცი	zarmatsi
astúcia (f)	ეშმაკობა	eshmak'oba
astuto (adj)	ეშმაკი	eshmak'i
desconfiança (f)	უნდობლობა	undobloba
desconfiado (adj)	უნდობელი	undobeli
generosidade (f)	გულუხვობა	gulukhvoba
generoso (adj)	გულუხვი	gulukhvi
talentoso (adj)	ნიჭიერი	nich'ieri
talento (m)	ნიჭი	nich'i
corajoso (adj)	გულადი	guladi
coragem (f)	გულადობა	guladoba
honesto (adj)	პატიოსანი	p'at'iosani
honestidade (f)	პატიოსნება	p'at'iosneba
prudente, cuidadoso (adj)	ფრთხილი	prtkhili
valoroso (adj)	გაბედული	gabeduli
sério (adj)	სერიოზული	seriozuli
severo (adj)	მკაცრი	mk'atsri

decidido (adj)	გაბედული	gabeduli
indeciso (adj)	გაუბედავი	gaubedavi
tímido (adj)	გაუბედავი	gaubedavi
timidez (f)	გაუბედაობა	gaubedaoba
confiança (f)	ნდობა	ndoba
confiar (vt)	ნდობა	ndoba
crédulo (adj)	მიმნდობელი	mimndobeli
sinceramente	გულწრფელად	gults'rpelad
sincero (adj)	გულწრფელი	gults'rpeli
sinceridade (f)	გულწრფელობა	gults'rpeloba
aberto (adj)	გულღია	gulghia
calmo (adj)	წყნარი	ts'qnari
franco (adj)	გულახდილი	gulakhdili
ingênuo (adj)	მიამიტი	miamit'i
distraído (adj)	დაბნეული	dabneuli
engraçado (adj)	სასაცილო	sasatsilo
ganância (f)	სიძუნწე	sidzunts'e
ganancioso (adj)	ძუნწი	dzunts'i
avarento, sovina (adj)	ხელმოჭერილი	khelmoch'erili
mal (adj)	ბოროტი	borot'i
teimoso (adj)	ჯიუტი	jiut'i
desagradável (adj)	არასასიამოვნო	arasasiamovno
egoísta (m)	ეგოისტი	egoist'i
egoísta (adj)	ეგოისტური	egoist'uri
covarde (m)	მშიშარა	mshishara
covarde (adj)	მშიშარა	mshishara

63. O sono. Sonhos

dormir (vi)	დაძინება	dadzineba
sono (m)	ძილი	dzili
sonho (m)	სიზმარი	sizmari
sonhar (ver sonhos)	სიზმრების ნახვა	sizmrebis nakhva
sonolento (adj)	მძინარე	mdzinare
cama (f)	საწოლი	sats'oli
colchão (m)	ლეიბი	leibi
cobertor (m)	საბანი	sabani
travesseiro (m)	ბალიში	balishi
lençol (m)	ზეწარი	zets'ari
insônia (f)	უძილობა	udziloba
sem sono (adj)	უძილო	udzilo
sonífero (m)	საძილე წამალი	sadzile ts'amali
tomar um sonífero	საძილე წამლის მიღება	sadzile ts'amlis migheba
bocejar (vi)	მთქნარება	mtknareba
ir para a cama	დასაძინებლად წასვლა	dasadzineblad ts'asvla
fazer a cama	ლოგინის გაშლა	loginis gashla

adormecer (vi)	დაძინება	dadzineba
pesadelo (m)	კოშმარი	k'oshmari
ronco (m)	ხვრინვა	khvrinva
roncar (vi)	ხვრინვა	khvrinva

despertador (m)	მაღვიძარა	maghvidzara
acordar, despertar (vt)	გაღვიძება	gaghvidzeba
acordar (vi)	გაღვიძება	gaghvidzeba
levantar-se (vr)	წამოდგომა	ts'amodgoma
lavar-se (vr)	ხელ-პირის დაბანა	khel-p'iris dabana

64. Humor. Riso. Alegria

humor (m)	იუმორი	iumori
senso (m) de humor	გრძნობა	grdznoba
divertir-se (vr)	მხიარულება	mkhiaruleba
alegre (adj)	მხიარული	mkhiaruli
diversão (f)	მხიარულება	mkhiaruleba

sorriso (m)	ღიმილი	ghimili
sorrir (vi)	გაღიმება	gaghimeba
começar a rir	გაცინება	gatsineba
rir (vi)	სიცილი	sitsili
riso (m)	სიცილი	sitsili

anedota (f)	ანეკდოტი	anek'dot'i
engraçado (adj)	სასაცილო	sasatsilo
ridículo, cômico (adj)	სასაცილო	sasatsilo

brincar (vi)	ხუმრობა	khumroba
piada (f)	ხუმრობა	khumroba
alegria (f)	სიხარული	sikharuli
regozijar-se (vr)	გახარება	gakhareba
alegre (adj)	მხიარული	mkhiaruli

65. Discussão, conversação. Parte 1

comunicação (f)	ურთიერთობა	urtiertoba
comunicar-se (vr)	ურთიერთობის ქონა	urtiertobis kona

conversa (f)	ლაპარაკი	lap'arak'i
diálogo (m)	დიალოგი	dialogi
discussão (f)	დისკუსია	disk'usia
debate (m)	კამათი	k'amati
debater (vt)	კამათი	k'amati

interlocutor (m)	თანამოსაუბრე	tanamosaubre
tema (m)	თემა	tema
ponto (m) de vista	თვალსაზრისი	tvalsazrisi
opinião (f)	აზრი	azri
discurso (m)	სიტყვა	sit'qva
discussão (f)	განხილვა	gankhilva

discutir (vt)	განხილვა	gankhilva
conversa (f)	საუბარი	saubari
conversar (vi)	საუბარი	saubari
reunião (f)	შეხვედრა	shekhvedra
encontrar-se (vr)	შეხვედრა	shekhvedra
provérbio (m)	ანდაზა	andaza
ditado, provérbio (m)	ანდაზური თქმა	andazuri tkma
adivinha (f)	ამოცანა	amotsana
dizer uma adivinha	გამოსაცნობად გამოცანის მიცემა	gamosatsnobad gamotsanis mitsema
senha (f)	პაროლი	p'aroli
segredo (m)	საიდუმლო	saidumlo
juramento (m)	ფიცი	pitsi
jurar (vi)	დაფიცება	dapitseba
promessa (f)	პირობა	p'iroba
prometer (vt)	დაპირება	dap'ireba
conselho (m)	რჩევა	rcheva
aconselhar (vt)	რჩევა	rcheva
escutar (~ os conselhos)	დაჯერება	dajereba
novidade, notícia (f)	ახალი ამბავი	akhali ambavi
sensação (f)	სენსაცია	sensatsia
informação (f)	ცნობები	tsnobebi
conclusão (f)	დასკვნა	dask'vna
voz (f)	ხმა	khma
elogio (m)	კომპლიმენტი	k'omp'liment'i
amável, querido (adj)	თავაზიანი	tavaziani
palavra (f)	სიტყვა	sit'qva
frase (f)	ფრაზა	praza
resposta (f)	პასუხი	p'asukhi
verdade (f)	სიმართლე	simartle
mentira (f)	ტყუილი	t'quili
pensamento (m)	აზროვნება	azrovneba
ideia (f)	აზრი	azri
fantasia (f)	გამოგონება	gamogoneba

66. Discussão, conversação. Parte 2

estimado, respeitado (adj)	პატივცემული	p'at'ivtsemuli
respeitar (vt)	პატივისცემა	p'at'ivistsema
respeito (m)	პატივისცემა	p'at'ivistsema
Estimado ..., Caro ...	პატივცემულო ...	p'at'ivtsemulo ...
apresentar (alguém a alguém)	გაცნობა	gatsnoba
intenção (f)	განზრახვა	ganzrakhva
tencionar (~ fazer algo)	განზრახვა	ganzrakhva
desejo (de boa sorte)	სურვილი	survili

desejar (ex. ~ boa sorte)	სურვილი	survili
surpresa (f)	გაკვირვება	gak'virveba
surpreender (vt)	გაკვირვება	gak'virveba
surpreender-se (vr)	გაკვირვება	gak'virveba
dar (vt)	მიცემა	mitsema
pegar (tomar)	აღება	agheba
devolver (vt)	დაბრუნება	dabruneba
retornar (vt)	დაბრუნება	dabruneba
desculpar-se (vr)	ბოდიშის მოხდა	bodishis mokhda
desculpa (f)	ბოდიშის მოხდა	bodishis mokhda
perdoar (vt)	პატიება	p'at'ieba
falar (vi)	ლაპარაკი	lap'arak'i
escutar (vt)	მოსმენა	mosmena
ouvir até o fim	მოსმენა	mosmena
entender (compreender)	გაგება	gageba
mostrar (vt)	ჩვენება	chveneba
olhar para …	ყურება	qureba
chamar (alguém para …)	დაძახება	dadzakheba
perturbar (vt)	ხელის შეშლა	khelis sheshla
entregar (~ em mãos)	გადაცემა	gadatsema
pedido (m)	თხოვნა	tkhovna
pedir (ex. ~ ajuda)	თხოვნა	tkhovna
exigência (f)	მოთხოვნა	motkhovna
exigir (vt)	მოთხოვნა	motkhovna
insultar (chamar nomes)	გაბრაზება	gabrazeba
zombar (vt)	დაცინვა	datsinva
zombaria (f)	დაცინვა	datsinva
alcunha (f), apelido (m)	მეტსახელი	met'sakheli
insinuação (f)	გადაკრული სიტყვა	gadak'ruli sit'qva
insinuar (vt)	სიტყვის გადაკვრა	sit'qvis gadak'vra
querer dizer	გულისხმობა	guliskhmoba
descrição (f)	აღწერა	aghts'era
descrever (vt)	აღწერა	aghts'era
elogio (m)	ქება	keba
elogiar (vt)	შექება	shekeba
desapontamento (m)	იმედის გაცრუება	imedis gatsrueba
desapontar (vt)	იმედის გაცრუება	imedis gatsrueba
desapontar-se (vr)	იმედის გაცრუება	imedis gatsrueba
suposição (f)	ვარაუდი	varaudi
supor (vt)	ვარაუდი	varaudi
advertência (f)	გაფრთხილება	gaprtkhileba
advertir (vt)	გაფრთხილება	gaprtkhileba

67. Discussão, conversação. Parte 3

convencer (vt)	დათანხმება	datankhmeba
acalmar (vt)	დამშვიდება	damshvideba
silêncio (o ~ é de ouro)	დუმილი	dumili
ficar em silêncio	დუმილი	dumili
sussurrar (vt)	ჩურჩული	churchuli
sussurro (m)	ჩურჩული	churchuli
francamente	გულახდილად	gulakhdilad
na minha opinião ...	ჩემის აზრით ...	chemis azrit ...
detalhe (~ da história)	წვრილმანი	ts'vrilmani
detalhado (adj)	დაწვრილებითი	dats'vrilebiti
detalhadamente	დაწვრილებით	dats'vrilebit
dica (f)	კარნახი	k'arnakhi
dar uma dica	კარნახი	k'arnakhi
olhar (m)	გამოხედვა	gamokhedva
dar uma olhada	შეხედვა	shekhedva
fixo (olhada ~a)	უსიცოცხლო	usitsotskhlo
piscar (vi)	თვალის ხამხამი	tvalis khamkhami
piscar (vt)	თვალის ჩაკვრა	tvalis chak'vra
acenar com a cabeça	თავის ქნევა	tavis kneva
suspiro (m)	ამოოხვრა	amookhvra
suspirar (vi)	ამოოხვრა	amookhvra
estremecer (vi)	შეკრთომა	shek'rtoma
gesto (m)	ჟესტი	zhest'i
tocar (com as mãos)	შეხება	shekheba
agarrar (~ pelo braço)	ხელის ჩაჭიდება	khelis chach'ideba
bater de leve	დაკვრა	dak'vra
Cuidado!	ფრთხილად!	prtkhilad!
Sério?	ნუთუ?	nutu?
Tem certeza?	დარწმუნებული ხარ?	darts'munebuli khar?
Boa sorte!	იღბალს გისურვებ!	ighbals gisurveb!
Entendi!	გასაგებია!	gasagebia!
Que pena!	სამწუხაროა!	samts'ukharoa!

68. Acordo. Recusa

consentimento (~ mútuo)	თანხმობა	tankhmoba
consentir (vi)	დათანხმება	datankhmeba
aprovação (f)	მოწონება	mots'oneba
aprovar (vt)	მოწონება	mots'oneba
recusa (f)	უარი	uari
negar-se a ...	უარის თქმა	uaris tkma
Ótimo!	კარგი!	k'argi!
Tudo bem!	კარგი!	k'argi!

Está bem! De acordo!	კარგი!	k'argi!
proibido (adj)	აკრძალული	ak'rdzaluli
é proibido	არ შეიძლება	ar sheidzleba
é impossível	შეუძლებელია	sheudzlebelia
incorreto (adj)	არასწორი	arasts'ori
rejeitar (~ um pedido)	უარის თქმა	uaris tkma
apoiar (vt)	მხარდაჭერა	mkhardach'era
aceitar (desculpas, etc.)	მიღება	migheba
confirmar (vt)	დადასტურება	dadast'ureba
confirmação (f)	დადასტურება	dadast'ureba
permissão (f)	ნებართვა	nebartva
permitir (vt)	ნების დართვა	nebis dartva
decisão (f)	გადაწყვეტილება	gadats'qvet'ileba
não dizer nada	გაჩუმება	gachumeba
condição (com uma ~)	პირობა	p'iroba
pretexto (m)	მომიზეზება	momizezeba
elogio (m)	ქება	keba
elogiar (vt)	შექება	shekeba

69. Sucesso. Boa sorte. Insucesso

êxito, sucesso (m)	წარმატება	ts'armat'eba
com êxito	წარმეტიბით	ts'armet'ibit
bem sucedido (adj)	წარმატებული	ts'armat'ebuli
sorte (fortuna)	ბედი	bedi
Boa sorte!	იღბალს გისურვებ!	ighbals gisurveb!
de sorte	წარმატებული	ts'armat'ebuli
sortudo, felizardo (adj)	იღბლიანი	ighbliani
fracasso (m)	წარუმატებლობა	ts'arumat'ebloba
pouca sorte (f)	უიღბლობა	uighbloba
azar (m), má sorte (f)	უიღბლობა	uighbloba
mal sucedido (adj)	ფუჭი	puch'i
catástrofe (f)	კატასტროფა	k'at'ast'ropa
orgulho (m)	სიამაყე	siamaqe
orgulhoso (adj)	ამაყი	amaqi
estar orgulhoso, -a	ამაყობა	amaqoba
vencedor (m)	გამარჯვებული	gamarjvebuli
vencer (vi, vt)	გამარჯვება	gamarjveba
perder (vt)	წაგება	ts'ageba
tentativa (f)	ცდა	tsda
tentar (vt)	ცდა	tsda
chance (m)	შანსი	shansi

70. Conflitos. Emoções negativas

grito (m)	ყვირილი	qvirili
gritar (vi)	ყვირილი	qvirili

começar a gritar	დაყვირება	daqvireba
discussão (f)	ჩხუბი	chkhubi
brigar (discutir)	წაჩხუბება	ts'achkhubeba
escândalo (m)	ჩხუბი	chkhubi
criar escândalo	ჩხუბი	chkhubi
conflito (m)	კონფლიქტი	k'onplikt'i
mal-entendido (m)	გაუგებრობა	gaugebroba
insulto (m)	შეურაცხყოფა	sheuratskhqopa
insultar (vt)	შეურაცხყოფა	sheuratskhqopa
insultado (adj)	შეურაცხყოფილი	sheuratskhqopili
ofensa (f)	წყენა	ts'qena
ofender (vt)	წყენინება	ts'qenineba
ofender-se (vr)	წყენა	ts'qena
indignação (f)	აღშფოთება	aghshpoteba
indignar-se (vr)	აღშფოთება	aghshpoteba
queixa (f)	ჩივილი	chivili
queixar-se (vr)	ჩივილი	chivili
desculpa (f)	ბოდიშის მოხდა	bodishis mokhda
desculpar-se (vr)	ბოდიშის მოხდა	bodishis mokhda
pedir perdão	პატიების თხოვნა	p'at'iebis tkhovna
crítica (f)	კრიტიკა	k'rit'ik'a
criticar (vt)	გაკრიტიკება	gak'rit'ik'eba
acusação (f)	ბრალდება	braldeba
acusar (vt)	დაბრალება	dabraleba
vingança (f)	შურისძიება	shurisdzieba
vingar (vt)	შურისძიება	shurisdzieba
vingar-se de	სამაგიეროს გადახდა	samagieros gadakhda
desprezo (m)	ზიზღი	zizghi
desprezar (vt)	ზიზღი	zizghi
ódio (m)	სიძულვილი	sidzulvili
odiar (vt)	სიძულვილი	sidzulvili
nervoso (adj)	ნერვიული	nerviuli
estar nervoso	ნერვიულობა	nerviuloba
zangado (adj)	გაბრაზებული	gabrazebuli
zangar (vt)	გაბრაზება	gabrazeba
humilhação (f)	დამცირება	damtsireba
humilhar (vt)	დამცირება	damtsireba
humilhar-se (vr)	დამცირება	damtsireba
choque (m)	შოკი	shok'i
chocar (vt)	შეცბუნება	shetsbuneba
aborrecimento (m)	უსიამოვნება	usiamovneba
desagradável (adj)	არასასიამოვნო	arasasiamovno
medo (m)	შიში	shishi
terrível (tempestade, etc.)	საშინელი	sashineli
assustador (ex. história ~a)	საშინელი	sashineli

horror (m)	საშინელება	sashineleba
horrível (crime, etc.)	საშინელი	sashineli
começar a tremer	აკანკალება	ak'ank'aleba
chorar (vi)	ტირილი	t'irili
começar a chorar	ატირება	at'ireba
lágrima (f)	ცრემლი	tsremli
falta (f)	ბრალი	brali
culpa (f)	ბრალი	brali
desonra (f)	სირცხვილი	sirtskhvili
protesto (m)	პროტესტი	p'rot'est'i
estresse (m)	სტრესი	st'resi
perturbar (vt)	ხელის შეშლა	khelis sheshla
zangar-se com ...	გაბრაზება	gabrazeba
zangado (irritado)	გაბრაზებული	gabrazebuli
terminar (vt)	შეწყვეტა	shets'qvet'a
praguejar	ლანძღვა	landzghva
assustar-se	შეშინება	sheshineba
golpear (vt)	დარტყმა	dart'qma
brigar (na rua, etc.)	ჩხუბი	chkhubi
resolver (o conflito)	მოგვარება	mogvareba
descontente (adj)	უკმაყოფილო	uk'maqopilo
furioso (adj)	გააფთრებული	gaaptrebuli
Não está bem!	ეს ცუდია!	es tsudia!
É ruim!	ეს ცუდია!	es tsudia!

Medicina

71. Doenças

doença (f)	ავადმყოფობა	avadmqopoba
estar doente	ავადმყოფობა	avadmqopoba
saúde (f)	ჯანმრთელობა	janmrteloba
nariz (m) escorrendo	სურდო	surdo
amigdalite (f)	ანგინა	angina
resfriado (m)	გაცივება	gatsiveba
ficar resfriado	გაცივება	gatsiveba
bronquite (f)	ბრონქიტი	bronkit'i
pneumonia (f)	ფილტვების ანთება	pilt'vebis anteba
gripe (f)	გრიპი	grip'i
míope (adj)	ახლომხედველი	akhlomkhedveli
presbita (adj)	შორსმხედველი	shorsmkhedveli
estrabismo (m)	სიელმე	sielme
estrábico, vesgo (adj)	ელამი	elami
catarata (f)	კატარაქტა	k'at'arakt'a
glaucoma (m)	გლაუკომა	glauk'oma
AVC (m), apoplexia (f)	ინსულტი	insult'i
ataque (m) cardíaco	ინფარქტი	inparkt'i
enfarte (m) do miocárdio	მიოკარდის ინფარქტი	miok'ardis inparkt'i
paralisia (f)	დამბლა	dambla
paralisar (vt)	დამბლის დაცემა	damblis datsema
alergia (f)	ალერგია	alergia
asma (f)	ასთმა	astma
diabetes (f)	დიაბეტი	diabet'i
dor (f) de dente	კბილის ტკივილი	k'bilis t'k'ivili
cárie (f)	კარიესი	k'ariesi
diarreia (f)	დიარეა	diarea
prisão (f) de ventre	კუჭში შეკრულობა	k'uch'shi shek'ruloba
desarranjo (m) intestinal	კუჭის აშლილობა	k'uch'is ashliloba
intoxicação (f) alimentar	მოწამვლა	mots'amvla
intoxicar-se	მოწამვლა	mots'amvla
artrite (f)	ართრიტი	artrit'i
raquitismo (m)	რაქიტი	rakit'i
reumatismo (m)	რევმატიზმი	revmat'izmi
arteriosclerose (f)	ათეროსკლეროზი	aterosk'lerozi
gastrite (f)	გასტრიტი	gast'rit'i
apendicite (f)	აპენდიციტი	ap'enditsit'i

colecistite (f)	ქოლეცისტიტი	koletsist'it'i
úlcera (f)	წყლული	ts'qluli
sarampo (m)	წითელა	ts'itela
rubéola (f)	წითურა	ts'itura
icterícia (f)	სიყვითლე	siqvitle
hepatite (f)	ჰეპატიტი	hep'at'it'i
esquizofrenia (f)	შიზოფრენია	shizoprenia
raiva (f)	ცოფი	tsopi
neurose (f)	ნევროზი	nevrozi
contusão (f) cerebral	ტვინის შერყევა	t'vinis sherqeva
câncer (m)	კიბო	k'ibo
esclerose (f)	სკლეროზი	sk'lerozi
esclerose (f) múltipla	გაფანტული სკლეროზი	gapant'uli sk'lerozi
alcoolismo (m)	ალკოჰოლიზმი	alk'oholizmi
alcoólico (m)	ალკოჰოლიკი	alk'oholik'i
sífilis (f)	სიფილისი	sipilisi
AIDS (f)	შიდსი	shidsi
tumor (m)	სიმსივნე	simsivne
febre (f)	ციება	tsieba
malária (f)	მალარია	malaria
gangrena (f)	განგრენა	gangrena
enjoo (m)	ზღვის ავადმყოფობა	zghvis avadmqopoba
epilepsia (f)	ეპილეფსია	ep'ilepsia
epidemia (f)	ეპიდემია	ep'idemia
tifo (m)	ტიფი	t'ipi
tuberculose (f)	ტუბერკულოზი	t'uberk'ulozi
cólera (f)	ქოლერა	kolera
peste (f) bubônica	შავი ჭირი	shavi ch'iri

72. Sintomas. Tratamentos. Parte 1

sintoma (m)	სიმპტომი	simp't'omi
temperatura (f)	სიცხე	sitskhe
febre (f)	მაღალი სიცხე	maghali sitskhe
pulso (m)	პულსი	p'ulsi
vertigem (f)	თავბრუსხვევა	tavbruskhveva
quente (testa, etc.)	ცხელი	tskheli
calafrio (m)	შეციება	shetsieba
pálido (adj)	ფერმიხდილი	permikhdili
tosse (f)	ხველა	khvela
tossir (vi)	ხველება	khveleba
espirrar (vi)	ცხვირის ცემინება	tskhviris tsemineba
desmaio (m)	გულის წასვლა	gulis ts'asvla
desmaiar (vi)	გულის წასვლა	gulis ts'asvla
mancha (f) preta	ლები	lebi
galo (m)	კოპი	k'op'i

machucar-se (vr)	დაჯახება	dajakheba
contusão (f)	დაჟეჟილობა	dazhezhiloba
machucar-se (vr)	დაჟეჟვა	dazhezhva
mancar (vi)	კოჭლობა	k'och'loba
deslocamento (f)	ღრძობა	ghrdzoba
deslocar (vt)	ღრძობა	ghrdzoba
fratura (f)	მოტეხილობა	mot'ekhiloba
fraturar (vt)	მოტეხა	mot'ekha
corte (m)	ჭრილობა	ch'riloba
cortar-se (vr)	გაჭრა	gach'ra
hemorragia (f)	სისხლდენა	siskhldena
queimadura (f)	დამწვრობა	damts'vroba
queimar-se (vr)	დაწვა	dats'va
picar (vt)	ჩხვლეტა	chkhvlet'a
picar-se (vr)	ჩხვლეტა	chkhvlet'a
lesionar (vt)	დაზიანება	dazianeba
lesão (m)	დაზიანება	dazianeba
ferida (f), ferimento (m)	ჭრილობა	ch'riloba
trauma (m)	ტრავმა	t'ravma
delirar (vi)	ბოდვა	bodva
gaguejar (vi)	ბორძიკით ლაპარაკი	bordzik'it lap'arak'i
insolação (f)	მზის დაკვრა	mzis dak'vra

73. Sintomas. Tratamentos. Parte 2

dor (f)	ტკივილი	t'k'ivili
farpa (no dedo, etc.)	ხიწვი	khits'vi
suor (m)	ოფლი	opli
suar (vi)	გაოფლიანება	gaoplianeba
vômito (m)	პირღებინება	p'irghebineba
convulsões (f pl)	კრუნჩხვები	k'runchkhvebi
grávida (adj)	ორსული	orsuli
nascer (vi)	დაბადება	dabadeba
parto (m)	მშობიარობა	mshobiaroba
dar à luz	გაჩენა	gachena
aborto (m)	აბორტი	abort'i
respiração (f)	სუნთქვა	suntkva
inspiração (f)	შესუნთქვა	shesuntkva
expiração (f)	ამოსუნთქვა	amosuntkva
expirar (vi)	ამოსუნთქვა	amosuntkva
inspirar (vi)	შესუნთქვა	shesuntkva
inválido (m)	ინვალიდი	invalidi
aleijado (m)	ხეიბარი	kheibari
drogado (m)	ნარკომანი	nark'omani
surdo (adj)	ყრუ	qru

mudo (adj)	მუნჯი	munji
surdo-mudo (adj)	ყრუ-მუნჯი	qru-munji
louco, insano (adj)	გიჟი	gizhi
louco (m)	გიჟი	gizhi
louca (f)	გიჟი	gizhi
ficar louco	ჭკუაზე შეშლა	ch'k'uaze sheshla
gene (m)	გენი	geni
imunidade (f)	იმუნიტეტი	imunit'et'i
hereditário (adj)	მემკვიდრეობითი	memk'vidreobiti
congênito (adj)	თანდაყოლილი	tandaqolili
vírus (m)	ვირუსი	virusi
micróbio (m)	მიკრობი	mik'robi
bactéria (f)	ბაქტერია	bakt'eria
infecção (f)	ინფექცია	inpektsia

74. Sintomas. Tratamentos. Parte 3

hospital (m)	საავადმყოფო	saavadmqopo
paciente (m)	პაციენტი	p'atsient'i
diagnóstico (m)	დიაგნოზი	diagnozi
cura (f)	მკურნალობა	mk'urnaloba
curar-se (vr)	მკურნალობა	mk'urnaloba
tratar (vt)	მკურნალობა	mk'urnaloba
cuidar (pessoa)	მოვლა	movla
cuidado (m)	მოვლა	movla
operação (f)	ოპერაცია	op'eratsia
enfaixar (vt)	შეხვევა	shekhveva
enfaixamento (m)	სახვევი	sakhvevi
vacinação (f)	აცრა	atsra
vacinar (vt)	აცრის გაკეთება	atsris gak'eteba
injeção (f)	ნემსი	nemsi
dar uma injeção	ნემსის გაკეთება	nemsis gak'eteba
ataque (~ de asma, etc.)	შეტევა	shet'eva
amputação (f)	ამპუტაცია	amp'ut'atsia
amputar (vt)	ამპუტირება	amp'ut'ireba
coma (f)	კომა	k'oma
estar em coma	კომაში ყოფნა	k'omashi qopna
reanimação (f)	რეანიმაცია	reanimatsia
recuperar-se (vr)	გამოჯანმრთელება	gamojanmrteleba
estado (~ de saúde)	მდგომარეობა	mdgomareoba
consciência (perder a ~)	ცნობიერება	tsnobiereba
memória (f)	მეხსიერება	mekhsiereba
tirar (vt)	ამოღება	amogheba
obturação (f)	ბჟენი	bzheni
obturar (vt)	დაბჟენა	dabzhena

hipnose (f)	ჰიპნოზი	hip'nozi
hipnotizar (vt)	ჰიპნოტიზირება	hip'not'izireba

75. Médicos

médico (m)	ექიმი	ekimi
enfermeira (f)	მედდა	medda
médico (m) pessoal	პირადი ექიმი	p'iradi ekimi
dentista (m)	დანტისტი	dant'ist'i
oculista (m)	ოკულისტი	ok'ulist'i
terapeuta (m)	თერაპევტი	terap'evt'i
cirurgião (m)	ქირურგი	kirurgi
psiquiatra (m)	ფსიქიატრი	psikiat'ri
pediatra (m)	პედიატრი	p'ediat'ri
psicólogo (m)	ფსიქოლოგი	psikologi
ginecologista (m)	გინეკოლოგი	ginek'ologi
cardiologista (m)	კარდიოლოგი	k'ardiologi

76. Medicina. Drogas. Acessórios

medicamento (m)	წამალი	ts'amali
remédio (m)	საშუალება	sashualeba
receitar (vt)	გამოწერა	gamots'era
receita (f)	რეცეპტი	retsep't'i
comprimido (m)	აბი	abi
unguento (m)	მალამო	malamo
ampola (f)	ამპულა	amp'ula
solução, preparado (m)	მიქსტურა	mikst'ura
xarope (m)	სიროფი	siropi
cápsula (f)	აბი	abi
pó (m)	ფხვნილი	pkhvnili
atadura (f)	ბინტი	bint'i
algodão (m)	ბამბა	bamba
iodo (m)	იოდი	iodi
curativo (m) adesivo	ლეიკოპლასტირი	leik'op'last'iri
conta-gotas (m)	პიპეტი	p'ip'et'i
termômetro (m)	სიცხის საზომი	sitskhis sazomi
seringa (f)	შპრიცი	shp'ritsi
cadeira (f) de rodas	ეტლი	et'li
muletas (f pl)	ყავარჯნები	qavarjnebi
analgésico (m)	ტკივილგამაყუჩებელი	t'k'ivilgamaquchebeli
laxante (m)	სასაქმებელი	sasakmebeli
álcool (m)	სპირტი	sp'irt'i
ervas (f pl) medicinais	ბალახი	balakhi
de ervas (chá ~)	ბალახისა	balakhisa

77. Fumar. Produtos tabágicos

tabaco (m)	თამბაქო	tambako
cigarro (m)	სიგარეტი	sigaret'i
charuto (m)	სიგარა	sigara
cachimbo (m)	ჩიბუხი	chibukhi
maço (~ de cigarros)	კოლოფი	k'olopi
fósforos (m pl)	ასანთი	asanti
caixa (f) de fósforos	ასანთის კოლოფი	asantis k'olopi
isqueiro (m)	სანთებელა	santebela
cinzeiro (m)	საფერფლე	saperple
cigarreira (f)	პორტსიგარი	p'ort'sigari
piteira (f)	მუნდშტუკი	mundsht'uk'i
filtro (m)	ფილტრი	pilt'ri
fumar (vi, vt)	მოწევა	mots'eva
acender um cigarro	მოკიდება	mok'ideba
tabagismo (m)	მოწევა	mots'eva
fumante (m)	მწეველი	mts'eveli
bituca (f)	ნამწვი	namts'vi
fumaça (f)	კვამლი	k'vamli
cinza (f)	ფერფლი	perpli

HABITAT HUMANO

Cidade

78. Cidade. Vida na cidade

cidade (f)	ქალაქი	kalaki
capital (f)	დედაქალაქი	dedakalaki
aldeia (f)	სოფელი	sopeli
mapa (m) da cidade	ქალაქის გეგმა	kalakis gegma
centro (m) da cidade	ქალაქის ცენტრი	kalakis tsent'ri
subúrbio (m)	გარეუბანი	gareubani
suburbano (adj)	გარეუბნისა	gareubnisa
periferia (f)	გარეუბანი	gareubani
arredores (m pl)	მიდამოები	midamoebi
quarteirão (m)	კვარტალი	k'vart'ali
quarteirão (m) residencial	საცხოვრებელი კვარტალი	satskhovrebeli k'vart'ali
tráfego (m)	ქუჩაში მოძრაობა	kuchashi modzraoba
semáforo (m)	შუქნიშანი	shuknishani
transporte (m) público	ქალაქის ტრანსპორტი	kalakis t'ransp'ort'i
cruzamento (m)	გზაჯვარედინი	gzajvaredini
faixa (f)	საქვეითო გადასასვლელი	sakveito gadasasvleli
túnel (m) subterrâneo	მიწისქვეშა გადასასვლელი	mits'iskvesha gadasasvleli
cruzar, atravessar (vt)	გადასვლა	gadasvla
pedestre (m)	ფეხით მოსიარულე	pekhit mosiarule
calçada (f)	ტროტუარი	t'rot'uari
ponte (f)	ხიდი	khidi
margem (f) do rio	სანაპირო	sanap'iro
alameda (f)	ხეივანი	kheivani
parque (m)	პარკი	p'ark'i
bulevar (m)	ბულვარი	bulvari
praça (f)	მოედანი	moedani
avenida (f)	გამზირი	gamziri
rua (f)	ქუჩა	kucha
travessa (f)	შესახვევი	shesakhvevi
beco (m) sem saída	ჩიხი	chikhi
casa (f)	სახლი	sakhli
edifício, prédio (m)	შენობა	shenoba
arranha-céu (m)	ცათამბჯენი	tsatambjeni
fachada (f)	ფასადი	pasadi
telhado (m)	სახურავი	sakhuravi

janela (f)	ფანჯარა	panjara
arco (m)	თაღი	taghi
coluna (f)	სვეტი	svet'i
esquina (f)	კუთხე	k'utkhe
vitrine (f)	ვიტრინა	vit'rina
letreiro (m)	აბრა	abra
cartaz (do filme, etc.)	აფიშა	apisha
cartaz (m) publicitário	სარეკლამო პლაკატი	sarek'lamo p'lak'at'i
painel (m) publicitário	სარეკლამო ფარი	sarek'lamo pari
lixo (m)	ნაგავი	nagavi
lata (f) de lixo	ურნა	urna
jogar lixo na rua	მონაგვიანება	monagvianeba
aterro (m) sanitário	ნაგავსაყრელი	nagavsaqreli
orelhão (m)	სატელეფონო ჯიხური	sat'elepono jikhuri
poste (m) de luz	ფარნის ბოძი	parnis bodzi
banco (m)	სკამი	sk'ami
polícia (m)	პოლიციელი	p'olitsieli
polícia (instituição)	პოლიცია	p'olitsia
mendigo, pedinte (m)	მათხოვარი	matkhovari
desabrigado (m)	უსახლკარო	usakhlk'aro

79. Instituições urbanas

loja (f)	მაღაზია	maghazia
drogaria (f)	აფთიაქი	aptiaki
ótica (f)	ოპტიკა	op't'ik'a
centro (m) comercial	სავაჭრო ცენტრი	savach'ro tsent'ri
supermercado (m)	სუპერმარკეტი	sup'ermark'et'i
padaria (f)	საფუნთუშე	sapuntushe
padeiro (m)	მცხობელი	mtskhobeli
pastelaria (f)	საკონდიტრო	sak'ondit'ro
mercearia (f)	საბაყლო	sabaqlo
açougue (m)	საყასბე	saqasbe
fruteira (f)	ბოსტნეულის დუქანი	bost'neulis dukani
mercado (m)	ბაზარი	bazari
cafeteria (f)	ყავახანა	qavakhana
restaurante (m)	რესტორანი	rest'orani
bar (m)	ლუდხანა	ludkhana
pizzaria (f)	პიცერია	p'itseria
salão (m) de cabeleireiro	საპარიკმახერო	sap'arik'makhero
agência (f) dos correios	ფოსტა	post'a
lavanderia (f)	ქიმწმენდა	kimts'menda
estúdio (m) fotográfico	ფოტოატელიე	pot'oat'elie
sapataria (f)	ფეხსაცმლის მაღაზია	pekhsatsmlis maghazia
livraria (f)	წიგნების მაღაზია	ts'ignebis maghazia

loja (f) de artigos esportivos	სპორტული მაღაზია	sp'ort'uli maghazia
costureira (m)	ტანსაცმლის შეკეთება	t'ansatsmlis shek'eteba
aluguel (m) de roupa	ტანსაცმლის გაქირავება	t'ansatsmlis gakiraveba
videolocadora (f)	ფილმების გაქირავება	pilmebis gakiraveba
circo (m)	ცირკი	tsirk'i
jardim (m) zoológico	ზოოპარკი	zoop'ark'i
cinema (m)	კინოთეატრი	k'inoteat'ri
museu (m)	მუზეუმი	muzeumi
biblioteca (f)	ბიბლიოთეკა	bibliotek'a
teatro (m)	თეატრი	teat'ri
ópera (f)	ოპერა	op'era
boate (casa noturna)	ღამის კლუბი	ghamis k'lubi
cassino (m)	სამორინე	samorine
mesquita (f)	მეჩეთი	mecheti
sinagoga (f)	სინაგოგა	sinagoga
catedral (f)	ტაძარი	t'adzari
templo (m)	ტაძარი	t'adzari
igreja (f)	ეკლესია	ek'lesia
faculdade (f)	ინსტიტუტი	inst'it'ut'i
universidade (f)	უნივერსიტეტი	universit'et'i
escola (f)	სკოლა	sk'ola
prefeitura (f)	პრეფექტურა	p'repekt'ura
câmara (f) municipal	მერია	meria
hotel (m)	სასტუმრო	sast'umro
banco (m)	ბანკი	bank'i
embaixada (f)	საელჩო	saelcho
agência (f) de viagens	ტურისტული სააგენტო	t'urist'uli saagent'o
agência (f) de informações	ცნობათა ბიურო	tsnobata biuro
casa (f) de câmbio	გაცვლითი პუნქტი	gatsvliti p'unkt'i
metrô (m)	მეტრო	met'ro
hospital (m)	საავადმყოფო	saavadmqopo
posto (m) de gasolina	ბენზინგასამართი სადგური	benzingasamarti sadguri
parque (m) de estacionamento	ავტოსადგომი	avt'osadgomi

80. Sinais

letreiro (m)	აბრა	abra
aviso (m)	წარწერა	ts'arts'era
cartaz, pôster (m)	პლაკატი	p'lak'at'i
placa (f) de direção	მაჩვენებელი	machvenebeli
seta (f)	ისარი	isari
aviso (advertência)	გაფრთხილება	gaprtkhileba
sinal (m) de aviso	გაფრთხილება	gaprtkhileba
avisar, advertir (vt)	გაფრთხილება	gaprtkhileba
dia (m) de folga	დასვენების დღე	dasvenebis dghe

horário (~ dos trens, etc.)	განრიგი	ganrigi
horário (m)	სამუშაო საათები	samushao saatebi
BEM-VINDOS!	კეთილი იყოს თქვენი მობრძანება!	k'etili iqos tkveni mobrdzaneba!
ENTRADA	შესასვლელი	shesasvleli
SAÍDA	გასასვლელი	gasasvleli
EMPURRE	თქვენგან	tkvengan
PUXE	თქვენსკენ	tkvensk'en
ABERTO	ღიაა	ghiaa
FECHADO	დაკეტილია	dak'et'ilia
MULHER	ქალებისათვის	kalebisatvis
HOMEM	კაცებისათვის	k'atsebisatvis
DESCONTOS	ფასდაკლებები	pasdak'lebebi
SALDOS, PROMOÇÃO	გაყიდვა	gaqidva
NOVIDADE!	სიახლე!	siakhle!
GRÁTIS	უფასოდ	upasod
ATENÇÃO!	ყურადღება!	quradgheba!
NÃO HÁ VAGAS	ადგილები არ არის	adgilebi ar aris
RESERVADO	დარეზერვირებულია	darezervirebulia
ADMINISTRAÇÃO	ადმინისტრაცია	administ'ratsia
SOMENTE PESSOAL AUTORIZADO	მხოლოდ პერსონალისათვის	mkholod p'ersonalisatvis
CUIDADO CÃO FEROZ	ავი ძაღლი	avi dzaghli
PROIBIDO FUMAR!	ნუ მოსწევთ!	nu mosts'evt!
NÃO TOCAR	ხელით ნუ შეეხებით!	khelit nu sheekhebit!
PERIGOSO	საშიშია	sashishia
PERIGO	საფრთხე	saprtkhe
ALTA TENSÃO	მაღალი ძაბვა	maghali dzabva
PROIBIDO NADAR	ბანაობა აკრძალულია	banaoba ak'rdzalulia
COM DEFEITO	არ მუშაობს	ar mushaobs
INFLAMÁVEL	ცეცხლსაშიშია	tsetskhlsashishia
PROIBIDO	აკრძალულია	ak'rdzalulia
ENTRADA PROIBIDA	გასვლა აკრძალულია	gasvla ak'rdzalulia
CUIDADO TINTA FRESCA	შეღებილია	sheghebilia

81. Transportes urbanos

ônibus (m)	ავტობუსი	avt'obusi
bonde (m) elétrico	ტრამვაი	t'ramvai
trólebus (m)	ტროლეიბუსი	t'roleibusi
rota (f), itinerário (m)	მარშრუტი	marshrut'i
número (m)	ნომერი	nomeri
ir de ... (carro, etc.)	მგზავრობა	mgzavroba
entrar no ...	ჩაჯდომა	chajdoma

descer do …	ჩამოსვლა	chamosvla
parada (f)	გაჩერება	gachereba
próxima parada (f)	შემდეგი გაჩერება	shemdegi gachereba
terminal (m)	ბოლო გაჩერება	bolo gachereba
horário (m)	განრიგი	ganrigi
esperar (vt)	ლოდინი	lodini
passagem (f)	ბილეთი	bileti
tarifa (f)	ბილეთის ღირებულება	biletis ghirebuleba
bilheteiro (m)	მოლარე	molare
controle (m) de passagens	კონტროლი	k'ont'roli
revisor (m)	კონტროლიორი	k'ont'roliori
atrasar-se (vr)	დაგვიანება	dagvianeba
perder (o autocarro, etc.)	დაგვიანება	dagvianeba
estar com pressa	აჩქარება	achkareba
táxi (m)	ტაქსი	t'aksi
taxista (m)	ტაქსისტი	t'aksist'i
de táxi (ir ~)	ტაქსით	t'aksit
ponto (m) de táxis	ტაქსის სადგომი	t'aksis sadgomi
chamar um táxi	ტაქსის გამოძახება	t'aksis gamodzakheba
pegar um táxi	ტაქსის აყვანა	t'aksis aqvana
tráfego (m)	ქუჩაში მოძრაობა	kuchashi modzraoba
engarrafamento (m)	საცობი	satsobi
horas (f pl) de pico	პიკის საათები	p'ik'is saatebi
estacionar (vi)	პარკირება	p'ark'ireba
estacionar (vt)	პარკირება	p'ark'ireba
parque (m) de estacionamento	სადგომი	sadgomi
metrô (m)	მეტრო	met'ro
estação (f)	სადგური	sadguri
ir de metrô	მეტროთი მგზავრობა	met'roti mgzavroba
trem (m)	მატარებელი	mat'arebeli
estação (f) de trem	ვაგზალი	vagzali

82. Turismo

monumento (m)	ძეგლი	dzegli
fortaleza (f)	ციხე-სიმაგრე	tsikhe-simagre
palácio (m)	სასახლე	sasakhle
castelo (m)	ციხე-დარბაზი	tsikhe-darbazi
torre (f)	კოშკი	k'oshk'i
mausoléu (m)	მავზოლეუმი	mavzoleumi
arquitetura (f)	არქიტექტურა	arkit'ekt'ura
medieval (adj)	შუა საუკუნეებისა	shua sauk'uneebisa
antigo (adj)	ძველებური	dzveleburi
nacional (adj)	ეროვნული	erovnuli
famoso, conhecido (adj)	ცნობილი	tsnobili
turista (m)	ტურისტი	t'urist'i
guia (pessoa)	გიდი	gidi

excursão (f)	ექსკურსია	eksk'ursia
mostrar (vt)	ჩვენება	chveneba
contar (vt)	მოთხრობა	motkhroba
encontrar (vt)	პოვნა	p'ovna
perder-se (vr)	დაკარგვა	dak'argva
mapa (~ do metrô)	სქემა	skema
mapa (~ da cidade)	გეგმა	gegma
lembrança (f), presente (m)	სუვენირი	suveniri
loja (f) de presentes	სუვენირების მაღაზია	suvenirebis maghazia
tirar fotos, fotografar	სურათის გადაღება	suratis gadagheba
fotografar-se (vr)	სურათის გადაღება	suratis gadagheba

83. Compras

comprar (vt)	ყიდვა	qidva
compra (f)	ნაყიდი	naqidi
compras (f pl)	შოპინგი	shop'ingi
estar aberta (loja)	მუშაობა	mushaoba
estar fechada	დაკეტვა	dak'et'va
calçado (m)	ფეხსაცმელი	pekhsatsmeli
roupa (f)	ტანსაცმელი	t'ansatsmeli
cosméticos (m pl)	კოსმეტიკა	k'osmet'ik'a
alimentos (m pl)	პროდუქტები	p'rodukt'ebi
presente (m)	საჩუქარი	sachukari
vendedor (m)	გამყიდველი	gamqidveli
vendedora (f)	გამყიდველი	gamqidveli
caixa (f)	სალარო	salaro
espelho (m)	სარკე	sark'e
balcão (m)	დახლი	dakhli
provador (m)	მოსაზომი ოთახი	mosazomi otakhi
provar (vt)	მოზომება	mozomeba
servir (roupa, caber)	მორგება	morgeba
gostar (apreciar)	მოწონება	mots'oneba
preço (m)	ფასი	pasi
etiqueta (f) de preço	საფასარი	sapasari
custar (vt)	ღირება	ghireba
Quanto?	რამდენი?	ramdeni?
desconto (m)	ფასდაკლება	pasdak'leba
não caro (adj)	საკმაოდ იაფი	sak'maod iapi
barato (adj)	იაფი	iapi
caro (adj)	ძვირი	dzviri
É caro	ეს ძვირია	es dzviria
aluguel (m)	გაქირავება	gakiraveba
alugar (roupas, etc.)	ქირით აღება	kirit agheba

crédito (m)	კრედიტი	k'redit'i
a crédito	სესხად	seskhad

84. Dinheiro

dinheiro (m)	ფული	puli
câmbio (m)	გაცვლა	gatsvla
taxa (f) de câmbio	კურსი	k'ursi
caixa (m) eletrônico	ბანკომატი	bank'omat'i
moeda (f)	მონეტა	monet'a
dólar (m)	დოლარი	dolari
euro (m)	ევრო	evro
lira (f)	ლირა	lira
marco (m)	მარკა	mark'a
franco (m)	ფრანკი	prank'i
libra (f) esterlina	გირვანქა სტერლინგი	girvanka st'erlingi
iene (m)	იენა	iena
dívida (f)	ვალი	vali
devedor (m)	მოვალე	movale
emprestar (vt)	ნისიად მიცემა	nisiad mitsema
pedir emprestado	ნისიად აღება	nisiad agheba
banco (m)	ბანკი	bank'i
conta (f)	ანგარიში	angarishi
depositar na conta	ანგარიშზე დადება	angarishze dadeba
sacar (vt)	ანგარიშიდან მოხსნა	angarishidan mokhsna
cartão (m) de crédito	საკრედიტო ბარათი	sak'redit'o barati
dinheiro (m) vivo	ნაღდი ფული	naghdi puli
cheque (m)	ჩეკი	chek'i
passar um cheque	ჩეკის გამოწერა	chek'is gamots'era
talão (m) de cheques	ჩეკების წიგნაკი	chek'ebis ts'ignak'i
carteira (f)	საფულე	sapule
niqueleira (f)	საფულე	sapule
cofre (m)	სეიფი	seipi
herdeiro (m)	მემკვიდრე	memk'vidre
herança (f)	მემკვიდრეობა	memk'vidreoba
fortuna (riqueza)	ქონება	koneba
arrendamento (m)	იჯარა	ijara
aluguel (pagar o ~)	ბინის ქირა	binis kira
alugar (vt)	დაქირავება	dakiraveba
preço (m)	ფასი	pasi
custo (m)	ღირებულება	ghirebuleba
soma (f)	თანხა	tankha
gastar (vt)	ხარჯვა	kharjva
gastos (m pl)	ხარჯები	kharjebi

economizar (vi)	დაზოგვა	dazogva
econômico (adj)	მომჭირნე	momch'irne
pagar (vt)	გადახდა	gadakhda
pagamento (m)	საზღაური	sazghauri
troco (m)	ხურდა	khurda
imposto (m)	გადასახადი	gadasakhadi
multa (f)	ჯარიმა	jarima
multar (vt)	დაჯარიმება	dajarimeba

85. Correios. Serviço postal

agência (f) dos correios	ფოსტა	post'a
correio (m)	ფოსტა	post'a
carteiro (m)	ფოსტალიონი	post'alioni
horário (m)	სამუშაო საათები	samushao saatebi
carta (f)	წერილი	ts'erili
carta (f) registada	დაზღვეული წერილი	dazghveuli ts'erili
cartão (m) postal	ღია ბარათი	ghia barati
telegrama (m)	დეპეშა	dep'esha
encomenda (f)	ამანათი	amanati
transferência (f) de dinheiro	ფულადი გზავნილი	puladi gzavnili
receber (vt)	მიღება	migheba
enviar (vt)	გაგზავნა	gagzavna
envio (m)	გაგზავნა	gagzavna
endereço (m)	მისამართი	misamarti
código (m) postal	ინდექსი	indeksi
remetente (m)	გამგზავნი	gamgzavni
destinatário (m)	მიმღები	mimghebi
nome (m)	სახელი	sakheli
sobrenome (m)	გვარი	gvari
tarifa (f)	ტარიფი	t'aripi
ordinário (adj)	ჩვეულებრივი	chveulebrivi
econômico (adj)	ეკონომიური	ek'onomiuri
peso (m)	წონა	ts'ona
pesar (estabelecer o peso)	აწონვა	ats'onva
envelope (m)	კონვერტი	k'onvert'i
selo (m) postal	მარკა	mark'a

Moradia. Casa. Lar

86. Casa. Habitação

casa (f)	სახლი	sakhli
em casa	შინ	shin
pátio (m), quintal (f)	ეზო	ezo
cerca, grade (f)	გალავანი	galavani
tijolo (m)	აგური	aguri
de tijolos	აგურისა	agurisa
pedra (f)	ქვა	kva
de pedra	ქვისა	kvisa
concreto (m)	ბეტონი	bet'oni
concreto (adj)	ბეტონისა	bet'onisa
novo (adj)	ახალი	akhali
velho (adj)	ძველი	dzveli
decrépito (adj)	ძველი	dzveli
moderno (adj)	თანამედროვე	tanamedrove
de vários andares	მრავალსართულიანი	mravalsartuliani
alto (adj)	მაღალი	maghali
andar (m)	სართული	sartuli
de um andar	ერთსართულიანი	ertsartuliani
térreo (m)	ქვედა სართული	kveda sartuli
andar (m) de cima	ზედა სართული	zeda sartuli
telhado (m)	სახურავი	sakhuravi
chaminé (f)	მილი	mili
telha (f)	კრამიტი	k'ramit'i
de telha	კრამიტისა	k'ramit'isa
sótão (m)	სხვენი	skhveni
janela (f)	ფანჯარა	panjara
vidro (m)	მინა	mina
parapeito (m)	ფანჯრის რაფა	panjris rapa
persianas (f pl)	დარაბები	darabebi
parede (f)	კედელი	k'edeli
varanda (f)	აივანი	aivani
calha (f)	წყალსადინარი მილი	ts'qalsadinari mili
em cima	ზევით	zevit
subir (vi)	ასვლა	asvla
descer (vi)	ჩასვლა	chasvla
mudar-se (vr)	გადასვლა	gadasvla

87. Casa. Entrada. Elevador

entrada (f)	სადარბაზო	sadarbazo
escada (f)	კიბე	k'ibe
degraus (m pl)	საფეხურები	sapekhurebi
corrimão (m)	მოაჯირი	moajiri
hall (m) de entrada	ჰოლი	holi
caixa (f) de correio	საფოსტო ყუთი	sapost'o quti
lata (f) do lixo	სანაგვე ბაკი	sanagve bak'i
calha (f) de lixo	ნაგავსატარი	nagavsat'ari
elevador (m)	ლიფტი	lipt'i
elevador (m) de carga	სატვირთო ლიფტი	sat'virto lipt'i
cabine (f)	კაბინა	k'abina
pegar o elevador	ლიფტით მგზავრობა	lipt'it mgzavroba
apartamento (m)	ბინა	bina
residentes (pl)	მობინადრეები	mobinadreebi
vizinhos (pl)	მეზობლები	mezoblebi

88. Casa. Eletricidade

eletricidade (f)	ელექტრობა	elekt'roba
lâmpada (f)	ნათურა	natura
interruptor (m)	ამომრთველი	amomrtveli
fusível, disjuntor (m)	საცობი	satsobi
fio, cabo (m)	სადენი	sadeni
instalação (f) elétrica	გაყვანილობა	gaqvaniloba
medidor (m) de eletricidade	მრიცხველი	mritskhveli
indicação (f), registro (m)	ჩვენება	chveneba

89. Casa. Portas. Fechaduras

porta (f)	კარი	k'ari
portão (m)	ჭიშკარი	ch'ishk'ari
maçaneta (f)	სახელური	sakheluri
destrancar (vt)	გაღება	gagheba
abrir (vt)	გაღება	gagheba
fechar (vt)	დაკეტვა	dak'et'va
chave (f)	გასაღები	gasaghebi
molho (m)	ასხმულა	askhmula
ranger (vi)	ჭრიალი	ch'riali
rangido (m)	ჭრიალი	ch'riali
dobradiça (f)	ანჯამა	anjama
capacho (m)	პატარა ნოხი	p'at'ara nokhi
fechadura (f)	საკეტი	sak'et'i
buraco (m) da fechadura	საკლიტე	sak'lit'e

barra (f)	ურდული	urduli
fecho (ferrolho pequeno)	ურდული	urduli
cadeado (m)	ბოქლომი	boklomi
tocar (vt)	რეკვა	rek'va
toque (m)	ზარი	zari
campainha (f)	ზარი	zari
botão (m)	ღილაკი	ghilak'i
batida (f)	კაკუნი	k'ak'uni
bater (vi)	კაკუნი	k'ak'uni
código (m)	კოდი	k'odi
fechadura (f) de código	კოდის საკეტი	k'odis sak'et'i
interfone (m)	დომოფონი	domoponi
número (m)	ნომერი	nomeri
placa (f) de porta	ფირნიში	pirnishi
olho (m) mágico	სათვალთვალო	satvaltvalo

90. Casa de campo

aldeia (f)	სოფელი	sopeli
horta (f)	ბოსტანი	bost'ani
cerca (f)	ღობე	ghobe
cerca (f) de piquete	ღობე	ghobe
portão (f) do jardim	პატარა ჭიშკარი	p'at'ara ch'ishk'ari
celeiro (m)	ბეღელი	begheli
adega (f)	სარდაფი	sardapi
galpão, barracão (m)	ფარდული	parduli
poço (m)	ჭა	ch'a
fogão (m)	ღუმელი	ghumeli
atiçar o fogo	დანთება	danteba
lenha (carvão ou ~)	შეშა	shesha
acha, lenha (f)	ნაპობი	nap'obi
varanda (f)	ვერანდა	veranda
alpendre (m)	ტერასა	t'erasa
degraus (m pl) de entrada	პარმაღი	p'armaghi
balanço (m)	საქანელა	sakanela

91. Moradia. Mansão

casa (f) de campo	ქალაქგარეთა სახლი	kalakgareta sakhli
vila (f)	ვილა	vila
ala (~ do edifício)	ფრთა	prta
jardim (m)	ბაღი	baghi
parque (m)	პარკი	p'ark'i
estufa (f)	ორანჟერეა	oranzherea
cuidar de ...	მოვლა	movla
piscina (f)	აუზი	auzi

academia (f) de ginástica	სპორტული დარბაზი	sp'ort'uli darbazi
quadra (f) de tênis	ჩოგბურთის კორტი	chogburtis k'ort'i
cinema (m)	კინოთეატრი	k'inoteat'ri
garagem (f)	ავტოფარეხი	avt'oparekhi
propriedade (f) privada	კერძო საკუთრება	k'erdzo sak'utreba
terreno (m) privado	კერძო სამფლობელოები	k'erdzo samplobeloebi
advertência (f)	გაფრთხილება	gaprtkhileba
sinal (m) de aviso	გამაფრთხილებელი წარწერა	gamaprtkhilebeli ts'arts'era
guarda (f)	დაცვა	datsva
guarda (m)	მცველი	mtsveli
alarme (m)	სიგნალიზაცია	signalizatsia

92. Castelo. Palácio

castelo (m)	ციხე-დარბაზი	tsikhe-darbazi
palácio (m)	სასახლე	sasakhle
fortaleza (f)	ციხე-სიმაგრე	tsikhe-simagre
muralha (f)	გალავანი	galavani
torre (f)	კოშკი	k'oshk'i
calabouço (m)	მთავარი კოშკი	mtavari k'oshk'i
grade (f) levadiça	ასაწევი ჭიშკარი	asats'evi ch'ishk'ari
passagem (f) subterrânea	მიწისქვეშა გასასვლელი	mits'iskvesha gasasvleli
fosso (m)	თხრილი	tkhrili
corrente, cadeia (f)	ჯაჭვი	jach'vi
seteira (f)	სათოფური	satopuri
magnífico (adj)	ჩინებული	chinebuli
majestoso (adj)	დიდებული	didebuli
inexpugnável (adj)	მიუდგომელი	miudgomeli
medieval (adj)	შუა საუკუნეებისა	shua sauk'uneebisa

93. Apartamento

apartamento (m)	ბინა	bina
quarto, cômodo (m)	ოთახი	otakhi
quarto (m) de dormir	საწოლი ოთახი	sats'oli otakhi
sala (f) de jantar	სასადილო ოთახი	sasadilo otakhi
sala (f) de estar	სასტუმრო ოთახი	sast'umro otakhi
escritório (m)	კაბინეტი	k'abinet'i
sala (f) de entrada	წინა ოთახი	ts'ina otakhi
banheiro (m)	სააბაზანო ოთახი	saabazano otakhi
lavabo (m)	საპირფარეშო	sap'irparesho
teto (m)	ჭერი	ch'eri
chão, piso (m)	იატაკი	iat'ak'i
canto (m)	კუთხე	k'utkhe

94. Apartamento. Limpeza

arrumar, limpar (vt)	დალაგება	dalageba
guardar (no armário, etc.)	აღება	agheba
pó (m)	მტვერი	mt'veri
empoeirado (adj)	მტვრიანი	mt'vriani
tirar o pó	მტვრის მოწმენდა	mt'vris mots'menda
aspirador (m)	მტვერსასრუტი	mt'versasrut'i
aspirar (vt)	მტვერსასრუტით მოწმენდა	mt'versasrut'it mots'menda
varrer (vt)	დაგვა	dagva
sujeira (f)	ნაგავი	nagavi
arrumação, ordem (f)	წესრიგი	ts'esrigi
desordem (f)	უწესრიგობა	uts'esrigoba
esfregão (m)	შვაბრა	shvabra
pano (m), trapo (m)	ჩვარი	chvari
vassoura (f)	ცოცხი	tsotskhi
pá (f) de lixo	აქანდაზი	akandazi

95. Mobiliário. Interior

mobiliário (m)	ავეჯი	aveji
mesa (f)	მაგიდა	magida
cadeira (f)	სკამი	sk'ami
cama (f)	საწოლი	sats'oli
sofá, divã (m)	დივანი	divani
poltrona (f)	სავარძელი	savardzeli
estante (f)	კარადა	k'arada
prateleira (f)	თარო	taro
guarda-roupas (m)	კარადა	k'arada
cabide (m) de parede	საკიდი	sak'idi
cabideiro (m) de pé	საკიდი	sak'idi
cômoda (f)	კომოდი	k'omodi
mesinha (f) de centro	ჟურნალების მაგიდა	zhurnalebis magida
espelho (m)	სარკე	sark'e
tapete (m)	ხალიჩა	khalicha
tapete (m) pequeno	პატარა ნოხი	p'at'ara nokhi
lareira (f)	ბუხარი	bukhari
vela (f)	სანთელი	santeli
castiçal (m)	შანდალი	shandali
cortinas (f pl)	ფარდები	pardebi
papel (m) de parede	შპალერი	shp'aleri
persianas (f pl)	ჟალუზი	zhaluzi
luminária (f) de mesa	მაგიდის ლამპა	magidis lamp'a
luminária (f) de parede	ლამპარი	lamp'ari

abajur (m) de pé	ტორშერი	t'orsheri
lustre (m)	ჭაღი	ch'aghi
pé (de mesa, etc.)	ფეხი	pekhi
braço, descanso (m)	საიდაყვე	saidaqve
costas (f pl)	ზურგი	zurgi
gaveta (f)	უჯრა	ujra

96. Quarto de dormir

roupa (f) de cama	თეთრეული	tetreuli
travesseiro (m)	ბალიში	balishi
fronha (f)	ბალიშისპირი	balishisp'iri
cobertor (m)	საბანი	sabani
lençol (m)	ზეწარი	zets'ari
colcha (f)	გადასაფარებელი	gadasaparebeli

97. Cozinha

cozinha (f)	სამზარეულო	samzareulo
gás (m)	აირი	airi
fogão (m) a gás	გაზქურა	gazkura
fogão (m) elétrico	ელექტროქურა	elekt'rokura
forno (m)	ფურნაკი	purnak'i
forno (m) de micro-ondas	მიკროტალღოვანი ღუმელი	mik'rot'alghovani ghumeli
geladeira (f)	მაცივარი	matsivari
congelador (m)	საყინულე	saqinule
máquina (f) de lavar louça	ჭურჭლის სარეცხი მანქანა	ch'urch'lis saretskhi mankana
moedor (m) de carne	ხორცსაკეპი	khortssak'ep'i
espremedor (m)	წვენსაწური	ts'vensats'uri
torradeira (f)	ტოსტერი	t'ost'eri
batedeira (f)	მიქსერი	mikseri
máquina (f) de café	ყავის სახარში	qavis sakharshi
cafeteira (f)	ყავადანი	qavadani
moedor (m) de café	ყავის საფქვავი	qavis sapkvavi
chaleira (f)	ჩაიდანი	chaidani
bule (m)	ჩაიდანი	chaidani
tampa (f)	ხუფი	khupi
coador (m) de chá	საწური	sats'uri
colher (f)	კოვზი	k'ovzi
colher (f) de chá	ჩაის კოვზი	chais k'ovzi
colher (f) de sopa	სადილის კოვზი	sadilis k'ovzi
garfo (m)	ჩანგალი	changali
faca (f)	დანა	dana
louça (f)	ჭურჭელი	ch'urch'eli
prato (m)	თეფში	tepshi

pires (m)	ლამბაქი	lambaki
cálice (m)	სირჩა	sircha
copo (m)	ჭიქა	ch'ika
xícara (f)	ფინჯანი	pinjani
açucareiro (m)	საშაქრე	sashakre
saleiro (m)	სამარილე	samarile
pimenteiro (m)	საპილპილე	sap'ilp'ile
manteigueira (f)	საკარაქე	sak'arake
panela (f)	ქვაბი	kvabi
frigideira (f)	ტაფა	t'apa
concha (f)	ჩამჩა	chamcha
coador (m)	თუშფალანგი	tushpalangi
bandeja (f)	ლანგარი	langari
garrafa (f)	ბოთლი	botli
pote (m) de vidro	ქილა	kila
lata (~ de cerveja)	ქილა	kila
abridor (m) de garrafa	გასახსნელი	gasakhsneli
abridor (m) de latas	გასახსნელი	gasakhsneli
saca-rolhas (m)	შტოპორი	sht'op'ori
filtro (m)	ფილტრი	pilt'ri
filtrar (vt)	ფილტვრა	pilt'vra
lixo (m)	ნაგავი	nagavi
lixeira (f)	სანაგვე ვედრო	sanagve vedro

98. Casa de banho

banheiro (m)	სააბაზანო ოთახი	saabazano otakhi
água (f)	წყალი	ts'qali
torneira (f)	ონკანი	onk'ani
água (f) quente	ცხელი წყალი	tskheli ts'qali
água (f) fria	ცივი წყალი	tsivi ts'qali
pasta (f) de dente	კბილის პასტა	k'bilis p'ast'a
escovar os dentes	კბილების წმენდა	k'bilebis ts'menda
barbear-se (vr)	პარსვა	p'arsva
espuma (f) de barbear	საპარსი ქაფი	sap'arsi kapi
gilete (f)	სამართებელი	samartebeli
lavar (vt)	რეცხვა	retskhva
tomar banho	დაბანა	dabana
chuveiro (m), ducha (f)	შხაპი	shkhap'i
tomar uma ducha	შხაპის მიღება	shkhap'is migheba
banheira (f)	აბაზანა	abazana
vaso (m) sanitário	უნიტაზი	unit'azi
pia (f)	ნიჟარა	nizhara
sabonete (m)	საპონი	sap'oni
saboneteira (f)	სასაპნე	sasap'ne

esponja (f)	ღრუბელი	ghrubeli
xampu (m)	შამპუნი	shamp'uni
toalha (f)	პირსახოცი	p'irsakhotsi
roupão (m) de banho	ხალათი	khalati
lavagem (f)	რეცხვა	retskhva
lavadora (f) de roupas	სარეცხი მანქანა	saretskhi mankana
lavar a roupa	თეთრეულის რეცვხა	tetreulis retsvkha
detergente (m)	სარეცხი ფხვნილი	saretskhi pkhvnili

99. Eletrodomésticos

televisor (m)	ტელევიზორი	t'elevizori
gravador (m)	მაგნიტოფონი	magnit'oponi
videogravador (m)	ვიდეომაგნიტოფონი	videomagnit'oponi
rádio (m)	მიმღები	mimghebi
leitor (m)	ფლეერი	pleeri
projetor (m)	ვიდეოპროექტორი	videop'roekt'ori
cinema (m) em casa	სახლის კინოთეატრი	sakhlis k'inoteat'ri
DVD Player (m)	DVD-საკრავი	DVD-sak'ravi
amplificador (m)	გამაძლიერებელი	gamadzlierebeli
console (f) de jogos	სათამაშო მისადგამი	satamasho misadgami
câmera (f) de vídeo	ვიდეოკამერა	videok'amera
máquina (f) fotográfica	ფოტოაპარატი	pot'oap'arat'i
câmera (f) digital	ციფრული ფოტოაპარატი	tsipruli pot'oap'arat'i
aspirador (m)	მტვერსასრუტი	mt'versasrut'i
ferro (m) de passar	უთო	uto
tábua (f) de passar	საუთოებელი დაფა	sautoebeli dapa
telefone (m)	ტელეფონი	t'eleponi
celular (m)	მობილური ტელეფონი	mobiluri t'eleponi
máquina (f) de escrever	მანქანა	mankana
máquina (f) de costura	მანქანა	mankana
microfone (m)	მიკროფონი	mik'roponi
fone (m) de ouvido	საყურისი	saqurisi
controle remoto (m)	პულტი	p'ult'i
CD (m)	CD-დისკი	CD-disk'i
fita (f) cassete	კასეტი	k'aset'i
disco (m) de vinil	ფირფიტა	pirpit'a

100. Reparações. Renovação

renovação (f)	რემონტი	remont'i
renovar (vt), fazer obras	რემონტის კეთება	remont'is k'eteba
reparar (vt)	გარემონტება	garemont'eba
consertar (vt)	წესრიგში მოყვანა	ts'esrigshi moqvana
refazer (vt)	გადაკეთება	gadak'eteba

tinta (f)	საღებავი	saghebavi
pintar (vt)	ღებვა	ghebva
pintor (m)	მღებავი	mghebavi
pincel (m)	ფუნჯი	punji
cal (f)	თეთრა	tetra
caiar (vt)	შეთეთრება	shetetreba
papel (m) de parede	შპალერი	shp'aleri
colocar papel de parede	შპალერის გაკვრა	shp'aleris gak'vra
verniz (m)	ლაქი	laki
envernizar (vt)	გალაქვა	galakva

101. Canalizações

água (f)	წყალი	ts'qali
água (f) quente	ცხელი წყალი	tskheli ts'qali
água (f) fria	ცივი წყალი	tsivi ts'qali
torneira (f)	ონკანი	onk'ani
gota (f)	წვეთი	ts'veti
gotejar (vi)	წვეთა	ts'veta
vazar (vt)	დინება	dineba
vazamento (m)	გადენა	gadena
poça (f)	გუბე	gube
tubo (m)	მილი	mili
válvula (f)	ვენტილი	vent'ili
entupir-se (vr)	გაჭედვა	gach'edva
ferramentas (f pl)	ხელსაწყოები	khelsats'qoebi
chave (f) inglesa	ქანჩის გასაღები	kanchis gasaghebi
desenroscar (vt)	მოშვება	moshveba
enroscar (vt)	მოჭერა	moch'era
desentupir (vt)	გამოწმენდა	gamots'menda
encanador (m)	სანტექნიკოსი	sant'eknik'osi
porão (m)	სარდაფი	sardapi
rede (f) de esgotos	კანალიზაცია	k'analizatsia

102. Fogo. Deflagração

incêndio (m)	ცეცხლი	tsetskhli
chama (f)	ალი	ali
faísca (f)	ნაპერწკალი	nap'erts'k'ali
fumaça (f)	კვამლი	k'vamli
tocha (f)	ჩირაღდანი	chiraghdani
fogueira (f)	კოცონი	k'otsoni
gasolina (f)	ბენზინი	benzini
querosene (m)	ნავთი	navti
inflamável (adj)	საწვავი	sats'vavi

explosivo (adj)	ფეთქებადსაშიში	petkebadsashishi
PROIBIDO FUMAR!	ნუ მოსწევთ!	nu mosts'evt!
segurança (f)	უსაფრთხოება	usaprtkhoeba
perigo (m)	საშიშროება	sashishroeba
perigoso (adj)	საშიში	sashishi
incendiar-se (vr)	ცეცხლის მოკიდება	tsetskhlis mok'ideba
explosão (f)	აფეთქება	apetkeba
incendiar (vt)	ცეცხლის წაკიდება	tsetskhlis ts'ak'ideba
incendiário (m)	ცეცხლის წამკიდებელი	tsetskhlis ts'amk'idebeli
incêndio (m) criminoso	ცეცხლის წაკიდება	tsetskhlis ts'ak'ideba
flamejar (vi)	ბრიალი	briali
queimar (vi)	წვა	ts'va
queimar tudo (vi)	დაწვა	dats'va
chamar os bombeiros	მეხანძრეების გამოძახება	mekhandzreebis gamodzakheba
bombeiro (m)	მეხანძრე	mekhandzre
caminhão (m) de bombeiros	სახანძრო მანქანა	sakhandzro mankana
corpo (m) de bombeiros	სახანძრო რაზმი	sakhandzro razmi
escada (f) extensível	სახანძრო კიბე	sakhandzro k'ibe
mangueira (f)	შლანგი	shlangi
extintor (m)	ცეცხლსაქრობი	tsetskhlsakrobi
capacete (m)	კასკა	k'ask'a
sirene (f)	სირენა	sirena
gritar (vi)	ყვირილი	qvirili
chamar por socorro	დასახმარებლად დაძახება	dasakhmareblad dadzakheba
socorrista (m)	მაშველი	mashveli
salvar, resgatar (vt)	გადარჩენა	gadarchena
chegar (vi)	მოსვლა	mosvla
apagar (vt)	ჩაქრობა	chakroba
água (f)	წყალი	ts'qali
areia (f)	ქვიშა	kvisha
ruínas (f pl)	ნანგრევები	nangrevebi
ruir (vi)	ჩანგრევა	changreva
desmoronar (vi)	ჩამონგრევა	chamongreva
desabar (vi)	ჩამონგრევა	chamongreva
fragmento (m)	ნამტვრევი	namt'vrevi
cinza (f)	ფერფლი	perpli
sufocar (vi)	გაგუდვა	gagudva
perecer (vi)	დაღუპვა	daghup'va

ATIVIDADES HUMANAS

Emprego. Negócios. Parte 1

103. Escritório. O trabalho no escritório

escritório (~ de advogados)	ოფისი	opisi
escritório (do diretor, etc.)	კაბინეტი	k'abinet'i
recepção (f)	რესეფშენი	resepsheni
secretário (m)	მდივანი	mdivani
diretor (m)	დირექტორი	direkt'ori
gerente (m)	მენეჯერი	menejeri
contador (m)	ბუღალტერი	bughalt'eri
empregado (m)	თანამშრომელი	tanamshromeli
mobiliário (m)	ავეჯი	aveji
mesa (f)	მაგიდა	magida
cadeira (f)	სავარძელი	savardzeli
gaveteiro (m)	ტუმბა	t'umba
cabideiro (m) de pé	საკიდი	sak'idi
computador (m)	კომპიუტერი	k'omp'iut'eri
impressora (f)	პრინტერი	p'rint'eri
fax (m)	ფაქსი	paksi
fotocopiadora (f)	ასლის გადამღები აპარატი	aslis gadamghebi ap'arat'i
papel (m)	ქაღალდი	kaghaldi
artigos (m pl) de escritório	საკანცელარიო ნივთები	sak'antselario nivtebi
tapete (m) para mouse	ქვეშსადები	kveshsadebi
folha (f)	ფურცელი	purtseli
pasta (f)	საქაღალდე	sakaghalde
catálogo (m)	კატალოგი	k'at'alogi
lista (f) telefônica	ცნობარი	tsnobari
documentação (f)	დოკუმენტაცია	dok'ument'atsia
brochura (f)	ბროშურა	broshura
panfleto (m)	ფურცელი	purtseli
amostra (f)	ნიმუში	nimushi
formação (f)	ტრენინგი	t'reningi
reunião (f)	თათბირი	tatbiri
hora (f) de almoço	სასადილო შესვენება	sasadilo shesveneba
fazer uma cópia	ასლის გაკეთება	aslis gak'eteba
tirar cópias	გამრავლება	gamravleba
receber um fax	ფაქსის მიღება	paksis migheba
enviar um fax	ფაქსის გაგზავნა	paksis gagzavna
fazer uma chamada	რეკვა	rek'va

responder (vt)	პასუხის გაცემა	p'asukhis gatsema
passar (vt)	შეერთება	sheerteba
marcar (vt)	დანიშვნა	danishvna
demonstrar (vt)	დემონსტრირება	demonst'rireba
estar ausente	არდასწრება	ardasts'reba
ausência (f)	გაცდენა	gatsdena

104. Processos negociais. Parte 1

ocupação (f)	საქმე	sakme
firma, empresa (f)	ფირმა	pirma
companhia (f)	კომპანია	k'omp'ania
corporação (f)	კორპორაცია	k'orp'oratsia
empresa (f)	საწარმო	sats'armo
agência (f)	სააგენტო	saagent'o
acordo (documento)	ხელშეკრულება	khelshek'ruleba
contrato (m)	კონტრაქტი	k'ont'rakt'i
acordo (transação)	გარიგება	garigeba
pedido (m)	შეკვეთა	shek'veta
termos (m pl)	პირობა	p'iroba
por atacado	ბითუმად	bitumad
por atacado (adj)	საბითუმო	sabitumo
venda (f) por atacado	ბითუმად გაყიდვა	bitumad gaqidva
a varejo	საცალო	satsalo
venda (f) a varejo	ცალობით გაყიდვა	tsalobit gaqidva
concorrente (m)	კონკურენტი	k'onk'urent'i
concorrência (f)	კონკურენცია	k'onk'urentsia
competir (vi)	კონკურენციის გაწევა	k'onk'urentsiis gats'eva
sócio (m)	პარტნიორი	p'art'niori
parceria (f)	პარტნიორობა	p'art'nioroba
crise (f)	კრიზისი	k'rizisi
falência (f)	გაკოტრება	gak'ot'roba
entrar em falência	გაკოტრება	gak'ot'reba
dificuldade (f)	სიძნელე	sidznele
problema (m)	პრობლემა	p'roblema
catástrofe (f)	კატასტროფა	k'at'ast'ropa
economia (f)	ეკონომიკა	ek'onomik'a
econômico (adj)	ეკონომიკური	ek'onomik'uri
recessão (f) econômica	ეკონომიკური ვარდნა	ek'onomik'uri vardna
objetivo (m)	მიზანი	mizani
tarefa (f)	ამოცანა	amotsana
comerciar (vi, vt)	ვაჭრობა	vach'roba
rede (de distribuição)	ქსელი	kseli
estoque (m)	საწყობი	sats'qobi
sortimento (m)	ასორტიმენტი	asort'iment'i

líder (m)	ლიდერი	lideri
grande (~ empresa)	მსხვილი	mskhvili
monopólio (m)	მონოპოლია	monop'olia
teoria (f)	თეორია	teoria
prática (f)	პრაქტიკა	p'rakt'ik'a
experiência (f)	გამოცდილება	gamotsdileba
tendência (f)	ტენდენცია	t'endentsia
desenvolvimento (m)	განვითარება	ganvitareba

105. Processos negociais. Parte 2

rentabilidade (f)	სარგებლობა	sargebloba
rentável (adj)	სარგებლიანი	sargebliani
delegação (f)	დელეგაცია	delegatsia
salário, ordenado (m)	ხელფასი	khelpasi
corrigir (~ um erro)	გამოსწორება	gamosts'oreba
viagem (f) de negócios	მივლინება	mivlineba
comissão (f)	კომისია	k'omisia
controlar (vt)	კონტროლის გაწევა	k'ont'rolis gats'eva
conferência (f)	კონფერენცია	k'onperentsia
licença (f)	ლიცენზია	litsenzia
confiável (adj)	საიმედო	saimedo
empreendimento (m)	წამოწყება	ts'amots'qeba
norma (f)	ნორმა	norma
circunstância (f)	გარემოება	garemoeba
dever (do empregado)	მოვალეობა	movaleoba
empresa (f)	ორგანიზაცია	organizatsia
organização (f)	ორგანიზება	organizeba
organizado (adj)	ორგანიზებული	organizebuli
anulação (f)	გაუქმება	gaukmeba
anular, cancelar (vt)	გაუქმება	gaukmeba
relatório (m)	ანგარიში	angarishi
patente (f)	პატენტი	p'at'ent'i
patentear (vt)	დაპატენტება	dap'at'ent'eba
planejar (vt)	დაგეგმვა	dagegmva
bônus (m)	პრემია	p'remia
profissional (adj)	პროფესიული	p'ropesiuli
procedimento (m)	პროცედურა	p'rotsedura
examinar (~ a questão)	განხილვა	gankhilva
cálculo (m)	ანგარიშსწორება	angarishsts'oreba
reputação (f)	რეპუტაცია	rep'ut'atsia
risco (m)	რისკი	risk'i
dirigir (~ uma empresa)	ხელმძღვანელობა	khelmdzghvaneloba
informação (f)	ცნობები	tsnobebi
propriedade (f)	საკუთრება	sak'utreba

união (f)	კავშირი	k'avshiri
seguro (m) de vida	სიცოცხლის დაზღვევა	sitsotskhlis dazghveva
fazer um seguro	დაზღვევა	dazghveva
seguro (m)	დაზღვევა	dazghveva
leilão (m)	საჯარო ვაჭრობა	sajaro vach'roba
notificar (vt)	შეტყობინება	shet'qobineba
gestão (f)	მართვა	martva
serviço (indústria de ~s)	სამსახური	samsakhuri
fórum (m)	ფორუმი	porumi
funcionar (vi)	ფუნქციონირება	punktsionireba
estágio (m)	ეტაპი	et'ap'i
jurídico, legal (adj)	იურიდიული	iuridiuli
advogado (m)	იურისტი	iurist'i

106. Produção. Trabalhos

usina (f)	ქარხანა	karkhana
fábrica (f)	ფაბრიკა	pabrik'a
oficina (f)	საამქრო	saamkro
local (m) de produção	წარმოება	ts'armoeba
indústria (f)	მრეწველობა	mrets'veloba
industrial (adj)	სამრეწველო	samrets'velo
indústria (f) pesada	მძიმე მრეწველობა	mdzime mrets'veloba
indústria (f) ligeira	მსუბუქი მრეწველობა	msubuki mrets'veloba
produção (f)	პროდუქცია	p'roduktsia
produzir (vt)	წარმოება	ts'armoeba
matérias-primas (f pl)	ნედლეული	nedleuli
chefe (m) de obras	ბრიგადირი	brigadiri
equipe (f)	ბრიგადა	brigada
operário (m)	მუშა	musha
dia (m) de trabalho	სამუშაო დღე	samushao dghe
intervalo (m)	შეჩერება	shechereba
reunião (f)	კრება	k'reba
discutir (vt)	განხილვა	gankhilva
plano (m)	გეგმა	gegma
cumprir o plano	გეგმის შესრულება	gegmis shesruleba
taxa (f) de produção	გამომუშავების ნორმა	gamomushavebis norma
qualidade (f)	ხარისხი	khariskhi
controle (m)	კონტროლი	k'ont'roli
controle (m) da qualidade	ხარისხის კონტროლი	khariskhis k'ont'roli
segurança (f) no trabalho	შრომის უსაფრთხოება	shromis usaprtkhoeba
disciplina (f)	დისციპლინა	distsip'lina
infração (f)	დარღვევა	darghveva
violar (as regras)	დარღვევა	darghveva
greve (f)	გაფიცვა	gapitsva
grevista (m)	გაფიცული	gapitsuli

estar em greve	გაფიცვა	gapitsva
sindicato (m)	პროფკავშირი	p'ropk'avshiri
inventar (vt)	გამოგონება	gamogoneba
invenção (f)	გამოგონება	gamogoneba
pesquisa (f)	გამოკვლევა	gamok'vleva
melhorar (vt)	გაუმჯობესება	gaumjobeseba
tecnologia (f)	ტექნოლოგია	t'eknologia
desenho (m) técnico	ნახაზი	nakhazi
carga (f)	ტვირთი	t'virti
carregador (m)	მტვირთავი	mt'virtavi
carregar (o caminhão, etc.)	დატვირთვა	dat'virtva
carregamento (m)	დატვირთვა	dat'virtva
descarregar (vt)	დაცლა	datsla
descarga (f)	დაცლა	datsla
transporte (m)	ტრანსპორტი	t'ransp'ort'i
companhia (f) de transporte	სატრანსპორტო კომპანია	sat'ransp'ort'o k'omp'ania
transportar (vt)	ტრანსპორტირება	t'ransp'ort'ireba
vagão (m) de carga	ვაგონი	vagoni
tanque (m)	ცისტერნა	tsist'erna
caminhão (m)	სატვირთო მანქანა	sat'virto mankana
máquina (f) operatriz	დაზგა	dazga
mecanismo (m)	მექანიზმი	mekanizmi
resíduos (m pl) industriais	ნარჩენები	narchenebi
embalagem (f)	შეფუთვა	sheputva
embalar (vt)	შეფუთვა	sheputva

107. Contrato. Acordo

contrato (m)	კონტრაქტი	k'ont'rakt'i
acordo (m)	შეთანხმება	shetankhmeba
adendo, anexo (m)	დანართი	danarti
assinar o contrato	კონტრაქტის დადება	k'ont'rakt'is dadeba
assinatura (f)	ხელმოწერა	khelmots'era
assinar (vt)	ხელის მოწერა	khelis mots'era
carimbo (m)	ბეჭედი	bech'edi
objeto (m) do contrato	ხელშეკრულების საგანი	khelshek'rulebis sagani
cláusula (f)	პუნქტი	p'unkt'i
partes (f pl)	მხარეები	mkhareebi
domicílio (m) legal	იურიდიული მისამართი	iuridiuli misamarti
violar o contrato	კონტრაქტის დარღვევა	k'ont'rakt'is darghveva
obrigação (f)	ვალდებულება	valdebuleba
responsabilidade (f)	პასუხისმგებლობა	p'asukhismgebloba
força (f) maior	ფორს-მაჟორი	pors-mazhori
litígio (m), disputa (f)	დავა	dava
multas (f pl)	საჯარიმო სანქციები	sajarimo sanktsiebi

108. Importação & Exportação

importação (f)	იმპორტი	imp'ort'i
importador (m)	იმპორტიორი	imp'ort'iori
importar (vt)	იმპორტირება	imp'ort'ireba
de importação	იმპორტული	imp'ort'uli
exportador (m)	ექსპორტიორი	eksp'ort'iori
exportar (vt)	ექსპორტირება	eksp'ort'ireba
mercadoria (f)	საქონელი	sakoneli
lote (de mercadorias)	პარტია	p'art'ia
peso (m)	წონა	ts'ona
volume (m)	მოცულობა	motsuloba
metro (m) cúbico	კუბური მეტრი	k'uburi met'ri
produtor (m)	მწარმოებელი	mts'armoebeli
companhia (f) de transporte	სატრანსპორტო კომპანია	sat'ransp'ort'o k'omp'ania
contêiner (m)	კონტეინერი	k'ont'eineri
fronteira (f)	საზღვარი	sazghvari
alfândega (f)	საბაჟო	sabazho
taxa (f) alfandegária	საბაჟო გადასახადი	sabazho gadasakhadi
funcionário (m) da alfândega	მებაჟე	mebazhe
contrabando (atividade)	კონტრაბანდა	k'ont'rabanda
contrabando (produtos)	კონტრაბანდა	k'ont'rabanda

109. Finanças

ação (f)	აქცია	aktsia
obrigação (f)	ობლიგაცია	obligatsia
nota (f) promissória	თამასუქი	tamasuki
bolsa (f) de valores	ბირჟა	birzha
cotação (m) das ações	აქციების კურსი	aktsiebis k'ursi
tornar-se mais barato	გაიაფება	gaiapeba
tornar-se mais caro	გაძვირება	gadzvireba
participação (f) majoritária	საკონტროლო პაკეტი	sak'ont'rolo p'ak'et'i
investimento (m)	ინვესტიციები	invest'itsiebi
investir (vt)	ინვესტირება	invest'ireba
porcentagem (f)	პროცენტი	p'rotsent'i
juros (m pl)	პროცენტები	p'rotsent'ebi
lucro (m)	მოგება	mogeba
lucrativo (adj)	მომგებიანი	momgebiani
imposto (m)	გადასახადი	gadasakhadi
divisa (f)	ვალუტა	valut'a
nacional (adj)	ეროვნული	erovnuli
câmbio (m)	გაცვლა	gatsvla

contador (m)	ბუღალტერი	bughalt'eri
contabilidade (f)	ბუღალტერია	bughalt'eria
falência (f)	გაკოტრება	gak'ot'reba
falência, quebra (f)	გაკოტრება	gak'ot'reba
ruína (f)	გაკოტრება	gak'ot'reba
estar quebrado	გაკოტრება	gak'ot'reba
inflação (f)	ინფლაცია	inplatsia
desvalorização (f)	დევალვაცია	devalvatsia
capital (m)	კაპიტალი	k'ap'it'ali
rendimento (m)	შემოსავალი	shemosavali
volume (m) de negócios	ბრუნვა	brunva
recursos (m pl)	რესურსები	resursebi
recursos (m pl) financeiros	ფულადი სახსრები	puladi sakhsrebi
despesas (f pl) gerais	ზედნადები ხარჯები	zednadebi kharjebi
reduzir (vt)	შემცირება	shemtsireba

110. Marketing

marketing (m)	მარკეტინგი	mark'et'ingi
mercado (m)	ბაზარი	bazari
segmento (m) do mercado	ბაზრის სეგმენტი	bazris segment'i
produto (m)	პროდუქტი	p'rodukt'i
mercadoria (f)	საქონელი	sakoneli
marca (f) registrada	სავაჭრო მარკა	savach'ro mark'a
logotipo (m)	საფირმო ნიშანი	sapirmo nishani
logo (m)	ლოგოტიპი	logot'ip'i
demanda (f)	მოთხოვნა	motkhovna
oferta (f)	შეთავაზება	shetavazeba
necessidade (f)	მოთხოვნილება	motkhovnileba
consumidor (m)	მომხმარებელი	momkhmarebeli
análise (f)	ანალიზი	analizi
analisar (vt)	გაანალიზება	gaanalizeba
posicionamento (m)	პოზიციონირება	p'ozitsionireba
posicionar (vt)	პოზიციონირება	p'ozitsionireba
preço (m)	ფასი	pasi
política (f) de preços	ფასების პოლიტიკა	pasebis p'olit'ik'a
formação (f) de preços	ფასწარმოქმნა	pasts'armokmna

111. Publicidade

publicidade (f)	რეკლამა	rek'lama
fazer publicidade	რეკლამირება	rek'lamireba
orçamento (m)	ბიუჯეტი	biujet'i
anúncio (m)	რეკლამა	rek'lama
publicidade (f) na TV	ტელერეკლამა	t'elerek'lama

publicidade (f) na rádio	რეკლამა რადიოში	rek'lama radioshi
publicidade (f) exterior	გარე რეკლამა	gare rek'lama
comunicação (f) de massa	მასობრივი ინფორმაციის საშუალებები	masobrivi inpormatsiis sashualebebi
periódico (m)	პერიოდული გამოცემა	p'erioduli gamotsema
imagem (f)	იმიჯი	imiji
slogan (m)	ლოზუნგი	lozungi
mote (m), lema (f)	დევიზი	devizi
campanha (f)	კამპანია	k'amp'ania
campanha (f) publicitária	სარეკლამო კამპანია	sarek'lamo k'amp'ania
grupo (m) alvo	მიზნობრივი აუდიტორია	miznobrivi audit'oria
cartão (m) de visita	სავიზიტო ბარათი	savizit'o barati
panfleto (m)	ფურცელი	purtseli
brochura (f)	ბროშურა	broshura
folheto (m)	ბუკლეტი	buk'let'i
boletim (~ informativo)	ბიულეტენი	biulet'eni
letreiro (m)	აბრა	abra
cartaz, pôster (m)	პლაკატი	p'lak'at'i
painel (m) publicitário	სარეკლამო ფარი	sarek'lamo pari

112. Banca

banco (m)	ბანკი	bank'i
balcão (f)	განყოფილება	ganqopileba
consultor (m) bancário	კონსულტანტი	k'onsult'ant'i
gerente (m)	მმართველი	mmartveli
conta (f)	ანგარიში	angarishi
número (m) da conta	ანგარიშის ნომერი	angarishis nomeri
conta (f) corrente	მიმდინარე ანგარიში	mimdinare angarishi
conta (f) poupança	დამაგროვებელი ანგარიში	damagrovebeli angarishi
abrir uma conta	ანგარიშის გახსნა	angarishis gakhsna
fechar uma conta	ანგარიშის დახურვა	angarishis dakhurva
depositar na conta	ანგარიშზე დადება	angarishze dadeba
sacar (vt)	ანგარიშიდან მოხსნა	angarishidan mokhsna
depósito (m)	ანაბარი	anabari
fazer um depósito	ანაბრის გაკეთება	anabris gak'eteba
transferência (f) bancária	გზავნილი	gzavnili
transferir (vt)	გზავნილის გაკეთება	gzavnilis gak'eteba
soma (f)	თანხა	tankha
Quanto?	რამდენი?	ramdeni?
assinatura (f)	ხელმოწერა	khelmots'era
assinar (vt)	ხელის მოწერა	khelis mots'era
cartão (m) de crédito	საკრედიტო ბარათი	sak'redit'o barati

senha (f)	კოდი	k'odi
número (m) do cartão de crédito	საკრედიტო ბარათის ნომერი	sak'redit'o baratis nomeri
caixa (m) eletrônico	ბანკომატი	bank'omat'i
cheque (m)	ჩეკი	chek'i
passar um cheque	ჩეკის გამოწერა	chek'is gamots'era
talão (m) de cheques	ჩეკების წიგნაკი	chek'ebis ts'ignak'i
empréstimo (m)	კრედიტი	k'redit'i
pedir um empréstimo	კრედიტისათვის მიმართვა	k'redit'isatvis mimartva
obter empréstimo	კრედიტის აღება	k'redit'is agheba
dar um empréstimo	კრედიტის წარდგენა	k'redit'is ts'ardgena
garantia (f)	გარანტია	garant'ia

113. Telefone. Conversação telefônica

telefone (m)	ტელეფონი	t'eleponi
celular (m)	მობილური ტელეფონი	mobiluri t'eleponi
secretária (f) eletrônica	ავტომოპასუხე	avt'omop'asukhe
fazer uma chamada	რეკვა	rek'va
chamada (f)	ზარი	zari
discar um número	ნომრის აკრეფა	nomris ak'repa
Alô!	ალო!	alo!
perguntar (vt)	კითხვა	k'itkhva
responder (vt)	პასუხის გაცემა	p'asukhis gatsema
ouvir (vt)	სმენა	smena
bem	კარგად	k'argad
mal	ცუდად	tsudad
ruído (m)	ხარვეზები	kharvezebi
fone (m)	ყურმილი	qurmili
pegar o telefone	ყურმილის აღება	qurmilis agheba
desligar (vi)	ყურმილის დადება	qurmilis dadeba
ocupado (adj)	დაკავებული	dak'avebuli
tocar (vi)	რეკვა	rek'va
lista (f) telefônica	სატელეფონო წიგნი	sat'elepono ts'igni
local (adj)	ადგილობრივი	adgilobrivi
de longa distância	საქალაქთაშორისო	sakalaktashoriso
internacional (adj)	საერთაშორისო	saertashoriso

114. Telefone móvel

celular (m)	მობილური ტელეფონი	mobiluri t'eleponi
tela (f)	დისპლეი	disp'lei
botão (m)	ღილაკი	ghilak'i
cartão SIM (m)	SIM-ბარათი	SIM-barati

bateria (f)	ბატარეა	bat'area
descarregar-se (vr)	განმუხტვა	ganmukht'va
carregador (m)	დასამუხტი მოწყობილობა	dasamukht'i mots'qobiloba
menu (m)	მენიუ	meniu
configurações (f pl)	აწყობა	ats'qoba
melodia (f)	მელოდია	melodia
escolher (vt)	არჩევა	archeva
calculadora (f)	კალკულატორი	k'alk'ulat'ori
correio (m) de voz	ავტომოპასუხე	avt'omop'asukhe
despertador (m)	მაღვიძარა	maghvidzara
contatos (m pl)	სატელეფონო წიგნი	sat'elepono ts'igni
mensagem (f) de texto	SMS-შეტყობინება	SMS-shet'qobineba
assinante (m)	აბონენტი	abonent'i

115. Estacionário

caneta (f)	ავტოკალამი	avt'ok'alami
caneta (f) tinteiro	კალამი	k'alami
lápis (m)	ფანქარი	pankari
marcador (m) de texto	მარკერი	mark'eri
caneta (f) hidrográfica	ფლომასტერი	plomast'eri
bloco (m) de notas	ბლოკნოტი	blok'not'i
agenda (f)	დღიური	dghiuri
régua (f)	სახაზავი	sakhazavi
calculadora (f)	კალკულატორი	k'alk'ulat'ori
borracha (f)	საშლელი	sashleli
alfinete (m)	ჭიკარტი	ch'ik'art'i
clipe (m)	სამაგრი	samagri
cola (f)	წებო	ts'ebo
grampeador (m)	სტეპლერი	st'ep'leri
furador (m) de papel	სახვრეტელა	sakhvret'ela
apontador (m)	სათლელი	satleli

116. Vários tipos de documentos

relatório (m)	ანგარიში	angarishi
acordo (m)	შეთანხმება	shetankhmeba
ficha (f) de inscrição	განაცხადი	ganatskhadi
autêntico (adj)	ნამდვილი	namdvili
crachá (m)	ბეჯი	beji
cartão (m) de visita	სავიზიტო ბარათი	savizit'o barati
certificado (m)	სერტიფიკატი	sert'ipik'at'i
cheque (m)	ჩეკი	chek'i
conta (f)	ანგარიში	angarishi

constituição (f)	კონსტიტუცია	k'onst'it'utsia
contrato (m)	ხელშეკრულება	khelshek'ruleba
cópia (f)	ასლი	asli
exemplar (~ assinado)	ეგზემპლარი	egzemp'lari
declaração (f) alfandegária	დეკლარაცია	dek'laratsia
documento (m)	საბუთი	sabuti
carteira (f) de motorista	მართვის მოწმობა	martvis mots'moba
adendo, anexo (m)	დანართი	danarti
questionário (m)	ანკეტა	ank'et'a
carteira (f) de identidade	მოწმობა	mots'moba
inquérito (m)	შეკითხვა	shek'itkhva
convite (m)	მოსაწვევი ბარათი	mosats'vevi barati
fatura (f)	ანგარიში	angarishi
lei (f)	კანონი	k'anoni
carta (correio)	წერილი	ts'erili
papel (m) timbrado	ბლანკი	blank'i
lista (f)	სია	sia
manuscrito (m)	ხელნაწერი	khelnats'eri
boletim (~ informativo)	ბიულეტენი	biulet'eni
bilhete (mensagem breve)	ბარათი	barati
passe (m)	საშვი	sashvi
passaporte (m)	პასპორტი	p'asp'ort'i
permissão (f)	ნებართვა	nebartva
currículo (m)	რეზიუმე	reziume
nota (f) promissória	ხელწერილი	khelts'erili
recibo (m)	ქვითარი	kvitari
talão (f)	ჩეკი	chek'i
relatório (m)	პატაკი	p'at'ak'i
mostrar (vt)	წარდგენა	ts'ardgena
assinar (vt)	ხელის მოწერა	khelis mots'era
assinatura (f)	ხელმოწერა	khelmots'era
carimbo (m)	ბეჭედი	bech'edi
texto (m)	ტექსტი	t'ekst'i
ingresso (m)	ბილეთი	bileti
riscar (vt)	გადახაზვა	gadakhazva
preencher (vt)	შევსება	shevseba
carta (f) de porte	ზედნადები	zednadebi
testamento (m)	ანდერძი	anderdzi

117. Tipos de negócios

serviços (m pl) de contabilidade	საბუღალტრო მომსახურება	sabughalt'ro momsakhureba
publicidade (f)	რეკლამა	rek'lama
agência (f) de publicidade	სარეკლამო სააგენტო	sarek'lamo saagent'o
ar (m) condicionado	კონდიციონერები	k'onditsionerebi
companhia (f) aérea	ავიაკომპანია	aviak'omp'ania

bebidas (f pl) alcoólicas	სპირტიანი სასმელები	sp'irt'iani sasmelebi
comércio (m) de antiguidades	ანტიკვარიატი	ant'ik'variat'i
galeria (f) de arte	გალერეა	galerea
serviços (m pl) de auditoria	აუდიტორული მომსახურება	audit'oruli momsakhureba
negócios (m pl) bancários	საბანკო ბიზნესი	sabank'o biznesi
bar (m)	ბარი	bari
salão (m) de beleza	სილამაზის სალონი	silamazis saloni
livraria (f)	წიგნების მაღაზია	ts'ignebis maghazia
cervejaria (f)	ლუდსახარში	ludsakharshi
centro (m) de escritórios	ბიზნეს-ცენტრი	biznes-tsent'ri
escola (f) de negócios	ბიზნეს-სკოლა	biznes-sk'ola
cassino (m)	სამორინე	samorine
construção (f)	მშენებლობა	mshenebloba
consultoria (f)	კონსალტინგი	k'onsalt'ingi
clínica (f) dentária	სტომატოლოგია	st'omat'ologia
design (m)	დიზაინი	dizaini
drogaria (f)	აფთიაქი	aptiaki
lavanderia (f)	ქიმწმენდა	kimts'menda
agência (f) de emprego	კადრების სააგენტო	k'adrebis saagent'o
serviços (m pl) financeiros	საფინანსო მომსახურება	sapinanso momsakhureba
alimentos (m pl)	კვების პროდუქტები	k'vebis p'rodukt'ebi
funerária (f)	დამკრძალავი ბიური	damk'rdzalavi biuro
mobiliário (m)	ავეჯი	aveji
roupa (f)	ტანსაცმელი	t'ansatsmeli
hotel (m)	სასტუმრო	sast'umro
sorvete (m)	ნაყინი	naqini
indústria (f)	მრეწველობა	mrets'veloba
seguro (~ de vida, etc.)	დაზღვევა	dazghveva
internet (f)	ინტერნეტი	int'ernet'i
investimento (m)	ინვესტიციები	invest'itsiebi
joalheiro (m)	იუველირი	iuveliri
joias (f pl)	საიუველირო ნაკეთობები	saiuveliro nak'etobebi
lavanderia (f)	სამრეცხაო	samretskhao
assessorias (f pl) jurídicas	იურიდიული მომსახურება	iuridiuli momsakhureba
indústria (f) ligeira	მსუბუქი მრეწველობა	msubuki mrets'veloba
revista (f)	ჟურნალი	zhurnali
vendas (f pl) por catálogo	კატალოგით ვაჭრობა	k'at'alogit vach'roba
medicina (f)	მედიცინა	meditsina
cinema (m)	კინოთეატრი	k'inoteat'ri
museu (m)	მუზეუმი	muzeumi
agência (f) de notícias	საინფორმაციო სააგენტო	sainpormatsio saagent'o
jornal (m)	გაზეთი	gazeti
boate (casa noturna)	ღამის კლუბი	ghamis k'lubi
petróleo (m)	ნავთობი	navtobi
serviços (m pl) de remessa	კურიერის სამსახური	k'urieris samsakhuri
indústria (f) farmacêutica	ფარმაცევტიკა	parmatsevt'ik'a

tipografia (f)	პოლიგრაფია	p'oligrapia
editora (f)	გამომცემლობა	gamomtsemloba
rádio (m)	რადიო	radio
imobiliário (m)	უძრავი ქონება	udzravi koneba
restaurante (m)	რესტორანი	rest'orani
empresa (f) de segurança	დაცვის სააგენტო	datsvis saagent'o
esporte (m)	სპორტი	sp'ort'i
bolsa (f) de valores	ბირჟა	birzha
loja (f)	მაღაზია	maghazia
supermercado (m)	სუპერმარკეტი	sup'ermark'et'i
piscina (f)	აუზი	auzi
alfaiataria (f)	ატელიე	at'elie
televisão (f)	ტელევიზია	t'elevizia
teatro (m)	თეატრი	teat'ri
comércio (m)	ვაჭრობა	vach'roba
serviços (m pl) de transporte	გადაზიდვები	gadazidvebi
viagens (f pl)	ტურიზმი	t'urizmi
veterinário (m)	ვეტერინარი	vet'erinari
armazém (m)	საწყობი	sats'qobi
recolha (f) do lixo	ნაგვის გატანა	nagvis gat'ana

Emprego. Negócios. Parte 2

118. Espetáculo. Feira

feira, exposição (f)	გამოფენა	gamopena
feira (f) comercial	სავაჭრო გამოფენა	savach'ro gamopena
participação (f)	მონაწილეობა	monats'ileoba
participar (vi)	მონაწილეობა	monats'ileoba
participante (m)	მონაწილე	monats'ile
diretor (m)	დირექტორი	direkt'ori
direção (f)	დირექცია, საორგანიზაციო კომიტეტი	direktsia, saorganizatsio k'omit'et'i
organizador (m)	ორგანიზატორი	organizat'ori
organizar (vt)	ორგანიზება	organizeba
ficha (f) de inscrição	განაცხადი მონაწილეობაზე	ganatskhadi monats'ileobaze
preencher (vt)	შევსება	shevseba
detalhes (m pl)	დეტალები	det'alebi
informação (f)	ინფორმაცია	inpormatsia
preço (m)	ფასი	pasi
incluindo	ჩათვლით	chatvlit
incluir (vt)	ჩათვლა	chatvla
pagar (vt)	გადახდა	gadakhda
taxa (f) de inscrição	სარეგისტრაციო შესატანი	saregist'ratsio shesat'ani
entrada (f)	შესასვლელი	shesasvleli
pavilhão (m), salão (f)	პავილიონი	p'avilioni
inscrever (vt)	რეგისტრაციაში გატარება	regist'ratsiashi gat'areba
crachá (m)	ბეჯი	beji
stand (m)	სტენდი	st'endi
reservar (vt)	რეზერვირება	rezervireba
vitrine (f)	ვიტრინა	vit'rina
lâmpada (f)	ლამპარი	lamp'ari
design (m)	დიზაინი	dizaini
pôr (posicionar)	განლაგება	ganlageba
ser colocado, -a	განლაგება	ganlageba
distribuidor (m)	დისტრიბიუტორი	dist'ribiut'ori
fornecedor (m)	მიმწოდებელი	mimts'odebeli
fornecer (vt)	მიწოდება	mits'odeba
país (m)	ქვეყანა	kveqana
estrangeiro (adj)	უცხოური	utskhouri
produto (m)	პროდუქტი	p'rodukt'i
associação (f)	ასოციაცია	asotsiatsia

sala (f) de conferência	საკონფერენციო დარბაზი	sak'onperentsio darbazi
congresso (m)	კონგრესი	k'ongresi
concurso (m)	კონკურსი	k'onk'ursi
visitante (m)	მომსვლელი	momsvleli
visitar (vt)	ნახვა	nakhva
cliente (m)	შემკვეთი	shemk'veti

119. Media

jornal (m)	გაზეთი	gazeti
revista (f)	ჟურნალი	zhurnali
imprensa (f)	პრესა	p'resa
rádio (m)	რადიო	radio
estação (f) de rádio	რადიოსადგური	radiosadguri
televisão (f)	ტელევიზია	t'elevizia
apresentador (m)	წამყვანი	ts'amqvani
locutor (m)	დიქტორი	dikt'ori
comentarista (m)	კომენტატორი	k'oment'at'ori
jornalista (m)	ჟურნალისტი	zhurnalist'i
correspondente (m)	კორესპონდენტი	k'oresp'ondent'i
repórter (m) fotográfico	ფოტოკორესპონდენტი	pot'ok'oresp'ondent'i
repórter (m)	რეპორტიორი	rep'ort'iori
redator (m)	რედაქტორი	redakt'ori
redator-chefe (m)	მთავარი რედაქტორი	mtavari redakt'ori
assinar a ...	გამოწერა	gamots'era
assinatura (f)	გამოწერა	gamots'era
assinante (m)	გამომწერი	gamomts'eri
ler (vt)	კითხვა	k'itkhva
leitor (m)	მკითხველი	mk'itkhveli
tiragem (f)	ტირაჟი	t'irazhi
mensal (adj)	ყოველთვიური	qoveltviuri
semanal (adj)	ყოველკვირეული	qovelk'vireuli
número (jornal, revista)	ნომერი	nomeri
recente, novo (adj)	ახალი	akhali
manchete (f)	სათაური	satauri
pequeno artigo (m)	ცნობა	tsnoba
coluna (~ semanal)	რუბრიკა	rubrik'a
artigo (m)	სტატია	st'at'ia
página (f)	გვერდი	gverdi
reportagem (f)	რეპორტაჟი	rep'ort'azhi
evento (festa, etc.)	მოვლენა	movlena
sensação (f)	სენსაცია	sensatsia
escândalo (m)	სკანდალი	sk'andali
escandaloso (adj)	სკანდალური	sk'andaluri
grande (adj)	გახმაურებული	gakhmaurebuli
programa (m)	გადაცემა	gadatsema

entrevista (f)	ინტერვიუ	int'erviu
transmissão (f) ao vivo	პირდაპირი ტრანსლაცია	p'irdap'iri t'ranslatsia
canal (m)	არხი	arkhi

120. Agricultura

agricultura (f)	სოფლის მეურნეობა	soplis meurneoba
camponês (m)	გლეხი	glekhi
camponesa (f)	გლეხი	glekhi
agricultor, fazendeiro (m)	ფერმერი	permeri
trator (m)	ტრაქტორი	t'rakt'ori
colheitadeira (f)	კომბაინი	k'ombaini
arado (m)	გუთანი	gutani
arar (vt)	ხვნა	khvna
campo (m) lavrado	ნახნავი	nakhnavi
sulco (m)	კვალი	k'vali
semear (vt)	თესვა	tesva
plantadeira (f)	სათესი მანქანა	satesi mankana
semeadura (f)	თესვა	tesva
foice (m)	ცელი	tseli
cortar com foice	თიბვა	tibva
pá (f)	ნიჩაბი	nichabi
cavar (vt)	ბარვა	barva
enxada (f)	თოხი	tokhi
capinar (vt)	გამარგვლა	gamargvla
erva (f) daninha	სარეველა	sarevela
regador (m)	წურწურა	ts'urts'ura
regar (plantas)	მორწყვა	morts'qva
rega (f)	მორწყვა	morts'qva
forquilha (f)	ფუცხი	putskhi
ancinho (m)	ფოცხი	potskhi
fertilizante (m)	სასუქი	sasuki
fertilizar (vt)	სასუქის შეტანა	sasukis shet'ana
estrume, esterco (m)	ნაკელი	nak'eli
campo (m)	მინდორი	mindori
prado (m)	მდელო	mdelo
horta (f)	ბოსტანი	bost'ani
pomar (m)	ბაღი	baghi
pastar (vt)	მწყემსვა	mts'qemsva
pastor (m)	მწყემსი	mts'qemsi
pastagem (f)	საძოვარი	sadzovari
pecuária (f)	მეცხოველეობა	metskhoveleoba
criação (f) de ovelhas	მეცხვარეობა	metskhvareoba

plantação (f)	პლანტაცია	p'lant'atsia
canteiro (m)	კვალი	k'vali
estufa (f)	კვალსათბური	k'valsatburi
seca (f)	გვალვა	gvalva
seco (verão ~)	გვალვიანი	gvalviani
cereais (m pl)	მარცვლეული	martsvleuli
colher (vt)	აღება	agheba
moleiro (m)	მეწისქვილე	mets'iskvile
moinho (m)	წისქვილი	ts'iskvili
moer (vt)	მარცვლის დაფქვა	martsvlis dapkva
farinha (f)	ფქვილი	pkvili
palha (f)	ჩალა	chala

121. Construção. Processo de construção

canteiro (m) de obras	მშენებლობა	mshenebloba
construir (vt)	აშენება	asheneba
construtor (m)	მშენებელი	mshenebeli
projeto (m)	პროექტი	p'roekt'i
arquiteto (m)	არქიტექტორი	arkit'ekt'ori
operário (m)	მუშა	musha
fundação (f)	საძირკველი	sadzirk'veli
telhado (m)	სახურავი	sakhuravi
estaca (f)	ხიმინჯი	khiminji
parede (f)	კედელი	k'edeli
colunas (f pl) de sustentação	არმატურა	armat'ura
andaime (m)	სამშენებლო ხარაჩო	samsheneblo kharacho
concreto (m)	ბეტონი	bet'oni
granito (m)	გრანიტი	granit'i
pedra (f)	ქვა	kva
tijolo (m)	აგური	aguri
areia (f)	ქვიშა	kvisha
cimento (m)	ცემენტი	tsement'i
emboço, reboco (m)	ბათქაში	batkashi
emboçar, rebocar (vt)	ბათქაშით შელესვა	batkashit shelesva
tinta (f)	საღებავი	saghebavi
pintar (vt)	ღებვა	ghebva
barril (m)	კასრი	k'asri
grua (f), guindaste (m)	ამწე	amts'e
erguer (vt)	აწევა	ats'eva
baixar (vt)	დაშვება	dashveba
buldózer (m)	ბულდოზერი	buldozeri
escavadora (f)	ექსკავატორი	eksk'avat'ori

caçamba (f)	ციცხვი	tsitskhvi
escavar (vt)	ამოთხრა	amotkhra
capacete (m) de proteção	კასკა	k'ask'a

122. Ciência. Investigação. Cientistas

ciência (f)	მეცნიერება	metsniereba
científico (adj)	სამეცნიერო	sametsniero
cientista (m)	მეცნიერი	metsnieri
teoria (f)	თეორია	teoria
axioma (m)	აქსიომა	aksioma
análise (f)	ანალიზი	analizi
analisar (vt)	გაანალიზება	gaanalizeba
argumento (m)	არგუმენტი	argument'i
substância (f)	ნივთიერება	nivtiereba
hipótese (f)	ჰიპოთეზა	hip'oteza
dilema (m)	დილემა	dilema
tese (f)	დისერტაცია	disert'atsia
dogma (m)	დოგმა	dogma
doutrina (f)	დოქტრინა	dokt'rina
pesquisa (f)	გამოკვლევა	gamok'vleva
pesquisar (vt)	გამოკვლევა	gamok'vleva
testes (m pl)	კონტროლი	k'ont'roli
laboratório (m)	ლაბორატორია	laborat'oria
método (m)	მეთოდი	metodi
molécula (f)	მოლეკულა	molek'ula
monitoramento (m)	მონიტორინგი	monit'oringi
descoberta (f)	აღმოჩენა	aghmochena
postulado (m)	პოსტულატი	p'ost'ulat'i
princípio (m)	პრინციპი	p'rintsip'i
prognóstico (previsão)	პროგნოზი	p'rognozi
prognosticar (vt)	პროგნოზირება	p'rognozireba
síntese (f)	სინთეზი	sintezi
tendência (f)	ტენდენცია	t'endentsia
teorema (m)	თეორემა	teorema
ensinamentos (m pl)	მოძღვრება	modzghvreba
fato (m)	ფაქტი	pakt'i
expedição (f)	ექსპედიცია	eksp'editsia
experiência (f)	ექსპერიმენტი	eksp'eriment'i
acadêmico (m)	აკადემიკოსი	ak'ademik'osi
bacharel (m)	ბაკალავრი	bak'alavri
doutor (m)	დოქტორი	dokt'ori
professor (m) associado	დოცენტი	dotsent'i
mestrado (m)	მაგისტრი	magist'ri
professor (m)	პროფესორი	p'ropesori

Profissões e ocupações

123. Procura de emprego. Demissão

trabalho (m)	სამუშაო	samushao
equipe (f)	შტატი	sht'at'i
carreira (f)	კარიერა	k'ariera
perspectivas (f pl)	პერსპექტივა	p'ersp'ekt'iva
habilidades (f pl)	ოსტატობა	ost'at'oba
seleção (f)	შერჩევა	shercheva
agência (f) de emprego	კადრების სააგენტო	k'adrebis saagent'o
currículo (m)	რეზიუმე	reziume
entrevista (f) de emprego	გასაუბრება	gasaubreba
vaga (f)	ვაკანსია	vak'ansia
salário (m)	ხელფასი	khelpasi
salário (m) fixo	ხელფასი	khelpasi
pagamento (m)	საზღაური	sazghauri
cargo (m)	თანამდებობა	tanamdeboba
dever (do empregado)	მოვალეობა	movaleoba
gama (f) de deveres	არე	are
ocupado (adj)	დაკავებული	dak'avebuli
despedir, demitir (vt)	დათხოვნა	datkhovna
demissão (f)	დათხოვნა	datkhovna
desemprego (m)	უმუშევრობა	umushevroba
desempregado (m)	უმუშევარი	umushevari
aposentadoria (f)	პენსია	p'ensia
aposentar-se (vr)	პენსიაზე გასვლა	p'ensiaze gasvla

124. Gente de negócios

diretor (m)	დირექტორი	direkt'ori
gerente (m)	მმართველი	mmartveli
patrão, chefe (m)	ხელმძღვანელი	khelmdzghvaneli
superior (m)	უფროსი	uprosi
superiores (m pl)	უფროსობა	uprosoba
presidente (m)	პრეზიდენტი	p'rezident'i
chairman (m)	თავმჯდომარე	tavmjdomare
substituto (m)	მოადგილე	moadgile
assistente (m)	თანაშემწე	tanashemts'e
secretário (m)	მდივანი	mdivani

secretário (m) pessoal	პირადი მდივანი	p'iradi mdivani
homem (m) de negócios	ბიზნესმენი	biznesmeni
empreendedor (m)	მეწარმე	mets'arme
fundador (m)	დამაარსებელი	damaarsebeli
fundar (vt)	დაარსება	daarseba
principiador (m)	დამფუძნებელი	dampudznebeli
parceiro, sócio (m)	პარტნიორი	p'art'niori
acionista (m)	აქციონერი	aktsioneri
milionário (m)	მილიონერი	milioneri
bilionário (m)	მილიარდერი	miliarderi
proprietário (m)	მფლობელი	mplobeli
proprietário (m) de terras	მიწათმფლობელი	mits'atmplobeli
cliente (m)	კლიენტი	k'lient'i
cliente (m) habitual	მუდმივი კლიენტი	mudmivi k'lient'i
comprador (m)	მყიდველი	mqidveli
visitante (m)	მომსვლელი	momsvleli
profissional (m)	პროფესიონალი	p'ropesionali
perito (m)	ექსპერტი	eksp'ert'i
especialista (m)	სპეციალისტი	sp'etsialist'i
banqueiro (m)	ბანკირი	bank'iri
corretor (m)	ბროკერი	brok'eri
caixa (m, f)	მოლარე	molare
contador (m)	ბუღალტერი	bughalt'eri
guarda (m)	მცველი	mtsveli
investidor (m)	ინვესტორი	invest'ori
devedor (m)	მოვალე	movale
credor (m)	კრედიტორი	k'redit'ori
mutuário (m)	მსესხებელი	mseskhebeli
importador (m)	იმპორტიორი	imp'ort'iori
exportador (m)	ექსპორტიორი	eksp'ort'iori
produtor (m)	მწარმოებელი	mts'armoebeli
distribuidor (m)	დისტრიბიუტორი	dist'ribiut'ori
intermediário (m)	შუამავალი	shuamavali
consultor (m)	კონსულტანტი	k'onsult'ant'i
representante comercial	წარმომადგენელი	ts'armomadgeneli
agente (m)	აგენტი	agent'i
agente (m) de seguros	დაზღვევის აგენტი	dazghvevis agent'i

125. Profissões de serviços

cozinheiro (m)	მზარეული	mzareuli
chefe (m) de cozinha	შეფ-მზარეული	shep-mzareuli
padeiro (m)	მცხობელი	mtskhobeli
barman (m)	ბარმენი	barmeni

garçom (m)	ოფიციანტი	opitsiant'i
garçonete (f)	ოფიციანტი	opitsiant'i
advogado (m)	ადვოკატი	advok'at'i
jurista (m)	იურისტი	iurist'i
notário (m)	ნოტარიუსი	not'ariusi
eletricista (m)	ელექტრიკოსი	elekt'rik'osi
encanador (m)	სანტექნიკოსი	sant'eknik'osi
carpinteiro (m)	ხურო	khuro
massagista (m)	მასაჟისტი	masazhist'i
massagista (f)	მასაჟისტი	masazhist'i
médico (m)	ექიმი	ekimi
taxista (m)	ტაქსისტი	t'aksist'i
condutor (automobilista)	მძღოლი	mdzgholi
entregador (m)	კურიერი	k'urieri
camareira (f)	მოახლე	moakhle
guarda (m)	მცველი	mtsveli
aeromoça (f)	სტიუარდესა	st'iuardesa
professor (m)	მასწავლებელი	masts'avlebeli
bibliotecário (m)	ბიბლიოთეკარი	bibliotek'ari
tradutor (m)	მთარგმნელი	mtargmneli
intérprete (m)	თარჯიმანი	tarjimani
guia (m)	გიდი	gidi
cabeleireiro (m)	პარიკმახერი	p'arik'makheri
carteiro (m)	ფოსტალიონი	post'alioni
vendedor (m)	გამყიდველი	gamqidveli
jardineiro (m)	მებაღე	mebaghe
criado (m)	მსახური	msakhuri
criada (f)	მოახლე	moakhle
empregada (f) de limpeza	დამლაგებელი	damlagebeli

126. Profissões militares e postos

soldado (m) raso	რიგითი	rigiti
sargento (m)	სერჟანტი	serzhant'i
tenente (m)	ლეიტენანტი	leit'enant'i
capitão (m)	კაპიტანი	k'ap'it'ani
major (m)	მაიორი	maiori
coronel (m)	პოლკოვნიკი	p'olk'ovnik'i
general (m)	გენერალი	generali
marechal (m)	მარშალი	marshali
almirante (m)	ადმირალი	admirali
militar (m)	სამხედრო	samkhedro
soldado (m)	ჯარისკაცი	jarisk'atsi
oficial (m)	ოფიცერი	opitseri

comandante (m)	მეთაური	metauri
guarda (m) de fronteira	მესაზღვრე	mesazghvre
operador (m) de rádio	რადისტი	radist'i
explorador (m)	მზვერავი	mzveravi
sapador-mineiro (m)	მესანგრე	mesangre
atirador (m)	მსროლელი	msroleli
navegador (m)	შტურმანი	sht'urmani

127. Oficiais. Padres

rei (m)	მეფე	mepe
rainha (f)	დედოფალი	dedopali
príncipe (m)	პრინცი	p'rintsi
princesa (f)	პრინცესა	p'rintsesa
czar (m)	მეფე	mepe
czarina (f)	მეფე	mepe
presidente (m)	პრეზიდენტი	p'rezident'i
ministro (m)	მინისტრი	minist'ri
primeiro-ministro (m)	პრემიერ-მინისტრი	p'remier-minist'ri
senador (m)	სენატორი	senat'ori
diplomata (m)	დიპლომატი	dip'lomat'i
cônsul (m)	კონსული	k'onsuli
embaixador (m)	ელჩი	elchi
conselheiro (m)	მრჩეველი	mrcheveli
funcionário (m)	მოხელე	mokhele
prefeito (m)	პრეფექტი	p'repekt'i
Presidente (m) da Câmara	მერი	meri
juiz (m)	მოსამართლე	mosamartle
procurador (m)	პროკურორი	p'rok'urori
missionário (m)	მისიონერი	misioneri
monge (m)	ბერი	beri
abade (m)	აბატი	abat'i
rabino (m)	რაბინი	rabini
vizir (m)	ვეზირი	veziri
xá (m)	შახი	shakhi
xeique (m)	შეიხი	sheikhi

128. Profissões agrícolas

abelheiro (m)	მეფუტკრე	meput'k're
pastor (m)	მწყემსი	mts'qemsi
agrônomo (m)	აგრონომი	agronomi
criador (m) de gado	მეცხოველე	metskhovele
veterinário (m)	ვეტერინარი	vet'erinari

agricultor, fazendeiro (m)	ფერმერი	permeri
vinicultor (m)	მეღვინე	meghvine
zoólogo (m)	ზოოლოგი	zoologi
vaqueiro (m)	კოვბოი	k'ovboi

129. Profissões artísticas

ator (m)	მსახიობი	msakhiobi
atriz (f)	მსახიობი	msakhiobi
cantor (m)	მომღერალი	momgherali
cantora (f)	მომღერალი	momgherali
bailarino (m)	მოცეკვავე	motsek'vave
bailarina (f)	მოცეკვავე	motsek'vave
artista (m)	არტისტი	art'ist'i
artista (f)	არტისტი	art'ist'i
músico (m)	მუსიკოსი	musik'osi
pianista (m)	პიანისტი	p'ianist'i
guitarrista (m)	გიტარისტი	git'arist'i
maestro (m)	დირიჟორი	dirizhori
compositor (m)	კომპოზიტორი	k'omp'ozit'ori
empresário (m)	იმპრესარიო	imp'resario
diretor (m) de cinema	რეჟისორი	rezhisori
produtor (m)	პროდიუსერი	p'rodiuseri
roteirista (m)	სცენარისტი	stsenarist'i
crítico (m)	კრიტიკოსი	k'rit'ik'osi
escritor (m)	მწერალი	mts'erali
poeta (m)	პოეტი	p'oet'i
escultor (m)	მოქანდაკე	mokandak'e
pintor (m)	მხატვარი	mkhat'vari
malabarista (m)	ჟონგლიორი	zhongliori
palhaço (m)	ჯამბაზი	jambazi
acrobata (m)	აკრობატი	ak'robat'i
ilusionista (m)	ფოკუსნიკი	pok'usnik'i

130. Várias profissões

médico (m)	ექიმი	ekimi
enfermeira (f)	მედდა	medda
psiquiatra (m)	ფსიქიატრი	psikiat'ri
dentista (m)	სტომატოლოგი	st'omat'ologi
cirurgião (m)	ქირურგი	kirurgi
astronauta (m)	ასტრონავტი	ast'ronavt'i
astrônomo (m)	ასტრონომი	ast'ronomi

motorista (m)	მძღოლი	mdzgholi
maquinista (m)	მემანქანე	memankane
mecânico (m)	მექანიკოსი	mekanik'osi
mineiro (m)	მეშახტე	meshakht'e
operário (m)	მუშა	musha
serralheiro (m)	ზეინკალი	zeink'ali
marceneiro (m)	დურგალი	durgali
torneiro (m)	ხარატი	kharat'i
construtor (m)	მშენებელი	mshenebeli
soldador (m)	შემდუღებელი	shemdughebeli
professor (m)	პროფესორი	p'ropesori
arquiteto (m)	არქიტექტორი	arkit'ekt'ori
historiador (m)	ისტორიკოსი	ist'orik'osi
cientista (m)	მეცნიერი	metsnieri
físico (m)	ფიზიკოსი	pizik'osi
químico (m)	ქიმიკოსი	kimik'osi
arqueólogo (m)	არქეოლოგი	arkeologi
geólogo (m)	გეოლოგი	geologi
pesquisador (cientista)	მკვლევარი	mk'vlevari
babysitter, babá (f)	ძიძა	dzidza
professor (m)	პედაგოგი	p'edagogi
redator (m)	რედაქტორი	redakt'ori
redator-chefe (m)	მთავარი რედაქტორი	mtavari redakt'ori
correspondente (m)	კორესპონდენტი	k'oresp'ondent'i
datilógrafa (f)	მბეჭდავი	mbech'davi
designer (m)	დიზაინერი	dizaineri
especialista (m) em informática	კომპიუტერის სპეციალისტი	k'omp'iut'eris sp'etsialist'i
programador (m)	პროგრამისტი	p'rogramist'i
engenheiro (m)	ინჟინერი	inzhineri
marujo (m)	მეზღვაური	mezghvauri
marinheiro (m)	მატროსი	mat'rosi
socorrista (m)	მაშველი	mashveli
bombeiro (m)	მეხანძრე	mekhandzre
polícia (m)	პოლიციელი	p'olitsieli
guarda-noturno (m)	დარაჯი	daraji
detetive (m)	მაძებარი	madzebari
funcionário (m) da alfândega	მებაჟე	mebazhe
guarda-costas (m)	მცველი	mtsveli
guarda (m) prisional	მეთვალყურე	metvalqure
inspetor (m)	ინსპექტორი	insp'ekt'ori
esportista (m)	სპორტსმენი	sp'ort'smeni
treinador (m)	მწვრთნელი	mts'vrtneli
açougueiro (m)	ყასაბი	qasabi
sapateiro (m)	მეჩექმე	mechekme
comerciante (m)	კომერსანტი	k'omersant'i

carregador (m)	მტვირთავი	mt'virtavi
estilista (m)	მოდელიერი	modelieri
modelo (f)	მოდელი	modeli

131. Ocupações. Estatuto social

estudante (~ de escola)	სკოლის მოსწავლე	sk'olis mosts'avle
estudante (~ universitária)	სტუდენტი	st'udent'i
filósofo (m)	ფილოსოფოსი	pilosoposi
economista (m)	ეკონომისტი	ek'onomist'i
inventor (m)	გამომგონებელი	gamomgonebeli
desempregado (m)	უმუშევარი	umushevari
aposentado (m)	პენსიონერი	p'ensioneri
espião (m)	ჯაშუში	jashushi
preso, prisioneiro (m)	პატიმარი	p'at'imari
grevista (m)	გაფიცული	gapitsuli
burocrata (m)	ბიუროკრატი	biurok'rat'i
viajante (m)	მოგზაური	mogzauri
homossexual (m)	ჰომოსექსუალისტი	homoseksualist'i
hacker (m)	ჰაკერი	hak'eri
hippie (m, f)	ჰიპი	hip'i
bandido (m)	ბანდიტი	bandit'i
assassino (m)	დაქირავებული მკვლელი	dakiravebuli mk'vleli
drogado (m)	ნარკომანი	nark'omani
traficante (m)	ნარკოტიკებით მოვაჭრე	nark'ot'ik'ebit movach're
prostituta (f)	მეძავი	medzavi
cafetão (m)	სუტენიორი	sut'eniori
bruxo (m)	ჯადოსანი	jadosani
bruxa (f)	ჯადოსანი	jadosani
pirata (m)	მეკობრე	mek'obre
escravo (m)	მონა	mona
samurai (m)	სამურაი	samurai
selvagem (m)	ველური	veluri

Desportos

132. Tipos de desportos. Desportistas

esportista (m)	სპორტსმენი	sp'ort'smeni
tipo (m) de esporte	სპორტის სახეობა	sp'ort'is sakheoba
basquete (m)	კალათბურთი	k'alatburti
jogador (m) de basquete	კალათბურთელი	k'alatburteli
beisebol (m)	ბეისბოლი	beisboli
jogador (m) de beisebol	ბეისბოლისტი	beisbolist'i
futebol (m)	ფეხბურთი	pekhburti
jogador (m) de futebol	ფეხბურთელი	pekhburteli
goleiro (m)	მეკარე	mek'are
hóquei (m)	ჰოკეი	hok'ei
jogador (m) de hóquei	ჰოკეისტი	hok'eist'i
vôlei (m)	ფრენბურთი	prenburti
jogador (m) de vôlei	ფრენბურთელი	prenburteli
boxe (m)	კრივი	k'rivi
boxeador (m)	მოკრივე	mok'rive
luta (f)	ჭიდაობა	ch'idaoba
lutador (m)	მოჭიდავე	moch'idave
caratê (m)	კარატე	k'arat'e
carateca (m)	კარატისტი	k'arat'ist'i
judô (m)	ძიუდო	dziudo
judoca (m)	ძიუდოისტი	dziudoist'i
tênis (m)	ჩოგბურთი	chogburti
tenista (m)	ჩოგბურთელი	chogburteli
natação (f)	ცურვა	tsurva
nadador (m)	მოცურავე	motsurave
esgrima (f)	ფარიკაობა	parik'aoba
esgrimista (m)	მოფარიკავე	moparik'ave
xadrez (m)	ჭადრაკი	ch'adrak'i
jogador (m) de xadrez	მოჭადრაკე	moch'adrak'e
alpinismo (m)	ალპინიზმი	alp'inizmi
alpinista (m)	ალპინისტი	alp'inist'i
corrida (f)	რბენა	rbena

corredor (m)	მორბენალი	morbenali
atletismo (m)	მძლეოსნობა	mdzleosnoba
atleta (m)	მძლეოსანი	mdzleosani
hipismo (m)	ცხენოსნობა	tskhenosnoba
cavaleiro (m)	ცხენოსანი	tskhenosani
patinação (f) artística	ფიგურული სრიალი	piguruli sriali
patinador (m)	ფიგურისტი	pigurist'i
patinadora (f)	ფიგურისტი	pigurist'i
halterofilismo (m)	ძალოსნობა	dzalosnoba
corrida (f) de carros	ავტორბოლა	avt'orbola
piloto (m)	მრბოლელი	mrboleli
ciclismo (m)	ველოსპორტი	velosp'ort'i
ciclista (m)	ველოსიპედისტი	velosip'edist'i
salto (m) em distância	სიგრძეზე ხტომა	sigrdzeze kht'oma
salto (m) com vara	ჭოკით ხტომა	ch'ok'it kht'oma
atleta (m) de saltos	მხტომელი	mkht'omeli

133. Tipos de desportos. Diversos

futebol (m) americano	ამერიკული ფეხბურთი	amerik'uli pekhburti
badminton (m)	ბადმინტონი	badmint'oni
biatlo (m)	ბიატლონი	biat'loni
bilhar (m)	ბილიარდი	biliardi
bobsled (m)	ბობსლეი	bobslei
musculação (f)	ბოდიბილდინგი	bodibildingi
polo (m) aquático	წყალბურთი	ts'qalburti
handebol (m)	განდბოლი	gandboli
golfe (m)	გოლფი	golpi
remo (m)	ნიჩბოსნობა	nichbosnoba
mergulho (m)	დაივინგი	daivingi
corrida (f) de esqui	სათხილამურო რბოლა	satkhilamuro rbola
tênis (m) de mesa	მაგიდის ჩოგბურთი	magidis chogburti
vela (f)	საიალქნო სპორტი	saialkno sp'ort'i
rali (m)	რალი	rali
rúgbi (m)	რეგბი	regbi
snowboard (m)	სნოუბორდი	snoubordi
arco-e-flecha (m)	მშვილდის სროლა	mshvildis srola

134. Ginásio

barra (f)	შტანგა	sht'anga
halteres (m pl)	ჰანტელი	hant'eli
aparelho (m) de musculação	ტრენაჟორი	t'renazhori
bicicleta (f) ergométrica	ველოტრენაჟორი	velot'renazhori

esteira (f) de corrida	სარბენი ბილიკი	sarbeni bilik'i
barra (f) fixa	ძელი	dzeli
barras (f pl) paralelas	ორძელი	ordzeli
cavalo (m)	ტაიჭი	t'aich'i
tapete (m) de ginástica	საგები	sagebi
corda (f) de saltar	სახტუნელა	sakht'unela
aeróbica (f)	აერობიკა	aerobik'a
ioga, yoga (f)	იოგა	ioga

135. Hóquei

hóquei (m)	ჰოკეი	hok'ei
jogador (m) de hóquei	ჰოკეისტი	hok'eist'i
jogar hóquei	ჰოკეის თამაში	hok'eis tamashi
gelo (m)	ყინული	qinuli
disco (m)	შაიბა	shaiba
taco (m) de hóquei	ჰოკიჯოხა	hok'ijokha
patins (m pl) de gelo	ციგურები	tsigurebi
muro (m)	ბორტი	bort'i
tiro (m)	ტყორცნა	t'qortsna
goleiro (m)	მეკარე	mek'are
gol (m)	გოლი	goli
marcar um gol	გოლის გატანა	golis gat'ana
tempo (m)	პერიოდი	p'eriodi
segundo tempo (m)	მეორე პერიოდი	meore p'eriodi
banco (m) de reservas	სათადარიგოთა სკამი	satadarigota sk'ami

136. Futebol

futebol (m)	ფეხბურთი	pekhburti
jogador (m) de futebol	ფეხბურთელი	pekhburteli
jogar futebol	ფეხბურთის თამაში	pekhburtis tamashi
Time (m) Principal	უმაღლესი ლიგა	umaghlesi liga
time (m) de futebol	ფეხბურთის კლუბი	pekhburtis k'lubi
treinador (m)	მწვრთნელი	mts'vrtneli
proprietário (m)	მფლობელი	mplobeli
equipe (f)	გუნდი	gundi
capitão (m)	გუნდის კაპიტანი	gundis k'ap'it'ani
jogador (m)	მოთამაშე	motamashe
jogador (m) reserva	სათადარიგო მოთამაშე	satadarigo motamashe
atacante (m)	თავდამსხმელი	tavdamskhmeli
centroavante (m)	ცენტრალური თავდამსხმელი	tsent'raluri tavdamskhmeli
marcador (m)	ბომბარდირი	bombardiri

defesa (m)	დამცველი	damtsveli
meio-campo (m)	ნახევარდამცველი	nakhevardamtsveli
jogo (m), partida (f)	მატჩი	mat'chi
encontrar-se (vr)	შეხვედრა	shekhvedra
final (m)	ფინალი	pinali
semifinal (f)	ნახევარფინალი	nakhevarpinali
campeonato (m)	ჩემპიონატი	chemp'ionat'i
tempo (m)	ტაიმი	t'aimi
primeiro tempo (m)	პირველი ტაიმი	p'irveli t'aimi
intervalo (m)	შესვენება	shesveneba
goleira (f)	კარი	k'ari
goleiro (m)	მეკარე	mek'are
trave (f)	ძელი	dzeli
travessão (m)	ძელი	dzeli
rede (f)	ბადე	bade
tomar um gol	გოლის გაშვება	golis gashveba
bola (f)	ბურთი	burti
passe (m)	პასი	p'asi
chute (m)	დარტყმა	dart'qma
chutar (vt)	დარტყმის შესრულება	dart'qmis shesruleba
pontapé (m)	საჯარიმო დარტყმა	sajarimo dart'qma
escanteio (m)	კუთხური დარტყმა	k'utkhuri dart'qma
ataque (m)	იერიში	ierishi
contra-ataque (m)	კონტრიერიში	k'ont'rierishi
combinação (f)	კომბინაცია	k'ombinatsia
árbitro (m)	არბიტრი	arbit'ri
apitar (vi)	სტვენა	st'vena
apito (m)	სასტვენი	sast'veni
falta (f)	დარღვევა	darghveva
cometer a falta	დარღვევა	darghveva
expulsar (vt)	მინდვრიდან გაძევება	mindvridan gadzeveba
cartão (m) amarelo	ყვითელი ბარათი	qviteli barati
cartão (m) vermelho	წითელი ბარათი	ts'iteli barati
desqualificação (f)	დისკვალიფიკაცია	disk'valipik'atsia
desqualificar (vt)	დისკვალიფიცირება	disk'valipitsireba
pênalti (m)	პენალტი	p'enalt'i
barreira (f)	კედელი	k'edeli
marcar (vt)	გატანა	gat'ana
gol (m)	გოლი	goli
marcar um gol	გოლის გატანა	golis gat'ana
substituição (f)	შეცვლა	shetsvla
substituir (vt)	შეცვლა	shetsvla
regras (f pl)	წესები	ts'esebi
tática (f)	ტაქტიკა	t'akt'ik'a
estádio (m)	სტადიონი	st'adioni
arquibancadas (f pl)	ტრიბუნა	t'ribuna

fã, torcedor (m)	გულშემატკივარი	gulshemat'k'ivari
gritar (vi)	ყვირილი	qvirili
placar (m)	ტაბლო	t'ablo
resultado (m)	ანგარიში	angarishi
derrota (f)	დამარცხება	damartskheba
perder (vt)	წაგება	ts'ageba
empate (m)	ფრე	pre
empatar (vi)	თამაშის ფრედ დამთავრება	tamashis pred damtavreba
vitória (f)	გამარჯვება	gamarjveba
vencer (vi, vt)	გამარჯვება	gamarjveba
campeão (m)	ჩემპიონი	chemp'ioni
melhor (adj)	საუკეთესო	sauk'eteso
felicitar (vt)	მილოცვა	milotsva
comentarista (m)	კომენტატორი	k'oment'at'ori
comentar (vt)	კომენტირება	k'oment'ireba
transmissão (f)	ტრანსლაცია	t'ranslatsia

137. Esqui alpino

esqui (m)	თხილამურები	tkhilamurebi
esquiar (vi)	თხილამურებით სრიალი	tkhilamurebit sriali
estação (f) de esqui	სამთო-სათხილამურო კურორტი	samto-satkhilamuro k'urort'i
teleférico (m)	საწეველა	sats'evela
bastões (m pl) de esqui	ჯოხები	jokhebi
declive (m)	ფერდობი	perdobi
slalom (m)	სლალომი	slalomi

138. Tênis. Golfe

golfe (m)	გოლფი	golpi
clube (m) de golfe	გოლფის კლუბი	golpis k'lubi
jogador (m) de golfe	გოლფის მოთამაშე	golpis motamashe
buraco (m)	ფოსო	poso
taco (m)	ჰოკიჯოხა	hok'ijokha
trolley (m)	ჰოკიჯოხების ურიკა	hok'ijokhebis urik'a
tênis (m)	ჩოგბურთი	chogburti
quadra (f) de tênis	კორტი	k'ort'i
saque (m)	მიწოდება	mits'odeba
sacar (vi)	მიწოდება	mits'odeba
raquete (f)	ჩოგანი	chogani
rede (f)	ბადე	bade
bola (f)	ბურთი	burti

139. Xadrez

xadrez (m)	ჭადრაკი	ch'adrak'i
peças (f pl) de xadrez	ჭადრაკი	ch'adrak'i
jogador (m) de xadrez	მოჭადრაკე	moch'adrak'e
tabuleiro (m) de xadrez	საჭადრაკო დაფა	sach'adrak'o dapa
peça (f)	ფიგურა	pigura
brancas (f pl)	თეთრები	tetrebi
pretas (f pl)	შავები	shavebi
peão (m)	პაიკი	p'aik'i
bispo (m)	კუ	k'u
cavalo (m)	მხედარი	mkhedari
torre (f)	ეტლი	et'li
dama (f)	ლაზიერი	lazieri
rei (m)	მეფე	mepe
vez (f)	სვლა	svla
mover (vt)	სვლა	svla
sacrificar (vt)	შეწირვა	shets'irva
roque (m)	როქი	roki
xeque (m)	ქიში	kishi
xeque-mate (m)	შამათი	shamati
torneio (m) de xadrez	საჭადრაკო ტურნირი	sach'adrak'o t'urniri
grão-mestre (m)	გროსმეისტერი	grosmeist'eri
combinação (f)	კომბინაცია	k'ombinatsia
partida (f)	პარტია	p'art'ia
jogo (m) de damas	შაში	shashi

140. Boxe

boxe (m)	კრივი	k'rivi
combate (m)	ბრძოლა	brdzola
luta (f) de boxe	პაექრობა	p'aekroba
round (m)	რაუნდი	raundi
ringue (m)	რინგი	ringi
gongo (m)	გონგი	gongi
murro, soco (m)	დარტყმა	dart'qma
derrubada (f)	ნოკდაუნი	nok'dauni
nocaute (m)	ნოკაუტი	nok'aut'i
nocautear (vt)	ნოკაუტში ჩაგდება	nok'aut'shi chagdeba
luva (f) de boxe	მოკრივეს ხელთათმანი	mok'rives kheltatmani
juiz (m)	რეფერი	reperi
peso-pena (m)	მსუბუქი წონა	msubuki ts'ona
peso-médio (m)	საშუალო წონა	sashualo ts'ona
peso-pesado (m)	მძიმე წონა	mdzime ts'ona

141. Desportos. Diversos

Jogos (m pl) Olímpicos	ოლიმპიური თამაშები	olimp'iuri tamashebi
vencedor (m)	გამარჯვებული	gamarjvebuli
vencer (vi)	გამარჯვება	gamarjveba
vencer (vi, vt)	მოგება	mogeba
líder (m)	ლიდერი	lideri
liderar (vt)	ლიდერობა	lideroba
primeiro lugar (m)	პირველი ადგილი	p'irveli adgili
segundo lugar (m)	მეორე ადგილი	meore adgili
terceiro lugar (m)	მესამე ადგილი	mesame adgili
medalha (f)	მედალი	medali
troféu (m)	ნადავლი	nadavli
taça (f)	თასი	tasi
prêmio (m)	პრიზი	p'rizi
prêmio (m) principal	მთავარი პრიზი	mtavari p'rizi
recorde (m)	რეკორდი	rek'ordi
estabelecer um recorde	რეკორდის დამყარება	rek'ordis damqareba
final (m)	ფინალი	pinali
final (adj)	ფინალური	pinaluri
campeão (m)	ჩემპიონი	chemp'ioni
campeonato (m)	ჩემპიონატი	chemp'ionat'i
estádio (m)	სტადიონი	st'adioni
arquibancadas (f pl)	ტრიბუნა	t'ribuna
fã, torcedor (m)	გულშემატკივარი	gulshemat'k'ivari
adversário (m)	მოწინააღმდეგე	mots'inaaghmdege
partida (f)	სტარტი	st'art'i
linha (f) de chegada	ფინიში	pinishi
derrota (f)	დამარცხება	damartskheba
perder (vt)	წაგება	ts'ageba
árbitro, juiz (m)	მსაჯი	msaji
júri (m)	ჟიური	zhiuri
resultado (m)	ანგარიში	angarishi
empate (m)	ფრე	pre
empatar (vi)	თამაშის ფრედ დამთავრება	tamashis pred damtavreba
ponto (m)	ქულა	kula
resultado (m) final	შედეგი	shedegi
intervalo (m)	შესვენება	shesveneba
doping (m)	დოპინგი	dop'ingi
penalizar (vt)	დაჯარიმება	dajarimeba
desqualificar (vt)	დისკვალიფიცირება	disk'valipitsireba
aparelho, aparato (m)	იარაღი	iaraghi
dardo (m)	შუბი	shubi

peso (m)	ბირთვი	birtvi
bola (f)	ბურთი	burti
alvo, objetivo (m)	მიზანი	mizani
alvo (~ de papel)	სამიზნე	samizne
disparar, atirar (vi)	სროლა	srola
preciso (tiro ~)	ზუსტი	zust'i
treinador (m)	მწვრთნელი	mts'vrtneli
treinar (vt)	წვრთნა	ts'vrtna
treinar-se (vr)	ვარჯიში	varjishi
treino (m)	ვარჯიში	varjishi
academia (f) de ginástica	სპორტდარბაზი	sp'ort'darbazi
exercício (m)	ვარჯიში	varjishi
aquecimento (m)	მოთელვა	motelva

Educação

142. Escola

escola (f)	სკოლა	sk'ola
diretor (m) de escola	სკოლის დირექტორი	sk'olis direkt'ori
aluno (m)	მოწაფე	mots'ape
aluna (f)	მოწაფე	mots'ape
estudante (m)	სკოლის მოსწავლე	sk'olis mosts'avle
estudante (f)	სკოლის მოსწავლე	sk'olis mosts'avle
ensinar (vt)	სწავლება	sts'avleba
aprender (vt)	სწავლა	sts'avla
decorar (vt)	ზეპირად სწავლა	zep'irad sts'avla
estudar (vi)	სწავლა	sts'avla
estar na escola	სწავლა	sts'avla
ir à escola	სკოლაში სვლა	sk'olashi svla
alfabeto (m)	ანბანი	anbani
disciplina (f)	საგანი	sagani
sala (f) de aula	კლასი	k'lasi
lição, aula (f)	გაკვეთილი	gak'vetili
recreio (m)	შესვენება	shesveneba
toque (m)	ზარი	zari
classe (f)	მერხი	merkhi
quadro (m) negro	დაფა	dapa
nota (f)	ნიშანი	nishani
boa nota (f)	კარგი ნიშანი	k'argi nishani
nota (f) baixa	ცუდი ნიშანი	tsudi nishani
dar uma nota	ნიშნის დაწერა	nishnis dats'era
erro (m)	შეცდომა	shetsdoma
errar (vi)	შეცდომის დაშვება	shetsdomis dashveba
corrigir (~ um erro)	გამოსწორება	gamosts'oreba
cola (f)	შპარგალკა	shp'argalk'a
dever (m) de casa	საშინაო დავალება	sashinao davaleba
exercício (m)	სავარჯიშო	savarjisho
estar presente	დასწრება	dasts'reba
estar ausente	არდასწრება	ardasts'reba
faltar às aulas	გაკვეთილების გაცდენა	gak'vetilebis gatsdena
punir (vt)	დასჯა	dasja
punição (f)	სასჯელი	sasjeli
comportamento (m)	ყოფაქცევა	qopaktseva

boletim (m) escolar	დღიური	dghiuri
lápis (m)	ფანქარი	pankari
borracha (f)	საშლელი	sashleli
giz (m)	ცარცი	tsartsi
porta-lápis (m)	საკალმე	sak'alme
mala, pasta, mochila (f)	ჩანთა	chanta
caneta (f)	კალმისტარი	k'almist'ari
caderno (m)	რვეული	rveuli
livro (m) didático	სახელმძღვანელო	sakhelmdzghvanelo
compasso (m)	ფარგალი	pargali
traçar (vt)	ხაზვა	khazva
desenho (m) técnico	ნახაზი	nakhazi
poesia (f)	ლექსი	leksi
de cor	ზეპირად	zep'irad
decorar (vt)	ზეპირად სწავლა	zep'irad sts'avla
férias (f pl)	არდადეგები	ardadegebi
estar de férias	არდადეგებზე ყოფნა	ardadegebze qopna
passar as férias	არდადეგების გატარება	ardadegebis gat'areba
teste (m), prova (f)	საკონტროლო სამუშაო	sak'ont'rolo samushao
redação (f)	თხზულება	tkhzuleba
ditado (m)	კარნახი	k'arnakhi
exame (m), prova (f)	გამოცდა	gamotsda
fazer prova	გამოცდების ჩაბარება	gamotsdebis chabareba
experiência (~ química)	ცდა	tsda

143. Colégio. Universidade

academia (f)	აკადემია	ak'ademia
universidade (f)	უნივერსიტეტი	universit'et'i
faculdade (f)	ფაკულტეტი	pak'ult'et'i
estudante (m)	სტუდენტი	st'udent'i
estudante (f)	სტუდენტი	st'udent'i
professor (m)	მასწავლებელი	masts'avlebeli
auditório (m)	აუდიტორია	audit'oria
graduado (m)	კურსდამთავრებული	k'ursdamtavrebuli
diploma (m)	დიპლომი	dip'lomi
tese (f)	დისერტაცია	disert'atsia
estudo (obra)	გამოკვლევა	gamok'vleva
laboratório (m)	ლაბორატორია	laborat'oria
palestra (f)	ლექცია	lektsia
colega (m) de curso	თანაკურსელი	tanak'urseli
bolsa (f) de estudos	სტიპენდია	st'ip'endia
grau (m) acadêmico	სამეცნიერო ხარისხი	sametsniero khariskhi

144. Ciências. Disciplinas

matemática (f)	მათემატიკა	matemat'ik'a
álgebra (f)	ალგებრა	algebra
geometria (f)	გეომეტრია	geomet'ria
astronomia (f)	ასტრონომია	ast'ronomia
biologia (f)	ბიოლოგია	biologia
geografia (f)	გეოგრაფია	geograpia
geologia (f)	გეოლოგია	geologia
história (f)	ისტორია	ist'oria
medicina (f)	მედიცინა	meditsina
pedagogia (f)	პედაგოგიკა	p'edagogik'a
direito (m)	სამართალი	samartali
física (f)	ფიზიკა	pizik'a
química (f)	ქიმია	kimia
filosofia (f)	ფილოსოფია	pilosopia
psicologia (f)	ფსიქოლოგია	psikologia

145. Sistema de escrita. Ortografia

gramática (f)	გრამატიკა	gramat'ik'a
vocabulário (m)	ლექსიკა	leksik'a
fonética (f)	ფონეტიკა	ponet'ik'a
substantivo (m)	არსებითი სახელი	arsebiti sakheli
adjetivo (m)	ზედსართავი სახელი	zedsartavi sakheli
verbo (m)	ზმნა	zmna
advérbio (m)	ზმნიზედა	zmnizeda
pronome (m)	ნაცვალსახელი	natsvalsakheli
interjeição (f)	შორისდებული	shorisdebuli
preposição (f)	წინდებული	ts'indebuli
raiz (f)	სიტყვის ძირი	sit'qvis dziri
terminação (f)	დაბოლოება	daboloeba
prefixo (m)	წინსართი	ts'insarti
sílaba (f)	მარცვალი	martsvali
sufixo (m)	სუფიქსი	supiksi
acento (m)	მახვილი	makhvili
apóstrofo (f)	აპოსტროფი	ap'ost'ropi
ponto (m)	წერტილი	ts'ert'ili
vírgula (f)	მძიმე	mdzime
ponto e vírgula (m)	წერტილ-მძიმე	ts'ert'il-mdzime
dois pontos (m pl)	ორწერტილი	orts'ert'ili
reticências (f pl)	მრავალწერტილი	mravalts'ert'ili
ponto (m) de interrogação	კითხვის ნიშანი	k'itkhvis nishani
ponto (m) de exclamação	ძახილის ნიშანი	dzakhilis nishani

aspas (f pl)	ბრჭყალები	brch'qalebi
entre aspas	ბრჭყალებში	brch'qalebshi
parênteses (m pl)	ფრჩხილები	prchkhilebi
entre parênteses	ფრჩხილებში	prchkhilebshi
hífen (m)	დეფისი	depisi
travessão (m)	ტირე	t'ire
espaço (m)	შუალედი	shualedi
letra (f)	ასო	aso
letra (f) maiúscula	დიდი ასო	didi aso
vogal (f)	ხმოვანი ბგერა	khmovani bgera
consoante (f)	თანხმოვანი ბგერა	tankhmovani bgera
frase (f)	წინადადება	ts'inadadeba
sujeito (m)	ქვემდებარე	kvemdebare
predicado (m)	შემასმენელი	shemasmeneli
linha (f)	სტრიქონი	st'rikoni
em uma nova linha	ახალი სტრიქონიდან	akhali st'rikonidan
parágrafo (m)	აბზაცი	abzatsi
palavra (f)	სიტყვა	sit'qva
grupo (m) de palavras	შესიტყვება	shesit'qveba
expressão (f)	გამოთქმა	gamotkma
sinônimo (m)	სინონიმი	sinonimi
antônimo (m)	ანტონიმი	ant'onimi
regra (f)	წესი	ts'esi
exceção (f)	გამონაკლისი	gamonak'lisi
correto (adj)	სწორი	sts'ori
conjugação (f)	უღლება	ughleba
declinação (f)	ბრუნება	bruneba
caso (m)	ბრუნვა	brunva
pergunta (f)	კითხვა	k'itkhva
sublinhar (vt)	ხაზის გასმა	khazis gasma
linha (f) pontilhada	პუნქტირი	p'unkt'iri

146. Línguas estrangeiras

língua (f)	ენა	ena
estrangeiro (adj)	უცხო	utskho
estudar (vt)	შესწავლა	shests'avla
aprender (vt)	სწავლა	sts'avla
ler (vt)	კითხვა	k'itkhva
falar (vi)	ლაპარაკი	lap'arak'i
entender (vt)	გაგება	gageba
escrever (vt)	წერა	ts'era
rapidamente	სწრაფად	sts'rapad
devagar, lentamente	ნელა	nela

fluentemente	თავისუფლად	tavisuplad
regras (f pl)	წესები	ts'esebi
gramática (f)	გრამატიკა	gramat'ik'a
vocabulário (m)	ლექსიკა	leksik'a
fonética (f)	ფონეტიკა	ponet'ik'a
livro (m) didático	სახელმძღვანელო	sakhelmdzghvanelo
dicionário (m)	ლექსიკონი	leksik'oni
manual (m) autodidático	თვითმასწავლებელი	tvitmasts'avlebeli
guia (m) de conversação	სასაუბრო	sasaubro
fita (f) cassete	კასეტი	k'aset'i
videoteipe (m)	ვიდეოკასეტი	videok'aset'i
CD (m)	კომპაქტური დისკი	k'omp'akt'uri disk'i
DVD (m)	დივიდი	dividi
alfabeto (m)	ანბანი	anbani
soletrar (vt)	ასოებით გამოთქმა	asoebit gamotkma
pronúncia (f)	წარმოთქმა	ts'armotkma
sotaque (m)	აქცენტი	aktsent'i
com sotaque	აქცენტით	aktsent'it
sem sotaque	უაქცენტოდ	uaktsent'od
palavra (f)	სიტყვა	sit'qva
sentido (m)	მნიშვნელობა	mnishvneloba
curso (m)	კურსები	k'ursebi
inscrever-se (vr)	ჩაწერა	chats'era
professor (m)	მასწავლებელი	masts'avlebeli
tradução (processo)	თარგმნა	targmna
tradução (texto)	თარგმანი	targmani
tradutor (m)	მთარგმნელი	mtargmneli
intérprete (m)	თარჯიმანი	tarjimani
poliglota (m)	პოლიგლოტი	p'oliglot'i
memória (f)	მეხსიერება	mekhsiereba

147. Personagens de contos de fadas

Papai Noel (m)	სანტა კლაუსი	sant'a k'lausi
Cinderela (f)	კონკია	k'onk'ia
sereia (f)	ალი	ali
Netuno (m)	ნეპტუნი	nep't'uni
bruxo, feiticeiro (m)	ჯადოქარი	jadokari
fada (f)	ჯადოქარი	jadokari
mágico (adj)	ჯადოსნური	jadosnuri
varinha (f) mágica	ჯადოსნური ჯოხი	jadosnuri jokhi
conto (m) de fadas	ზღაპარი	zghap'ari
milagre (m)	სასწაული	sasts'auli
anão (m)	გნომი	gnomi

transformar-se em ...	ქცევა	ktseva
fantasma (m)	აჩრდილი	achrdili
fantasma (m)	მოჩვენება	mochveneba
monstro (m)	ურჩხული	urchkhuli
dragão (m)	გველეშაპი	gveleshap'i
gigante (m)	გოლიათი	goliati

148. Signos do Zodíaco

Áries (f)	ვერძი	verdzi
Touro (m)	კურო	k'uro
Gêmeos (m pl)	ტყუპები	t'qup'ebi
Câncer (m)	კიბორჩხალა	k'iborchkhala
Leão (m)	ლომი	lomi
Virgem (f)	ქალწული	kalts'uli
Libra (f)	სასწორი	sasts'ori
Escorpião (m)	ღრიანკალი	ghriank'ali
Sagitário (m)	მშვილდოსანი	mshvildosani
Capricórnio (m)	თხის რქა	tkhis rka
Aquário (m)	მერწყული	merts'quli
Peixes (pl)	თევზები	tevzebi
caráter (m)	ხასიათი	khasiati
traços (m pl) do caráter	ხასიათის თვისებები	khasiatis tvisebebi
comportamento (m)	ყოფაქცევა	qopaktseva
prever a sorte	მკითხაობა	mk'itkhaoba
adivinha (f)	მკითხავი	mk'itkhavi
horóscopo (m)	ჰოროსკოპი	horosk'op'i

Artes

149. Teatro

teatro (m)	თეატრი	teat'ri
ópera (f)	ოპერა	op'era
opereta (f)	ოპერეტა	op'eret'a
balé (m)	ბალეტი	balet'i
cartaz (m)	აფიშა	apisha
companhia (f) de teatro	დასი	dasi
turnê (f)	გასტროლები	gast'rolebi
estar em turnê	გასტროლებზე ყოფნა	gast'rolebze qopna
ensaiar (vt)	რეპეტიციის გავლა	rep'et'itsiis gavla
ensaio (m)	რეპეტიცია	rep'et'itsia
repertório (m)	რეპერტუარი	rep'ert'uari
apresentação (f)	წარმოდგენა	ts'armodgena
espetáculo (m)	სპექტაკლი	sp'ekt'ak'li
peça (f)	პიესა	p'iesa
entrada (m)	ბილეთი	bileti
bilheteira (f)	საბილეთო სალარო	sabileto salaro
hall (m)	ჰოლი	holi
vestiário (m)	გარდერობი	garderobi
senha (f) numerada	ნომერი	nomeri
binóculo (m)	დურბინდი	durbindi
lanterninha (m)	კონტროლიორი	k'ont'roliori
plateia (f)	პარტერი	p'art'eri
balcão (m)	ბალკონი	balk'oni
primeiro balcão (m)	ბელეტაჟი	belet'azhi
camarote (m)	ლოჟა	lozha
fila (f)	რიგი	rigi
assento (m)	ადგილი	adgili
público (m)	მაყურებლები	maqureblebi
espectador (m)	მაყურებელი	maqurebeli
aplaudir (vt)	ტაშისკვრა	t'ashisk'vra
aplauso (m)	აპლოდისმენტები	ap'lodisment'ebi
ovação (f)	ოვაციები	ovatsiebi
palco (m)	სცენა	stsena
cortina (f)	ფარდა	parda
cenário (m)	დეკორაცია	dek'oratsia
bastidores (m pl)	კულისები	k'ulisebi
cena (f)	სცენა	stsena
ato (m)	მოქმედება	mokmedeba
intervalo (m)	ანტრაქტი	ant'rakt'i

150. Cinema

ator (m)	მსახიობი	msakhiobi
atriz (f)	მსახიობი	msakhiobi
cinema (m)	კინო	k'ino
filme (m)	კინო	k'ino
episódio (m)	სერია	seria
filme (m) policial	დეტექტივი	det'ekt'ivi
filme (m) de ação	კინობოევიკი	k'inoboevik'i
filme (m) de aventuras	სათავგადასავლო ფილმი	satavgadasavlo pilmi
filme (m) de ficção científica	ფანტასტიკური ფილმი	pant'ast'ik'uri pilmi
filme (m) de horror	საშინელებათა ფილმი	sashinelebata pilmi
comédia (f)	კინოკომედია	k'inok'omedia
melodrama (m)	მელოდრამა	melodrama
drama (m)	დრამა	drama
filme (m) de ficção	მხატვრული ფილმი	mkhat'vruli pilmi
documentário (m)	დოკუმენტური ფილმი	dok'ument'uri pilmi
desenho (m) animado	მულტფილმი	mult'pilmi
cinema (m) mudo	მუნჯი კინო	munji k'ino
papel (m)	როლი	roli
papel (m) principal	მთავარი როლი	mtavari roli
representar (vt)	შესრულება	shesruleba
estrela (f) de cinema	კინოვარსკვლავი	k'inovarsk'vlavi
conhecido (adj)	ცნობილი	tsnobili
famoso (adj)	სახელგანთქმული	sakhelgantkmuli
popular (adj)	პოპულარული	p'op'ularuli
roteiro (m)	სცენარი	stsenari
roteirista (m)	სცენარისტი	stsenarist'i
diretor (m) de cinema	რეჟისორი	rezhisori
produtor (m)	პროდიუსერი	p'rodiuseri
assistente (m)	ასისტენტი	asist'ent'i
diretor (m) de fotografia	ოპერატორი	op'erat'ori
dublê (m)	კასკადიორი	k'ask'adiori
filmar (vt)	ფილმის გადაღება	pilmis gadagheba
audição (f)	საცდელი გადაღებები	satsdeli gadaghebebi
filmagem (f)	გადაღებები	gadaghebebi
equipe (f) de filmagem	გადამღები ჯგუფი	gadamghebi jgupi
set (m) de filmagem	გადასაღები მოედანი	gadasaghebi moedani
câmera (f)	კინოკამერა	k'inok'amera
cinema (m)	კინოთეატრი	k'inoteat'ri
tela (f)	ეკრანი	ek'rani
exibir um filme	ფილმის ჩვენება	pilmis chveneba
trilha (f) sonora	ხმოვანი ბილიკი	khmovani bilik'i
efeitos (m pl) especiais	სპეციალური ეფექტები	sp'etsialuri epekt'ebi
legendas (f pl)	სუბტიტრები	subt'it'rebi

crédito (m)	ტიტრები	t'it'rebi
tradução (f)	თარგმანი	targmani

151. Pintura

arte (f)	ხელოვნება	khelovneba
belas-artes (f pl)	კაზმული ხელოვნებები	k'azmuli khelovnebebi
galeria (f) de arte	გალერეა	galerea
exibição (f) de arte	სურათების გამოფენა	suratebis gamopena
pintura (f)	ფერწერა	perts'era
arte (f) gráfica	გრაფიკა	grapik'a
arte (f) abstrata	აბსტრაქციონიზმი	abst'raktsionizmi
impressionismo (m)	იმპრესიონიზმი	imp'resionizmi
pintura (f), quadro (m)	სურათი	surati
desenho (m)	ნახატი	nakhat'i
cartaz, pôster (m)	პლაკატი	p'lak'at'i
ilustração (f)	ილუსტრაცია	ilust'ratsia
miniatura (f)	მინიატურა	miniat'ura
cópia (f)	ასლი	asli
reprodução (f)	რეპროდუქცია	rep'roduktsia
mosaico (m)	მოზაიკა	mozaik'a
vitral (m)	ვიტრაჟი	vit'razhi
afresco (m)	ფრესკა	presk'a
gravura (f)	გრავიურა	graviura
busto (m)	ბიუსტი	biust'i
escultura (f)	ქანდაკება	kandak'eba
estátua (f)	ქანდაკება	kandak'eba
gesso (m)	თაბაშირი	tabashiri
em gesso (adj)	თაბაშირისა	tabashirisa
retrato (m)	პორტრეტი	p'ort'ret'i
autorretrato (m)	ავტოპორტრეტი	avt'op'ort'ret'i
paisagem (f)	პეიზაჟი	p'eizazhi
natureza (f) morta	ნატურმორტი	nat'urmort'i
caricatura (f)	კარიკატურა	k'arik'at'ura
esboço (m)	მონახაზი	monakhazi
tinta (f)	საღებავი	saghebavi
aquarela (f)	წყალსაღებავი	ts'qalsaghebavi
tinta (f) a óleo	ზეთი	zeti
lápis (m)	ფანქარი	pankari
tinta (f) nanquim	ტუში	t'ushi
carvão (m)	ნახშირი	nakhshiri
desenhar (vt)	ხატვა	khat'va
pintar (vt)	ხატვა	khat'va
posar (vi)	პოზირება	p'ozireba
modelo (m)	მენატურე	menat'ure

modelo (f)	მენატურე	menat'ure
pintor (m)	მხატვარი	mkhat'vari
obra (f)	ნაწარმოები	nats'armoebi
obra-prima (f)	შედევრი	shedevri
estúdio (m)	სახელოსნო	sakhelosno
tela (f)	ტილო	t'ilo
cavalete (m)	მოლბერტი	molbert'i
paleta (f)	პალიტრა	p'alit'ra
moldura (f)	ჩარჩო	charcho
restauração (f)	რესტავრაცია	rest'avratsia
restaurar (vt)	რესტავრაციის მოხდენა	rest'avratsiis mokhdena

152. Literatura & Poesia

literatura (f)	ლიტერატურა	lit'erat'ura
autor (m)	ავტორი	avt'ori
pseudônimo (m)	ფსევდონიმი	psevdonimi
livro (m)	წიგნი	ts'igni
volume (m)	ტომი	t'omi
índice (m)	სარჩევი	sarchevi
página (f)	გვერდი	gverdi
protagonista (m)	მთავარი გმირი	mtavari gmiri
autógrafo (m)	ავტოგრაფი	avt'ograpi
conto (m)	მოთხრობა	motkhroba
novela (f)	მოთხრობა	motkhroba
romance (m)	რომანი	romani
obra (f)	თხზულება	tkhzuleba
fábula (m)	იგავ-არაკი	igav-arak'i
romance (m) policial	დეტექტივი	det'ekt'ivi
verso (m)	ლექსი	leksi
poesia (f)	პოეზია	p'oezia
poema (m)	პოემა	p'oema
poeta (m)	პოეტი	p'oet'i
ficção (f)	ბელეტრისტიკა	belet'rist'ik'a
ficção (f) científica	სამეცნიერო ფანტასტიკა	sametsniero pant'ast'ik'a
aventuras (f pl)	თავგადასავლები	tavgadasavlebi
literatura (f) didática	სასწავლო ლიტერატურა	sasts'avlo lit'erat'ura
literatura (f) infantil	საბავშვო ლიტერატურა	sabavshvo lit'erat'ura

153. Circo

circo (m)	ცირკი	tsirk'i
circo (m) ambulante	ცირკი-შაპიტო	tsirk'i-shap'it'o
programa (m)	პროგრამა	p'rograma
apresentação (f)	წარმოდგენა	ts'armodgena
número (m)	ნომერი	nomeri

picadeiro (f)	არენა	arena
pantomima (f)	პანტომიმა	p'ant'omima
palhaço (m)	ჯამბაზი	jambazi
acrobata (m)	აკრობატი	ak'robat'i
acrobacia (f)	აკრობატიკა	ak'robat'ik'a
ginasta (m)	ტანმოვარჯიშე	t'anmovarjishe
ginástica (f)	ტანვარჯიში	t'anvarjishi
salto (m) mortal	სალტო	salt'o
homem (m) forte	ათლეტი	atlet'i
domador (m)	მომთვინიერებელი	momtvinierebeli
cavaleiro (m) equilibrista	ცხენოსანი	tskhenosani
assistente (m)	ასისტენტი	asist'ent'i
truque (m)	ტრიუკი	t'riuk'i
truque (m) de mágica	ფოკუსი	pok'usi
ilusionista (m)	ფოკუსნიკი	pok'usnik'i
malabarista (m)	ჟონგლიორი	zhongliori
fazer malabarismos	ჟონგლიორობა	zhonglioroba
adestrador (m)	ცხოველების მწვრთნელი	tskhovelebis mts'vrtneli
adestramento (m)	წვრთნა	ts'vrtna
adestrar (vt)	წვრთნა	ts'vrtna

154. Música. Música popular

música (f)	მუსიკა	musik'a
músico (m)	მუსიკოსი	musik'osi
instrumento (m) musical	მუსიკალური ინსტრუმენტი	musik'aluri inst'rument'i
tocar ...	დაკვრა	dak'vra
guitarra (f)	გიტარა	git'ara
violino (m)	ვიოლინო	violino
violoncelo (m)	ვიოლონჩელი	violoncheli
contrabaixo (m)	კონტრაბასი	k'ont'rabasi
harpa (f)	არფა	arpa
piano (m)	პიანინო	p'ianino
piano (m) de cauda	როიალი	roiali
órgão (m)	ორგანი	organi
instrumentos (m pl) de sopro	ჩასაბერი ინსტრუმენტები	chasaberi inst'rument'ebi
oboé (m)	ჰობოი	hoboi
saxofone (m)	საქსოფონი	saksoponi
clarinete (m)	კლარნეტი	k'larnet'i
flauta (f)	ფლეიტა	pleit'a
trompete (m)	საყვირი	saqviri
acordeão (m)	აკორდეონი	ak'ordeoni
tambor (m)	დოლი	doli
dueto (m)	დუეტი	duet'i
trio (m)	ტრიო	t'rio

quarteto (m)	კვარტეტი	k'vart'et'i
coro (m)	გუნდი	gundi
orquestra (f)	ორკესტრი	ork'est'ri
música (f) pop	პოპ-მუსიკა	p'op'-musik'a
música (f) rock	როკ-მუსიკა	rok'-musik'a
grupo (m) de rock	როკ-ჯგუფი	rok'-jgupi
jazz (m)	ჯაზი	jazi
ídolo (m)	კერპი	k'erp'i
fã, admirador (m)	თაყვანისმცემელი	taqvanismtsemeli
concerto (m)	კონცერტი	k'ontsert'i
sinfonia (f)	სიმფონია	simponia
composição (f)	თხზულება	tkhzuleba
compor (vt)	შეთხზვა	shetkhzva
canto (m)	სიმღერა	simghera
canção (f)	სიმღერა	simghera
melodia (f)	მელოდია	melodia
ritmo (m)	რიტმი	rit'mi
blues (m)	ბლუზი	bluzi
notas (f pl)	ნოტები	not'ebi
batuta (f)	ჯოხი	jokhi
arco (m)	ხემი	khemi
corda (f)	სიმი	simi
estojo (m)	ფუტლარი	put'lari

Descanso. Entretenimento. Viagens

155. Viagens

turismo (m)	ტურიზმი	t'urizmi
turista (m)	ტურისტი	t'urist'i
viagem (f)	მოგზაურობა	mogzauroba
aventura (f)	თავგადასავალი	tavgadasavali
percurso (curta viagem)	ხანმოკლე მოგზაურობა	khanmok'le mogzauroba
férias (f pl)	შვებულება	shvebuleba
estar de férias	შვებულებაში ყოფნა	shvebulebashi qopna
descanso (m)	დასვენება	dasveneba
trem (m)	მატარებელი	mat'arebeli
de trem (chegar ~)	მატარებლით	mat'areblit
avião (m)	თვითმფრინავი	tvitmprinavi
de avião	თვითმფრინავით	tvitmprinavit
de carro	ავტომობილით	avt'omobilit
de navio	გემით	gemit
bagagem (f)	ბარგი	bargi
mala (f)	ჩემოდანი	chemodani
carrinho (m)	ურიკა	urik'a
passaporte (m)	პასპორტი	p'asp'ort'i
visto (m)	ვიზა	viza
passagem (f)	ბილეთი	bileti
passagem (f) aérea	ავიაბილეთი	aviabileti
guia (m) de viagem	მეგზური	megzuri
mapa (m)	რუკა	ruk'a
área (f)	ადგილი	adgili
lugar (m)	ადგილი	adgili
exotismo (m)	ეგზოტიკა	egzot'ik'a
exótico (adj)	ეგზოტიკური	egzot'ik'uri
surpreendente (adj)	საოცარი	saotsari
grupo (m)	ჯგუფი	jgupi
excursão (f)	ექსკურსია	eksk'ursia
guia (m)	ექსკურსიის მძღოლი	eksk'ursiis mdzgholi

156. Hotel

hotel (m)	სასტუმრო	sast'umro
motel (m)	მოტელი	mot'eli
três estrelas	სამი ვარსკვლავი	sami varsk'vlavi

cinco estrelas	ხუთი ვარსკვლავი	khuti varsk'vlavi
ficar (vi, vt)	გაჩერება	gachereba
quarto (m)	ნომერი	nomeri
quarto (m) individual	ერთადგილიანი ნომერი	ertadgiliani nomeri
quarto (m) duplo	ორადგილიანი ნომერი	oradgiliani nomeri
reservar um quarto	ნომერის დაჯავშნა	nomeris dajavshna
meia pensão (f)	ნახევარპანსიონი	nakhevarp'ansioni
pensão (f) completa	სრული პანსიონი	sruli p'ansioni
com banheira	საააბაზანოთი	saabazanoti
com chuveiro	შხაპით	shkhap'it
televisão (m) por satélite	თანამგზავრული ტელევიზია	tanamgzavruli t'elevizia
ar (m) condicionado	კონდიციონერი	k'onditsioneri
toalha (f)	პირსახოცი	p'irsakhotsi
chave (f)	გასაღები	gasaghebi
administrador (m)	ადმინისტრატორი	administ'rat'ori
camareira (f)	მოახლე	moakhle
bagageiro (m)	მებარგული	mebarguli
porteiro (m)	პორტიე	p'ort'ie
restaurante (m)	რესტორანი	rest'orani
bar (m)	ბარი	bari
café (m) da manhã	საუზმე	sauzme
jantar (m)	ვახშამი	vakhshami
bufê (m)	შვედური მაგიდა	shveduri magida
saguão (m)	ვესტიბიული	vest'ibiuli
elevador (m)	ლიფტი	lipt'i
NÃO PERTURBE	ნუ შემაწუხებთ	nu shemats'ukhebt
PROIBIDO FUMAR!	ნუ მოსწევთ!	nu mosts'evt!

157. Livros. Leitura

livro (m)	წიგნი	ts'igni
autor (m)	ავტორი	avt'ori
escritor (m)	მწერალი	mts'erali
escrever (~ um livro)	დაწერა	dats'era
leitor (m)	მკითხველი	mk'itkhveli
ler (vt)	კითხვა	k'itkhva
leitura (f)	კითხვა	k'itkhva
para si	თავისთვის	tavistvis
em voz alta	ხმამაღლა	khmamaghla
publicar (vt)	გამოცემა	gamotsema
publicação (f)	გამოცემა	gamotsema
editor (m)	გამომცემელი	gamomtsemeli
editora (f)	გამომცემლობა	gamomtsemloba

sair (vi)	გამოსვლა	gamosvla
lançamento (m)	გამოსვლა	gamosvla
tiragem (f)	ტირაჟი	t'irazhi
livraria (f)	წიგნების მაღაზია	ts'ignebis maghazia
biblioteca (f)	ბიბლიოთეკა	bibliotek'a
novela (f)	მოთხრობა	motkhroba
conto (m)	მოთხრობა	motkhroba
romance (m)	რომანი	romani
romance (m) policial	დეტექტივი	det'ekt'ivi
memórias (f pl)	მემუარები	memuarebi
lenda (f)	ლეგენდა	legenda
mito (m)	მითი	miti
poesia (f)	ლექსები	leksebi
autobiografia (f)	ავტობიოგრაფია	avt'obiograpia
obras (f pl) escolhidas	რჩეული	rcheuli
ficção (f) científica	ფანტასტიკა	pant'ast'ik'a
título (m)	დასახელება	dasakheleba
introdução (f)	შესავალი	shesavali
folha (f) de rosto	სატიტულო ფურცელი	sat'it'ulo purtseli
capítulo (m)	თავი	tavi
excerto (m)	ნაწყვეტი	nats'qvet'i
episódio (m)	ეპიზოდი	ep'izodi
enredo (m)	სიუჟეტი	siuzhet'i
conteúdo (m)	შინაარსი	shinaarsi
índice (m)	სარჩევი	sarchevi
protagonista (m)	მთავარი გმირი	mtavari gmiri
volume (m)	ტომი	t'omi
capa (f)	გარეკანი	garek'ani
encadernação (f)	ყდა	qda
marcador (m) de página	სანიშნი	sanishni
página (f)	გვერდი	gverdi
folhear (vt)	გადაფურცვლა	gadapurtsvla
margem (f)	კიდეები	k'ideebi
anotação (f)	ჩანანიშნი	chananishni
nota (f) de rodapé	შენიშვნა	shenishvna
texto (m)	ტექსტი	t'ekst'i
fonte (f)	შრიფტი	shript'i
falha (f) de impressão	ბეჭდვითი შეცდომა	bech'dviti shetsdoma
tradução (f)	თარგმანი	targmani
traduzir (vt)	თარგმნა	targmna
original (m)	დედანი	dedani
famoso (adj)	სახელგანთქმული	sakhelgantkmuli
desconhecido (adj)	ნაკლებად ცნობილი	nak'lebad tsnobili
interessante (adj)	საინტერესო	saint'ereso

best-seller (m)	ბესტსელერი	best'seleri
dicionário (m)	ლექსიკონი	leksik'oni
livro (m) didático	სახელმძღვანელო	sakhelmdzghvanelo
enciclopédia (f)	ენციკლოპედია	entsik'lop'edia

158. Caça. Pesca

caça (f)	ნადირობა	nadiroba
caçar (vi)	ნადირობა	nadiroba
caçador (m)	მონადირე	monadire
disparar, atirar (vi)	სროლა	srola
rifle (m)	თოფი	topi
cartucho (m)	ვაზნა	vazna
chumbo (m) de caça	საფანტი	sapant'i
armadilha (f)	ხაფანგი	khapangi
armadilha (com corda)	მახე	makhe
cair na armadilha	ხაფანგში მოხვედრა	khapangshi mokhvedra
pôr a armadilha	ხაფანგის დაგება	khapangis dageba
caçador (m) furtivo	ბრაკონიერი	brak'onieri
caça (animais)	ნანადირევი	nanadirevi
cão (m) de caça	მონადირე ძაღლი	monadire dzaghli
safári (m)	საფარი	sapari
animal (m) empalhado	ფიტული	pit'uli
pescador (m)	მეთევზე	metevze
pesca (f)	თევზაობა	tevzaoba
pescar (vt)	თევზაობა	tevzaoba
vara (f) de pesca	ანკესი	ank'esi
linha (f) de pesca	ანკესის მკედი	ank'esis mk'edi
anzol (m)	ნემსკავი	nemsk'avi
boia (f), flutuador (m)	ტივტივა	t'ivt'iva
isca (f)	სატყუარა	sat'quara
lançar a linha	ანკესის გადაგდება	ank'esis gadagdeba
morder (peixe)	ანკესზე წამოგება	ank'esze ts'amogeba
pesca (f)	ნათევზავი	natevzavi
buraco (m) no gelo	ყინულჭრილი	qinulch'rili
rede (f)	ბადე	bade
barco (m)	ნავი	navi
pescar com rede	ბადით ჭერა	badit ch'era
lançar a rede	ბადის გადაგდება	badis gadagdeba
puxar a rede	ბადის ამოღება	badis amogheba
cair na rede	ბადეში მოხვედრა	badeshi mokhvedra
baleeiro (m)	ვეშაპზე ნადირობა	veshap'ze nadiroba
baleeira (f)	ვეშაპზე სანადირო გემი	veshap'ze sanadiro gemi
arpão (m)	ჰარპუნი	harp'uni

159. Jogos. Bilhar

bilhar (m)	ბილიარდი	biliardi
sala (f) de bilhar	საბილიარდო	sabiliardo
bola (f) de bilhar	ბილიარდის ბურთი	biliardis burti
embolsar uma bola	ბურთის ჩაგდება	burtis chagdeba
taco (m)	ბილიარდის ჯოხი	biliardis jokhi
caçapa (f)	ლუზა	luza

160. Jogos. Jogar cartas

ouros (m pl)	აგური	aguri
espadas (f pl)	ყვავი	qvavi
copas (f pl)	გული	guli
paus (m pl)	ჯვარი	jvari
ás (m)	ტუზი	t'uzi
rei (m)	მეფე	mepe
dama (f), rainha (f)	ქალი	kali
valete (m)	ვალეტი	valet'i
carta (f) de jogar	კარტი	k'art'i
cartas (f pl)	კარტი	k'art'i
trunfo (m)	კოზირი	k'oziri
baralho (m)	დასტა	dast'a
ponto (m)	ქულა	kula
dar, distribuir (vt)	დარიგება	darigeba
embaralhar (vt)	არევა	areva
vez, jogada (f)	სვლა	svla
trapaceiro (m)	შულერი	shuleri

161. Casino. Roleta

cassino (m)	სამორინე	samorine
roleta (f)	რულეტი	rulet'i
aposta (f)	ფსონი	psoni
apostar (vt)	ფსონების გაკეთება	psonebis gak'eteba
vermelho (m)	წითელი	ts'iteli
preto (m)	შავი	shavi
apostar no vermelho	წითელზე დადება	ts'itelze dadeba
apostar no preto	შავზე დადება	shavze dadeba
croupier (m, f)	კრუპიე	k'rup'ie
girar da roleta	ბორბლის დატრიალება	borblis dat'rialeba
regras (f pl) do jogo	თამაშის წესები	tamashis ts'esebi
ficha (f)	სათამაშო ქვა	satamasho kva
ganhar (vi, vt)	მოგება	mogeba
ganho (m)	მოგება	mogeba

perder (dinheiro)	წაგება	ts'ageba
perda (f)	წაგება	ts'ageba
jogador (m)	მოთამაშე	motamashe
blackjack, vinte-e-um (m)	ბლეკ ჯეკი	blek' jek'i
jogo (m) de dados	კოჭის თამაში	k'och'is tamashi
dados (m pl)	კოჭი	k'och'i
caça-níqueis (m)	სათამაშო ავტომატი	satamasho avt'omat'i

162. Descanso. Jogos. Diversos

passear (vi)	სეირნობა	seirnoba
passeio (m)	გასეირნება	gaseirneba
viagem (f) de carro	გასეირნება	gaseirneba
aventura (f)	თავგადასავალი	tavgadasavali
piquenique (m)	პიკნიკი	p'ik'nik'i
jogo (m)	თამაში	tamashi
jogador (m)	მოთამაშე	motamashe
partida (f)	პარტია	p'art'ia
colecionador (m)	კოლექციონერი	k'olektsioneri
colecionar (vt)	კოლექციონირება	k'olektsionireba
coleção (f)	კოლექცია	k'olektsia
palavras (f pl) cruzadas	კროსვორდი	k'rosvordi
hipódromo (m)	იპოდრომი	ip'odromi
discoteca (f)	დისკოთეკა	disk'otek'a
sauna (f)	საუნა	sauna
loteria (f)	ლატარეა	lat'area
campismo (m)	ლაშქრობა	lashkroba
acampamento (m)	ბანაკი	banak'i
barraca (f)	კარავი	k'aravi
bússola (f)	კომპასი	k'omp'asi
campista (m)	ტურისტი	t'urist'i
ver (vt), assistir à ...	ყურება	qureba
telespectador (m)	ტელემაყურებელი	t'elemaqurebeli
programa (m) de TV	ტელეგადაცემა	t'elegadatsema

163. Fotografia

máquina (f) fotográfica	ფოტოაპარატი	pot'oap'arat'i
foto, fotografia (f)	ფოტოსურათი	pot'osurati
fotógrafo (m)	ფოტოგრაფი	pot'ograpi
estúdio (m) fotográfico	ფოტოსტუდია	pot'ost'udia
álbum (m) de fotografias	ფოტოალბომი	pot'oalbomi
lente (f) fotográfica	ობიექტივი	obiekt'ivi
lente (f) teleobjetiva	ტელეობიექტივი	t'eleobiekt'ivi

filtro (m)	ფილტრი	pilt'ri
lente (f)	ლინზა	linza
ótica (f)	ოპტიკა	op't'ik'a
abertura (f)	დიაფრაგმა	diapragma
exposição (f)	დაყოვნება	daqovneba
visor (m)	ხედის მაძიებელი	khedis madziebeli
câmera (f) digital	ციფრული კამერა	tsipruli k'amera
tripé (m)	შტატივი	sht'at'ivi
flash (m)	განათება	ganateba
fotografar (vt)	სურათის გადაღება	suratis gadagheba
tirar fotos	გადაღება	gadagheba
fotografar-se (vr)	სურათის გადაღება	suratis gadagheba
foco (m)	სიმკვეთრე	simk'vetre
focar (vt)	სიმკვეთრის დაყენება	simk'vetris daqeneba
nítido (adj)	მკვეთრი	mk'vetri
nitidez (f)	სიმკვეთრე	simk'vetre
contraste (m)	კონტრასტი	k'ont'rast'i
contrastante (adj)	კონტრასტული	k'ont'rast'uli
retrato (m)	ფოტოსურათი	pot'osurati
negativo (m)	ნეგატივი	negat'ivi
filme (m)	ფოტოფირი	pot'opiri
fotograma (m)	კადრი	k'adri
imprimir (vt)	ბეჭდვა	bech'dva

164. Praia. Natação

praia (f)	პლაჟი	p'lazhi
areia (f)	ქვიშა	kvisha
deserto (adj)	უდაბური	udaburi
bronzeado (m)	ნამზეური	namzeuri
bronzear-se (vr)	მზეზე გაშავება	mzeze gashaveba
bronzeado (adj)	მზემოკიდებული	mzemok'idebuli
protetor (m) solar	ნამზეურის კრემი	namzeuris k'remi
biquíni (m)	ბიკინი	bik'ini
maiô (m)	საბანაო კოსტიუმი	sabanao k'ost'iumi
calção (m) de banho	საბანაო ტრუსი	sabanao t'rusi
piscina (f)	აუზი	auzi
nadar (vi)	ცურვა	tsurva
chuveiro (m), ducha (f)	შხაპი	shkhap'i
mudar, trocar (vt)	გამოცვლა	gamotsvla
toalha (f)	პირსახოცი	p'irsakhotsi
barco (m)	ნავი	navi
lancha (f)	კატარღა	k'at'argha
esqui (m) aquático	წყლის თხილამურები	ts'qlis tkhilamurebi

barco (m) de pedais	წყლის ველოსიპედი	ts'qlis velosip'edi
surf, surfe (m)	სერფინგი	serpingi
surfista (m)	სერფინგისტი	serpingist'i
equipamento (m) de mergulho	აკვალანგი	ak'valangi
pé (m pl) de pato	ლასტები	last'ebi
máscara (f)	ნიღაბი	nighabi
mergulhador (m)	მყვინთავი	mqvintavi
mergulhar (vi)	ყვინთვა	qvintva
debaixo d'água	წყლის ქვეშ	ts'qlis kvesh
guarda-sol (m)	ქოლგა	kolga
espreguiçadeira (f)	შეზლონგი	shezlongi
óculos (m pl) de sol	სათვალე	satvale
colchão (m) de ar	საცურაო ლეიბი	satsurao leibi
brincar (vi)	თამაში	tamashi
ir nadar	ბანაობა	banaoba
bola (f) de praia	ბურთი	burti
encher (vt)	გაბერვა	gaberva
inflável (adj)	გასაბერი	gasaberi
onda (f)	ტალღა	t'algha
boia (f)	ტივტივა	t'ivt'iva
afogar-se (vr)	დახრჩობა	dakhrchoba
salvar (vt)	შველა	shvela
colete (m) salva-vidas	სამაშველო ჟილეტი	samashvelo zhilet'i
observar (vt)	დაკვირვება	dak'virveba
salva-vidas (pessoa)	მაშველი	mashveli

EQUIPAMENTO TÉCNICO. TRANSPORTES

Equipamento técnico. Transportes

165. Computador

computador (m)	კომპიუტერი	k'omp'iut'eri
computador (m) portátil	ნოუთბუკი	noutbuk'i
ligar (vt)	ჩართვა	chartva
desligar (vt)	გამორთვა	gamortva
teclado (m)	კლავიატურა	k'laviat'ura
tecla (f)	კლავიში	k'lavishi
mouse (m)	თაგუნა	taguna
tapete (m) para mouse	ქვეშსადები	kveshsadebi
botão (m)	ღილაკი	ghilak'i
cursor (m)	კურსორი	k'ursori
monitor (m)	მონიტორი	monit'ori
tela (f)	ეკრანი	ek'rani
disco (m) rígido	მყარი დისკი	mqari disk'i
capacidade (f) do disco rígido	მყარი დისკის მოცულობა	mqari disk'is motsuloba
memória (f)	მეხსიერება	mekhsiereba
memória RAM (f)	ოპერატიული მეხსიერება	op'erat'iuli mekhsiereba
arquivo (m)	ფაილი	paili
pasta (f)	საქაღალდე	sakaghalde
abrir (vt)	გახსნა	gakhsna
fechar (vt)	დახურვა	dakhurva
salvar (vt)	შენახვა	shenakhva
deletar (vt)	წაშლა	ts'ashla
copiar (vt)	კოპირება	k'op'ireba
ordenar (vt)	სორტირება	sort'ireba
copiar (vt)	გადაწერა	gadats'era
programa (m)	პროგრამა	p'rograma
software (m)	პროგრამული უზრუნველყოფა	p'rogramuli uzrunvelqopa
programador (m)	პროგრამისტი	p'rogramist'i
programar (vt)	პროგრამირება	p'rogramireba
hacker (m)	ჰაკერი	hak'eri
senha (f)	პაროლი	p'aroli
vírus (m)	ვირუსი	virusi
detectar (vt)	აღმოჩენა	aghmochena

byte (m)	ბაიტი	bait'i
megabyte (m)	მეგაბაიტი	megabait'i
dados (m pl)	მონაცემები	monatsemebi
base (f) de dados	მონაცემთა ბაზა	monatsemta baza
cabo (m)	კაბელი	k'abeli
desconectar (vt)	მოცილება	motsileba
conectar (vt)	შეერთება	sheerteba

166. Internet. E-mail

internet (f)	ინტერნეტი	int'ernet'i
browser (m)	ბრაუზერი	brauzeri
motor (m) de busca	საძიებო რესურსი	sadziebo resursi
provedor (m)	პროვაიდერი	p'rovaideri
webmaster (m)	ვებ-მასტერი	veb-mast'eri
website (m)	ვებ-საიტი	veb-sait'i
web page (f)	ვებ-გვერდი	veb-gverdi
endereço (m)	მისამართი	misamarti
livro (m) de endereços	სამისამართო წიგნაკი	samisamarto ts'ignak'i
caixa (f) de correio	საფოსტო ყუთი	sapost'o quti
correio (m)	ფოსტა	post'a
cheia (caixa de correio)	გავსებული	gavsebuli
mensagem (f)	შეტყობინება	shet'qobineba
mensagens (f pl) recebidas	შემავალი შეტყობინებები	shemavali shet'qobinebebi
mensagens (f pl) enviadas	გამავალი შეტყობინებები	gamavali shet'qobinebebi
remetente (m)	გამგზავნი	gamgzavni
enviar (vt)	გაგზავნა	gagzavna
envio (m)	გაგზავნა	gagzavna
destinatário (m)	მიმღები	mimghebi
receber (vt)	მიღება	migheba
correspondência (f)	მიმოწერა	mimots'era
corresponder-se (vr)	მიმოწერის ქონა	mimots'eris kona
arquivo (m)	ფაილი	paili
fazer download, baixar (vt)	ჩამოტვირთვა	chamot'virtva
criar (vt)	შექმნა	shekmna
deletar (vt)	წაშლა	ts'ashla
deletado (adj)	წაშლილი	ts'ashlili
conexão (f)	კავშირი	k'avshiri
velocidade (f)	სიჩქარე	sichkare
modem (m)	მოდემი	modemi
acesso (m)	შეღწევა	sheghts'eva
porta (f)	პორტი	p'ort'i
conexão (f)	ჩართვა	chartva

conectar (vi)	ჩართვა	chartva
escolher (vt)	არჩევა	archeva
buscar (vt)	ძებნა	dzebna

167. Eletricidade

eletricidade (f)	ელექტრობა	elekt'roba
elétrico (adj)	ელექტრული	elekt'ruli
planta (f) elétrica	ელექტროსადგური	elekt'rosadguri
energia (f)	ენერგია	energia
energia (f) elétrica	ელექტროენერგია	elekt'roenergia
lâmpada (f)	ნათურა	natura
lanterna (f)	ფარანი	parani
poste (m) de iluminação	ფარანი	parani
luz (f)	შუქი	shuki
ligar (vt)	ჩართვა	chartva
desligar (vt)	გამორთვა	gamortva
apagar a luz	შუქის ჩაქრობა	shukis chakroba
queimar (vi)	გადაწვა	gadats'va
curto-circuito (m)	მოკლე ჩართვა	mok'le chartva
ruptura (f)	გაწყვეტა	gats'qvet'a
contato (m)	კონტაქტი	k'ont'akt'i
interruptor (m)	ამომრთველი	amomrtveli
tomada (de parede)	როზეტი	rozet'i
plugue (m)	ჩანგალი	changali
extensão (f)	დამაგრძელებელი	damagrdzelebeli
fusível (m)	დამცველი	damtsveli
fio, cabo (m)	სადენი	sadeni
instalação (f) elétrica	გაყვანილობა	gaqvaniloba
ampère (m)	ამპერი	amp'eri
amperagem (f)	დენის ძალა	denis dzala
volt (m)	ვოლტი	volt'i
voltagem (f)	ძაბვა	dzabva
aparelho (m) elétrico	ელექტროხელსაწყო	elekt'rokhelsats'qo
indicador (m)	ინდიკატორი	indik'at'ori
eletricista (m)	ელექტრიკოსი	elekt'rik'osi
soldar (vt)	რჩილვა	rchilva
soldador (m)	სარჩილავი	sarchilavi
corrente (f) elétrica	დენი	deni

168. Ferramentas

ferramenta (f)	ხელსაწყო	khelsats'qo
ferramentas (f pl)	ხელსაწყოები	khelsats'qoebi

equipamento (m)	მოწყობილობა	mots'qobiloba
martelo (m)	ჩაქუჩი	chakuchi
chave (f) de fenda	სახრახნისი	sakhrakhnisi
machado (m)	ნაჯახი	najakhi
serra (f)	ხერხი	kherkhi
serrar (vt)	ხერხვა	kherkhva
plaina (f)	შალაშინი	shalashini
aplainar (vt)	გაშალაშინება	gashalashineba
soldador (m)	სარჩილავი	sarchilavi
soldar (vt)	რჩილვა	rchilva
lima (f)	ქლიბი	klibi
tenaz (f)	გაზი	gazi
alicate (m)	ბრტყელტუჩა	brt'qelt'ucha
formão (m)	ხვეწი	khvets'i
broca (f)	ბურღი	burghi
furadeira (f) elétrica	დრელი	dreli
furar (vt)	გაბურღვა	gaburghva
faca (f)	დანა	dana
lâmina (f)	პირი	p'iri
afiado (adj)	ბასრი	basri
cego (adj)	ბლაგვი	blagvi
embotar-se (vr)	დაბლაგვება	dablagveba
afiar, amolar (vt)	ლესვა	lesva
parafuso (m)	ჭანჭიკი	ch'anch'ik'i
porca (f)	ქანჩი	kanchi
rosca (f)	კუთხვილი	k'utkhvili
parafuso (para madeira)	სჭვალი	sch'vali
prego (m)	ლურსმანი	lursmani
cabeça (f) do prego	თავი	tavi
régua (f)	სახაზავი	sakhazavi
fita (f) métrica	რულეტი	rulet'i
nível (m)	თარაზო	tarazo
lupa (f)	ლუპა	lup'a
medidor (m)	საზომი ხელსაწყო	sazomi khelsats'qo
medir (vt)	გაზომვა	gazomva
escala (f)	შკალა	shk'ala
indicação (f), registro (m)	ჩვენება	chveneba
compressor (m)	კომპრესორი	k'omp'resori
microscópio (m)	მიკროსკოპი	mik'rosk'op'i
bomba (f)	ტუმბო	t'umbo
robô (m)	რობოტი	robot'i
laser (m)	ლაზერი	lazeri
chave (f) de boca	ქანჩის გასაღები	kanchis gasaghebi
fita (f) adesiva	სკოტჩის ლენტი	sk'ot'chis lent'i

cola (f)	წებო	ts'ebo
lixa (f)	ზუმფარის ქაღალდი	zumparis kaghaldi
mola (f)	ზამბარა	zambara
ímã (m)	მაგნიტი	magnit'i
luva (f)	ხელთათმანები	kheltatmanebi
corda (f)	თოკი	tok'i
cabo (~ de nylon, etc.)	ზონარი	zonari
fio (m)	სადენი	sadeni
cabo (~ elétrico)	კაბელი	k'abeli
marreta (f)	სანგი	sangi
pé de cabra (m)	ძალაყინი	dzalaqini
escada (f) de mão	კიბე	k'ibe
escada (m)	პწკალა	p'ts'k'ala
enroscar (vt)	მოჭერა	moch'era
desenroscar (vt)	მოშვება	moshveba
apertar (vt)	მოჭერა	moch'era
colar (vt)	მიწებება	mits'ebeba
cortar (vt)	ჭრა	ch'ra
falha (f)	გაუმართაობა	gaumartaoba
conserto (m)	შეკეთება	shek'eteba
consertar, reparar (vt)	გარემონტება	garemont'eba
regular, ajustar (vt)	მოწესრიგება	mots'esrigeba
verificar (vt)	შემოწმება	shemots'meba
verificação (f)	შემოწმება	shemots'meba
indicação (f), registro (m)	ჩვენება	chveneba
seguro (adj)	საიმედო	saimedo
complicado (adj)	რთული	rtuli
enferrujar (vi)	დაჟანგვა	dazhangva
enferrujado (adj)	დაჟანგული	dazhanguli
ferrugem (f)	ჟანგი	zhangi

Transportes

169. Avião

avião (m)	თვითმფრინავი	tvitmprinavi
passagem (f) aérea	ავიაბილეთი	aviabileti
companhia (f) aérea	ავიაკომპანია	aviak'omp'ania
aeroporto (m)	აეროპორტი	aerop'ort'i
supersônico (adj)	ზებგერითი	zebgeriti
comandante (m) do avião	ხომალდის მეთაური	khomaldis metauri
tripulação (f)	ეკიპაჟი	ek'ip'azhi
piloto (m)	პილოტი	p'ilot'i
aeromoça (f)	სტიუარდესა	st'iuardesa
copiloto (m)	შტურმანი	sht'urmani
asas (f pl)	ფრთები	prtebi
cauda (f)	კუდი	k'udi
cabine (f)	კაბინა	k'abina
motor (m)	ძრავი	dzravi
trem (m) de pouso	შასი	shasi
turbina (f)	ტურბინა	t'urbina
hélice (f)	პროპელერი	p'rop'eleri
caixa-preta (f)	შავი ყუთი	shavi quti
coluna (f) de controle	საჭევრი	sach'evri
combustível (m)	საწვავი	sats'vavi
instruções (f pl) de segurança	ინსტრუქცია	inst'ruktsia
máscara (f) de oxigênio	ჟანგბადის ნიღაბი	zhangbadis nighabi
uniforme (m)	უნიფორმა	uniporma
colete (m) salva-vidas	სამაშველო ჟილეტი	samashvelo zhilet'i
paraquedas (m)	პარაშუტი	p'arashut'i
decolagem (f)	აფრენა	aprena
descolar (vi)	აფრენა	aprena
pista (f) de decolagem	ასაფრენი ზოლი	asapreni zoli
visibilidade (f)	ხილვადობა	khilvadoba
voo (m)	ფრენა	prena
altura (f)	სიმაღლე	simaghle
poço (m) de ar	ჰაერის ორმო	haeris ormo
assento (m)	ადგილი	adgili
fone (m) de ouvido	საყურისი	saqurisi
mesa (f) retrátil	გადასაწევი მაგიდა	gadasats'evi magida
janela (f)	ილუმინატორი	iluminat'ori
corredor (m)	გასასვლელი	gasasvleli

170. Comboio

trem (m)	მატარებელი	mat'arebeli
trem (m) elétrico	ელექტრომატარებელი	elekt'romat'arebeli
trem (m)	ჩქაროსნული მატარებელი	chkarosnuli mat'arebeli
locomotiva (f) diesel	თბომავალი	tbomavali
locomotiva (f) a vapor	ორთქლმავალი	ortklmavali
vagão (f) de passageiros	ვაგონი	vagoni
vagão-restaurante (m)	ვაგონი-რესტორანი	vagoni-rest'orani
carris (m pl)	რელსი	relsi
estrada (f) de ferro	რკინიგზა	rk'inigza
travessa (f)	შპალი	shp'ali
plataforma (f)	პლატფორმა	p'latporma
linha (f)	ლიანდაგი	liandagi
semáforo (m)	სემაფორი	semapori
estação (f)	სადგური	sadguri
maquinista (m)	მემანქანე	memankane
bagageiro (m)	მებარგული	mebarguli
hospedeiro, -a (m, f)	გამყოლი	gamqoli
passageiro (m)	მგზავრი	mgzavri
revisor (m)	კონტროლიორი	k'ont'roliori
corredor (m)	დერეფანი	derepani
freio (m) de emergência	სტოპ-კრანი	st'op'-k'rani
compartimento (m)	კუპე	k'up'e
cama (f)	თარო	taro
cama (f) de cima	ზედა თარო	zeda taro
cama (f) de baixo	ქვედა თარო	kveda taro
roupa (f) de cama	თეთრეული	tetreuli
passagem (f)	ბილეთი	bileti
horário (m)	განრიგი	ganrigi
painel (m) de informação	ტაბლო	t'ablo
partir (vt)	გასვლა	gasvla
partida (f)	გამგზავრება	gamgzavreba
chegar (vi)	ჩამოსვლა	chamosvla
chegada (f)	ჩამოსვლა	chamosvla
chegar de trem	მატარებლით მოსვლა	mat'areblit mosvla
pegar o trem	მატარებელში ჩაჯდომა	mat'arebelshi chajdoma
descer de trem	მატარებლიდან ჩამოსვლა	mat'areblidan chamosvla
acidente (m) ferroviário	მარცხი	martskhi
descarrilar (vi)	რელსებიდან გადასვლა	relsebidan gadasvla
locomotiva (f) a vapor	ორთქლმავალი	ortklmavali
foguista (m)	ცეცხლფარეში	tsetskhlpareshi
fornalha (f)	საცეცხლე	satsetskhle
carvão (m)	ნახშირი	nakhshiri

171. Barco

navio (m)	გემი	gemi
embarcação (f)	ხომალდი	khomaldi
barco (m) a vapor	ორთქლმავალი	ortklmavali
barco (m) fluvial	თბომავალი	tbomavali
transatlântico (m)	ლაინერი	laineri
cruzeiro (m)	კრეისერი	k'reiseri
iate (m)	იახტა	iakht'a
rebocador (m)	ბუქსირი	buksiri
barcaça (f)	ბარჟა	barzha
ferry (m)	ბორანი	borani
veleiro (m)	იალქნიანი გემი	ialkniani gemi
bergantim (m)	ბრიგანტინა	brigant'ina
quebra-gelo (m)	ყინულმჭრელი	qinulmch'reli
submarino (m)	წყალქვეშა ნავი	ts'qalkvesha navi
bote, barco (m)	ნავი	navi
baleeira (bote salva-vidas)	კანჯო	k'anjo
bote (m) salva-vidas	მაშველი კანჯო	mashveli k'anjo
lancha (f)	კატარღა	k'at'argha
capitão (m)	კაპიტანი	k'ap'it'ani
marinheiro (m)	მატროსი	mat'rosi
marujo (m)	მეზღვაური	mezghvauri
tripulação (f)	ეკიპაჟი	ek'ip'azhi
contramestre (m)	ბოცმანი	botsmani
grumete (m)	იუნგა	iunga
cozinheiro (m) de bordo	კოკი	k'ok'i
médico (m) de bordo	გემის ექიმი	gemis ekimi
convés (m)	გემბანი	gembani
mastro (m)	ანძა	andza
vela (f)	იალქანი	ialkani
porão (m)	ტრიუმი	t'riumi
proa (f)	ცხვირი	tskhviri
popa (f)	კიჩო	k'icho
remo (m)	ნიჩაბი	nichabi
hélice (f)	ხრახნი	khrakhni
cabine (m)	კაიუტა	k'aiut'a
sala (f) dos oficiais	კაიუტკომპანია	k'aiut'k'omp'ania
sala (f) das máquinas	სამანქანო განყოფილება	samankano ganqopileba
ponte (m) de comando	კაპიტნის ხიდურა	k'ap'it'nis khidura
sala (f) de comunicações	რადიოჯიხური	radiojikhuri
onda (f)	ტალღა	t'algha
diário (m) de bordo	გემის ჟურნალი	gemis zhurnali
luneta (f)	ჭოგრი	ch'ogri
sino (m)	ზარი	zari

bandeira (f)	დროშა	drosha
cabo (m)	ბაგირი	bagiri
nó (m)	კვანძი	k'vandzi
corrimão (m)	სახელური	sakheluri
prancha (f) de embarque	ტრაპი	t'rap'i
âncora (f)	ღუზა	ghuza
recolher a âncora	ღუზის ამოწევა	ghuzis amots'eva
jogar a âncora	ღუზის ჩაშვება	ghuzis chashveba
amarra (corrente de âncora)	ღუზის ჯაჭვი	ghuzis jach'vi
porto (m)	ნავსადგური	navsadguri
cais, amarradouro (m)	მისადგომი	misadgomi
atracar (vi)	მიდგომა	midgoma
desatracar (vi)	ნაპირს მოცილება	nap'irs motsileba
viagem (f)	მოგზაურობა	mogzauroba
cruzeiro (m)	კრუიზი	k'ruizi
rumo (m)	კურსი	k'ursi
itinerário (m)	მარშრუტი	marshrut'i
canal (m) de navegação	ფარვატერი	parvat'eri
banco (m) de areia	თავთხელი	tavtkheli
encalhar (vt)	თავთხელზე დაჯდომა	tavtkhelze dajdoma
tempestade (f)	ქარიშხალი	karishkhali
sinal (m)	სიგნალი	signali
afundar-se (vr)	ჩაძირვა	chadzirva
Homem ao mar!	ადამიანი ბორტს იქით!	adamiani bort's ikit!
SOS	სოს	sos
boia (f) salva-vidas	საშველი რგოლი	sashveli rgoli

172. Aeroporto

aeroporto (m)	აეროპორტი	aerop'ort'i
avião (m)	თვითმფრინავი	tvitmprinavi
companhia (f) aérea	ავიაკომპანია	aviak'omp'ania
controlador (m) de tráfego aéreo	დისპეჩერი	disp'echeri
partida (f)	გაფრენა	gaprena
chegada (f)	მოფრენა	moprena
chegar (vi)	მოფრენა	moprena
hora (f) de partida	გაფრენის დრო	gaprenis dro
hora (f) de chegada	მოფრენის დრო	moprenis dro
estar atrasado	დაგვიანება	dagvianeba
atraso (m) de voo	გაფრენის დაგვიანება	gaprenis dagvianeba
painel (m) de informação	საინფორმაციო ტაბლო	sainpormatsio t'ablo
informação (f)	ინფორმაცია	inpormatsia
anunciar (vt)	გამოცხადება	gamotskhadeba

voo (m)	რეისი	reisi
alfândega (f)	საბაჟო	sabazho
funcionário (m) da alfândega	მებაჟე	mebazhe
declaração (f) alfandegária	დეკლარაცია	dek'laratsia
preencher a declaração	დეკლარაციის შევსება	dek'laratsiis shevseba
controle (m) de passaporte	საპასპორტო კონტროლი	sap'asp'ort'o k'ont'roli
bagagem (f)	ბარგი	bargi
bagagem (f) de mão	ხელის ბარგი	khelis bargi
carrinho (m)	ურიკა	urik'a
pouso (m)	დაჯდომა	dajdoma
pista (f) de pouso	დასაფრენი ზოლი	dasapreni zoli
aterrissar (vi)	დაჯდომა	dajdoma
escada (f) de avião	ტრაპი	t'rap'i
check-in (m)	რეგისტრაცია	regist'ratsia
balcão (m) do check-in	სარეგისტრაციო დგარი	saregist'ratsio dgari
fazer o check-in	დარეგისტრირება	daregist'rireba
cartão (m) de embarque	ჩასაჯდომი ტალონი	chasajdomi t'aloni
portão (m) de embarque	გასვლა	gasvla
trânsito (m)	ტრანზიტი	t'ranzit'i
esperar (vi, vt)	ლოდინი	lodini
sala (f) de espera	მოსაცდელი დარბაზი	mosatsdeli darbazi
despedir-se (acompanhar)	გაცილება	gatsileba
despedir-se (dizer adeus)	გამომშვიდობება	gamomshvidobeba

173. Bicicleta. Motocicleta

bicicleta (f)	ველოსიპედი	velosip'edi
lambreta (f)	მოტოროლერი	mot'oroleri
moto (f)	მოტოციკლი	mot'otsik'li
ir de bicicleta	ველოსიპედით სიარული	velosip'edit siaruli
guidão (m)	საჭე	sach'e
pedal (m)	პედალი	p'edali
freios (m pl)	მუხრუჭები	mukhruch'ebi
banco, selim (m)	საჯდომი	sajdomi
bomba (f)	ტუმბო	t'umbo
bagageiro (m) de teto	საბარგული	sabarguli
lanterna (f)	ფარანი	parani
capacete (m)	ჩაფხუტი	chapkhut'i
roda (f)	ბორბალი	borbali
para-choque (m)	ფრთა	prta
aro (m)	ფერსო	perso
raio (m)	მანა	mana

Carros

174. Tipos de carros

carro, automóvel (m)	ავტომობილი	avt'omobili
carro (m) esportivo	სასპორტო ავტომობილი	sasp'ort'o avt'omobili
limusine (f)	ლიმუზინი	limuzini
todo o terreno (m)	ყველგანმავალი	qvelganmavali
conversível (m)	კაბრიოლეტი	k'abriolet'i
minibus (m)	მიკროავტობუსი	mik'roavt'obusi
ambulância (f)	სასწრაფო დახმარება	sasts'rapo dakhmareba
limpa-neve (m)	თოვლსაღები მანქანა	tovlsaghebi mankana
caminhão (m)	სატვირთო მანქანა	sat'virto mankana
caminhão-tanque (m)	ბენზინმზიდი	benzinmzidi
perua, van (f)	ფურგონი	purgoni
caminhão-trator (m)	საწევრი	sats'evri
reboque (m)	მისაბმელი	misabmeli
confortável (adj)	კომფორტული	k'omport'uli
usado (adj)	ნახმარი	nakhmari

175. Carros. Carroçaria

capô (m)	კაპოტი	k'ap'ot'i
para-choque (m)	ფრთა	prta
teto (m)	სახურავი	sakhuravi
para-brisa (m)	საქარე მინა	sakare mina
retrovisor (m)	უკანა ხედის სარკე	uk'ana khedis sark'e
esguicho (m)	გამრეცხი	gamretskhi
limpadores (m) de para-brisas	მინასაწმენდი	minasats'mendi
vidro (m) lateral	გვერდითი მინა	gverditi mina
elevador (m) do vidro	მინის ამწევი	minis amts'evi
antena (f)	ანტენა	ant'ena
teto (m) solar	ლიუკი	liuk'i
para-choque (m)	ბამპერი	bamp'eri
porta-malas (f)	საბარგული	sabarguli
porta (f)	კარი	k'ari
maçaneta (f)	სახელური	sakheluri
fechadura (f)	კლიტე	k'lit'e
placa (f)	ნომერი	nomeri
silenciador (m)	მაყუჩი	maquchi

tanque (m) de gasolina	ბენზინის ავზი	benzinis avzi
tubo (m) de exaustão	გამოსაბოლქვი მილი	gamosabolkvi mili
acelerador (m)	გაზი	gazi
pedal (m)	სატერფული	sat'erpuli
pedal (m) do acelerador	გაზის სატერფული	gazis sat'erpuli
freio (m)	მუხრუჭი	mukhruch'i
pedal (m) do freio	მუხრუჭის სატერფული	mukhruch'is sat'erpuli
frear (vt)	დამუხრუჭება	damukhruch'eba
freio (m) de mão	სადგომი მუხრუჭი	sadgomi mukhruch'i
embreagem (f)	გადაბმულობა	gadabmuloba
pedal (m) da embreagem	გადაბმულობის სატერფული	gadabmulobis sat'erpuli
disco (m) de embreagem	გადაბმულობის დისკი	gadabmulobis disk'i
amortecedor (m)	ამორტიზატორი	amort'izat'ori
roda (f)	ბორბალი	borbali
pneu (m) estepe	სათადარიგო ბორბალი	satadarigo borbali
pneu (m)	საბურავი	saburavi
calota (f)	ხუფი	khupi
rodas (f pl) motrizes	წამყვანი ბორბალი	ts'amqvani borbali
de tração dianteira	წინა მძრავიანი	ts'ina mdzraviani
de tração traseira	უკანა მძრავიანი	uk'ana mdzraviani
de tração às 4 rodas	სრულ მძრავიანი	srul mdzraviani
caixa (f) de mudanças	გადაცემათა კოლოფი	gadatsemata k'olopi
automático (adj)	ავტომატური	avt'omat'uri
mecânico (adj)	მექანიკური	mekanik'uri
alavanca (f) de câmbio	გადაცემათა კოლოფის ბერკეტი	gadatsemata k'olopis berk'et'i
farol (m)	ფარა	para
faróis (m pl)	ფარები	parebi
farol (m) baixo	ახლო განათება	akhlo ganateba
farol (m) alto	შორი განათება	shori ganateba
luzes (f pl) de parada	სტოპ-სიგნალი	st'op'-signali
luzes (f pl) de posição	გაბარიტული განათება	gabarit'uli ganateba
luzes (f pl) de emergência	ავარიული განათება	avariuli ganateba
faróis (m pl) de neblina	ნისლსაწინააღმდეგო ფარები	nislsats'inaaghmdego parebi
pisca-pisca (m)	„მოხვევის ნიშანი“	mokhvevis nishani
luz (f) de marcha ré	„უკუსვლა“	uk'usvla

176. Carros. Habitáculo

interior (do carro)	სალონი	saloni
de couro	ტყავის	t'qavis
de veludo	ველიურის	veliuris
estofamento (m)	გადასაკრავი	gadasak'ravi
indicador (m)	ხელსაწყო	khelsats'qo

painel (m)	ხელსაწყოს დაფა	khelsats'qos dapa
velocímetro (m)	სპიდომეტრი	sp'idomet'ri
ponteiro (m)	ისარი	isari
hodômetro, odômetro (m)	მრიცხველი	mritskhveli
indicador (m)	გადამწოდი	gadamts'odi
nível (m)	დონე	done
luz (f) de aviso	ნათურა	natura
volante (m)	საჭე, საჭის ბორბალი	sach'e, sach'is borbali
buzina (f)	სიგნალი	signali
botão (m)	ღილაკი	ghilak'i
interruptor (m)	გადამრთველი	gadamrtveli
assento (m)	საჯდომი	sajdomi
costas (f pl) do assento	ზურგი	zurgi
cabeceira (f)	თავმისადები	tavmisadebi
cinto (m) de segurança	უსაფრთხოების ღვედი	usaprtkhoebis ghvedi
apertar o cinto	ღვედების შეკვრა	ghvedebis shek'vra
ajuste (m)	რეგულირება	regulireba
airbag (m)	საჰაერო ბალიში	sahaero balishi
ar (m) condicionado	კონდიციონერი	k'onditsioneri
rádio (m)	რადიო	radio
leitor (m) de CD	CD-საკრავი	CD-sak'ravi
ligar (vt)	ჩართვა	chartva
antena (f)	ანტენა	ant'ena
porta-luvas (m)	პატარა საბარგული	p'at'ara sabarguli
cinzeiro (m)	საფერფლე	saperple

177. Carros. Motor

motor (m)	ძრავა	dzrava
a diesel	დიზელის	dizelis
a gasolina	ბენზინის	benzinis
cilindrada (f)	ძრავის მოცულობა	dzravis motsuloba
potência (f)	სიმძლავრე	simdzlavre
cavalo (m) de potência	ცხენის ძალა	tskhenis dzala
pistão (m)	დგუში	dgushi
cilindro (m)	ცილინდრი	tsilindri
válvula (f)	სარქველი	sarkveli
injetor (m)	ინჟექტორი	inzhekt'ori
gerador (m)	გენერატორი	generat'ori
carburador (m)	კარბიურატორი	k'arbiurat'ori
óleo (m) de motor	ძრავის ზეთი	dzravis zeti
radiador (m)	რადიატორი	radiat'ori
líquido (m) de arrefecimento	მაცივებელი სითხე	matsivebeli sitkhe
ventilador (m)	ვენტილატორი	vent'ilat'ori
bateria (f)	აკუმულატორი	ak'umulat'ori
dispositivo (m) de arranque	სტარტერი	st'art'eri

ignição (f)	ანთება	anteba
vela (f) de ignição	ამნთები სანთელი	amntebi santeli
terminal (m)	კლემა	k'lema
terminal (m) positivo	პლიუსი	p'liusi
terminal (m) negativo	მინუსი	minusi
fusível (m)	მცველი	mtsveli
filtro (m) de ar	საჰაერო ფილტრი	sahaero pilt'ri
filtro (m) de óleo	ზეთის ფილტრი	zetis pilt'ri
filtro (m) de combustível	საწვავის ფილტრი	sats'vavis pilt'ri

178. Carros. Batidas. Reparação

acidente (m) de carro	ავარია	avaria
acidente (m) rodoviário	საგზაო შემთხვევა	sagzao shemtkhveva
bater (~ num muro)	შეჯახება	shejakheba
sofrer um acidente	დამტვრევა	damt'vreva
dano (m)	დაზიანება	dazianeba
intato	დაუზიანებელი	dauzianebeli
pane (f)	ავარია	avaria
avariar (vi)	დამტვრევა	damt'vreva
cabo (m) de reboque	საბუქსირო ტროსი	sabuksiro t'rosi
furo (m)	გახვრეტა	gakhvret'a
estar furado	ჩაფუშვა	chapushva
encher (vt)	დატუმბვა	dat'umbva
pressão (f)	წნევა	ts'neva
verificar (vt)	შემოწმება	shemots'meba
reparo (m)	რემონტი	remont'i
oficina (f) automotiva	ავტოსერვისი	avt'oservisi
peça (f) de reposição	სათადარიგო ნაწილი	satadarigo nats'ili
peça (f)	დეტალი	det'ali
parafuso (com porca)	ჭანჭიკი	ch'anch'ik'i
parafuso (m)	ხრახნი	khrakhni
porca (f)	ქანჩი	kanchi
arruela (f)	საყელური	saqeluri
rolamento (m)	საკისარი	sak'isari
tubo (m)	მილი	mili
junta, gaxeta (f)	შუასადები	shuasadebi
fio, cabo (m)	სადენი	sadeni
macaco (m)	დომკრატი	domk'rat'i
chave (f) de boca	ქანჩის გასაღები	kanchis gasaghebi
martelo (m)	ჩაქუჩი	chakuchi
bomba (f)	ტუმბო	t'umbo
chave (f) de fenda	სახრახნისი	sakhrakhnisi
extintor (m)	ცეცხლსაქრობი	tsetskhlsakrobi
triângulo (m) de emergência	საავარიო სამკუთხედი	saavario samk'utkhedi

morrer (motor)	ჩაქრობა	chakroba
paragem, "morte" (f)	გაჩერება	gachereba
estar quebrado	დაიმტვრეს	daimt'vres
superaquecer-se (vr)	გადახურება	gadakhureba
entupir-se (vr)	გაჭედვა	gach'edva
congelar-se (vr)	გაყინვა	gaqinva
rebentar (vi)	გახეთქვა	gakhetkva
pressão (f)	წნევა	ts'neva
nível (m)	დონე	done
frouxo (adj)	სუსტი	sust'i
batida (f)	შეჭყლეტილი	shech'qlet'ili
ruído (m)	კაკუნი	k'ak'uni
fissura (f)	ბზარი	bzari
arranhão (m)	ნაკაწრი	nak'ats'ri

179. Carros. Estrada

estrada (f)	გზა	gza
autoestrada (f)	ავტომაგისტრალი	avt'omagist'rali
rodovia (f)	გზატკეცილი	gzat'k'etsili
direção (f)	მიმართულება	mimartuleba
distância (f)	მანძილი	mandzili
ponte (f)	ხიდი	khidi
parque (m) de estacionamento	პარკინგი	p'ark'ingi
praça (f)	მოედანი	moedani
nó (m) rodoviário	კვანძი	k'vandzi
túnel (m)	გვირაბი	gvirabi
posto (m) de gasolina	ავტოგასამართი	avt'ogasamarti
parque (m) de estacionamento	ავტოსადგომი	avt'osadgomi
bomba (f) de gasolina	ბენზინგასამართი	benzingasamarti
oficina (f) automotiva	ავტოსერვისი	avt'oservisi
abastecer (vt)	შევსება	shevseba
combustível (m)	საწვავი	sats'vavi
galão (m) de gasolina	კანისტრა	k'anist'ra
asfalto (m)	ასფალტი	aspalt'i
marcação (f) de estradas	მონიშვნა	monishvna
meio-fio (m)	ბორდიური	bordiuri
guard-rail (m)	შემოღობვა	shemoghobva
valeta (f)	კიუვეტი	k'iuvet'i
acostamento (m)	გზისპირი	gzisp'iri
poste (m) de luz	სვეტი	svet'i
dirigir (vt)	მართვა	martva
virar (~ para a direita)	მობრუნება	mobruneba
dar retorno	მობრუნება	mobruneba
ré (f)	უკუსვლა	uk'usvla
buzinar (vi)	დასიგნალება	dasignaleba
buzina (f)	ხმოვანი სიგნალი	khmovani signali

atolar-se (vr)	გაჭედვა	gach'edva
patinar (na lama)	ბუქსაობა	buksaoba
desligar (vt)	ჩაქრობა	chakroba
velocidade (f)	სიჩქარე	sichkare
exceder a velocidade	სიჩქარის გადაჭარბება	sichkaris gadach'arbeba
multar (vt)	დაჯარიმება	dajarimeba
semáforo (m)	შუქნიშანი	shuknishani
carteira (f) de motorista	მართვის მოწმობა	martvis mots'moba
passagem (f) de nível	გადასასვლელი	gadasasvleli
cruzamento (m)	გზაჯვარედინი	gzajvaredini
faixa (f)	საქვეითო გადასასვლელი	sakveito gadasasvleli
curva (f)	შესახვევი	shesakhvevi
zona (f) de pedestres	საქვეითო ზონა	sakveito zona

180. Sinais de trânsito

código (m) de trânsito	საგზაო მოძრაობის წესები	sagzao modzraobis ts'esebi
sinal (m) de trânsito	ნიშანი	nishani
ultrapassagem (f)	გასწრება	gasts'reba
curva (f)	შეხვევა	shekhveva
retorno (m)	მობრუნება	mobruneba
rotatória (f)	წრიული მოძრაობა	ts'riuli modzraoba
sentido proibido	შესვლა აკრძალულია	shesvla ak'rdzalulia
trânsito proibido	მოძრაობა აკრძალულია	modzraoba ak'rdzalulia
proibido de ultrapassar	გასწრება აკრძალულია	gasts'reba ak'rdzalulia
estacionamento proibido	დგომა აკრძალულია	dgoma ak'rdzalulia
paragem proibida	გაჩერება აკრძალულია	gachereba ak'rdzalulia
curva (f) perigosa	ციცაბო შესახვევი	tsitsabo shesakhvevi
descida (f) perigosa	ციცაბო დაღმართი	tsitsabo daghmarti
trânsito de sentido único	ცალმხრივი მოძრაობა	tsalmkhrivi modzraoba
faixa (f)	საქვეითო გადასასვლელი	sakveito gadasasvleli
pavimento (m) escorregadio	მოლიპული გზა	molip'uli gza
conceder passagem	დაუთმე გზა	dautme gza

PESSOAS. EVENTOS

Eventos

181. Férias. Evento

festa (f)	დღესასწაული	dghesasts'auli
feriado (m) nacional	ნაციონალური დღესასწაული	natsionaluri dghesasts'auli
feriado (m)	სადღესასწაულო დღე	sadghesasts'aulo dghe
festejar (vt)	ზეიმობა	zeimoba
evento (festa, etc.)	მოვლენა	movlena
evento (banquete, etc.)	ღონისძიება	ghonisdzieba
banquete (m)	ბანკეტი	bank'et'i
recepção (f)	მიღება	migheba
festim (m)	ლხინი	lkhini
aniversário (m)	წლისთავი	ts'listavi
jubileu (m)	ზეიმობა	zeimoba
celebrar (vt)	აღნიშვნა	aghnishvna
Ano (m) Novo	ახალი წელი	akhali ts'eli
Feliz Ano Novo!	გილოცავთ ახალ წელს	gilotsavt akhal ts'els
Natal (m)	შობა	shoba
Feliz Natal!	მხიარულ შობას გისურვებთ!	mkhiarul shobas gisurvebt!
árvore (f) de Natal	საშობაო ნაძვის ხე	sashobao nadzvis khe
fogos (m pl) de artifício	სალიუტი	saliut'i
casamento (m)	ქორწილი	korts'ili
noivo (m)	საქმრო	sakmro
noiva (f)	პატარძალი	p'at'ardzali
convidar (vt)	მოწვევა	mots'veva
convite (m)	მოწვევა	mots'veva
convidado (m)	სტუმარი	st'umari
visitar (vt)	სტუმრად წასვლა	st'umrad ts'asvla
receber os convidados	სტუმრების დახვედრა	st'umrebis dakhvedra
presente (m)	საჩუქარი	sachukari
oferecer, dar (vt)	ჩუქება	chukeba
receber presentes	საჩუქრების მიღება	sachukrebis migheba
buquê (m) de flores	თაიგული	taiguli
felicitações (f pl)	მილოცვა	milotsva
felicitar (vt)	მილოცვა	milotsva
cartão (m) de parabéns	მისალოცი ბარათი	misalotsi barati

enviar um cartão postal	ბარათის გაგზავნა	baratis gagzavna
receber um cartão postal	ბარათის მიღება	baratis migheba
brinde (m)	სადღეგრძელო	sadghegrdzelo
oferecer (vt)	გამასპინძლება	gamasp'indzleba
champanhe (m)	შამპანური	shamp'anuri
divertir-se (vr)	მხიარულობა	mkhiaruloba
diversão (f)	მხიარულება	mkhiaruleba
alegria (f)	სიხარული	sikharuli
dança (f)	ცეკვა	tsek'va
dançar (vi)	ცეკვა	tsek'va
valsa (f)	ვალსი	valsi
tango (m)	ტანგო	t'ango

182. Funerais. Enterro

cemitério (m)	სასაფლაო	sasaplao
sepultura (f), túmulo (m)	სამარე	samare
cruz (f)	ჯვარი	jvari
lápide (f)	საფლავი	saplavi
cerca (f)	ზღუდე	zghude
capela (f)	სამლოცველო	samlotsvelo
morte (f)	სიკვდილი	sik'vdili
morrer (vi)	მოკვდომა	mok'vdoma
defunto (m)	მიცვალებული	mitsvalebuli
luto (m)	გლოვა	glova
enterrar, sepultar (vt)	დაკრძალვა	dak'rdzalva
funerária (f)	დამკრძალავი ბიურო	damk'rdzalavi biuro
funeral (m)	დასაფლავება	dasaplaveba
coroa (f) de flores	გვირგვინი	gvirgvini
caixão (m)	კუბო	k'ubo
carro (m) funerário	კატაფალკი	k'at'apalk'i
mortalha (f)	სუდარა	sudara
urna (f) funerária	სამარხი ურნა	samarkhi urna
crematório (m)	კრემატორიუმი	k'remat'oriumi
obituário (m), necrologia (f)	ნეკროლოგი	nek'rologi
chorar (vi)	ტირილი	t'irili
soluçar (vi)	ქვითინი	kvitini

183. Guerra. Soldados

pelotão (m)	ოცეული	otseuli
companhia (f)	ასეული	aseuli
regimento (m)	პოლკი	p'olk'i

exército (m)	არმია	armia
divisão (f)	დივიზიონი	divizioni
esquadrão (m)	რაზმი	razmi
hoste (f)	ჯარი	jari
soldado (m)	ჯარისკაცი	jarisk'atsi
oficial (m)	ოფიცერი	opitseri
soldado (m) raso	რიგითი	rigiti
sargento (m)	სერჟანტი	serzhant'i
tenente (m)	ლეიტენანტი	leit'enant'i
capitão (m)	კაპიტანი	k'ap'it'ani
major (m)	მაიორი	maiori
coronel (m)	პოლკოვნიკი	p'olk'ovnik'i
general (m)	გენერალი	generali
marujo (m)	მეზღვაური	mezghvauri
capitão (m)	კაპიტანი	k'ap'it'ani
contramestre (m)	ბოცმანი	botsmani
artilheiro (m)	არტილერისტი	art'ilerist'i
soldado (m) paraquedista	მედესანტე	medesant'e
piloto (m)	მფრინავი	mprinavi
navegador (m)	შტურმანი	sht'urmani
mecânico (m)	მექანიკოსი	mekanik'osi
sapador-mineiro (m)	მესანგრე	mesangre
paraquedista (m)	პარაშუტისტი	p'arashut'ist'i
explorador (m)	მზვერავი	mzveravi
atirador (m) de tocaia	სნაიპერი	snaip'eri
patrulha (f)	პატრული	p'at'ruli
patrulhar (vt)	პატრულირება	p'at'rulireba
sentinela (f)	გუშაგი	gushagi
guerreiro (m)	მეომარი	meomari
patriota (m)	პატრიოტი	p'at'riot'i
herói (m)	გმირი	gmiri
heroína (f)	გმირი	gmiri
traidor (m)	მოღალატე	moghalat'e
desertor (m)	დეზერტირი	dezert'iri
desertar (vt)	დეზერტირობა	dezert'iroba
mercenário (m)	დაქირავებული	dakiravebuli
recruta (m)	ახალწვეული	akhalts'veuli
voluntário (m)	მოხალისე	mokhalise
morto (m)	მოკლული	mok'luli
ferido (m)	დაჭრილი	dach'rili
prisioneiro (m) de guerra	ტყვე	t'qve

184. Guerra. Ações militares. Parte 1

guerra (f)	ომი	omi
guerrear (vt)	ბრძოლა	brdzola
guerra (f) civil	სამოქალაქო ომი	samokalako omi
perfidamente	ვერაგულად	veragulad
declaração (f) de guerra	გამოცხადება	gamotskhadeba
declarar guerra	გამოცხადება	gamotskhadeba
agressão (f)	აგრესია	agresia
atacar (vt)	თავდასხმა	tavdaskhma
invadir (vt)	შეპყრობა	shep'qroba
invasor (m)	დამპყრობელი	damp'qrobeli
conquistador (m)	დამპყრობელი	damp'qrobeli
defesa (f)	თავდაცვა	tavdatsva
defender (vt)	დაცვა	datsva
defender-se (vr)	თავის დაცვა	tavis datsva
inimigo (m)	მტერი	mt'eri
adversário (m)	მოწინააღმდეგე	mots'inaaghmdege
inimigo (adj)	მტრის	mt'ris
estratégia (f)	სტრატეგია	st'rat'egia
tática (f)	ტაქტიკა	t'akt'ik'a
ordem (f)	ბრძანება	brdzaneba
comando (m)	ბრძანება	brdzaneba
ordenar (vt)	ბრძანება	brdzaneba
missão (f)	დავალება	davaleba
secreto (adj)	საიდუმლო	saidumlo
batalha (f), combate (m)	ბრძოლა	brdzola
ataque (m)	შეტევა	shet'eva
assalto (m)	იერიში	ierishi
assaltar (vt)	იერიშის მიტანა	ierishis mit'ana
assédio, sítio (m)	ალყა	alqa
ofensiva (f)	შეტევა იერიში	shet'eva ierishi
tomar à ofensiva	შეტევაზე გადასვლა	shet'evaze gadasvla
retirada (f)	უკუქცევა	uk'uktseva
retirar-se (vr)	უკან დახევა	uk'an dakheva
cerco (m)	ალყა	alqa
cercar (vt)	გარშემორტყმა	garshemort'qma
bombardeio (m)	დაბომბვა	dabombva
lançar uma bomba	ბომბის ჩამოგდება	bombis chamogdeba
bombardear (vt)	ბომბვა	bombva
explosão (f)	აფეთქება	apetkeba
tiro (m)	გასროლა	gasrola
dar um tiro	გასროლა	gasrola

tiroteio (m)	სროლა	srola
apontar para …	დამიზნება	damizneba
apontar (vt)	დამიზნება	damizneba
acertar (vt)	მოარტყა	moart'qa

afundar (~ um navio, etc.)	ჩაძირვა	chadzirva
brecha (f)	ნახვრეტი	nakhvret'i
afundar-se (vr)	ფსკერისკენ წასვლა	psk'erisk'en ts'asvla

frente (m)	ფრონტი	pront'i
evacuação (f)	ევაკუაცია	evak'uatsia
evacuar (vt)	ევაკუირება	evak'uireba

arame (m) enfarpado	ეკლიანი მავთული	ek'liani mavtuli
barreira (f) anti-tanque	გადაღობვა	gadaghobva
torre (f) de vigia	კოშკურა	k'oshk'ura

hospital (m) militar	ჰოსპიტალი	hosp'it'ali
ferir (vt)	დაჭრა	dach'ra
ferida (f)	ჭრილობა	ch'riloba
ferido (m)	დაჭრილი	dach'rili
ficar ferido	ჭრილობის მიღება	ch'rilobis migheba
grave (ferida ~)	მძიმე	mdzime

185. Guerra. Ações militares. Parte 2

cativeiro (m)	ტყვე	t'qve
capturar (vt)	ტყვედ აყვანა	t'qved aqvana
estar em cativeiro	ტყვედ ყოფნა	t'qved qopna
ser aprisionado	ტყვედ ჩავარდნა	t'qved chavardna

campo (m) de concentração	საკონცენტრაციო ბანაკი	sak'ontsent'ratsio banak'i
prisioneiro (m) de guerra	ტყვე	t'qve
escapar (vi)	გაქცევა	gaktseva

trair (vt)	გაცემა	gatsema
traidor (m)	მოღალატე	moghalat'e
traição (f)	გამცემლობა	gamtsemloba

fuzilar, executar (vt)	დახვრეტა	dakhvret'a
fuzilamento (m)	დახვრეტა	dakhvret'a

equipamento (m)	ფორმის ტანსაცმელი	pormis t'ansatsmeli
insígnia (f) de ombro	სამხრეული	samkhreuli
máscara (f) de gás	აირწინაღი	airts'inaghi

rádio (m)	რაცია	ratsia
cifra (f), código (m)	შიფრი	shipri
conspiração (f)	კონსპირაცია	k'onsp'iratsia
senha (f)	პაროლი	p'aroli

mina (f)	ნაღმი	naghmi
minar (vt)	დანაღმვა	danaghmva
campo (m) minado	დანაღმული მინდორი	danaghmuli mindori

alarme (m) aéreo	საჰაერო განგაში	sahaero gangashi
alarme (m)	განგაში	gangashi
sinal (m)	სიგნალი	signali
sinalizador (m)	სასიგნალო რაკეტა	sasignalo rak'et'a
quartel-general (m)	შტაბი	sht'abi
reconhecimento (m)	დაზვერვა	dazverva
situação (f)	ვითარება	vitareba
relatório (m)	ანგარიში	angarishi
emboscada (f)	საფარი	sapari
reforço (m)	გამაგრება	gamagreba
alvo (m)	მიზანი	mizani
campo (m) de tiro	პოლიგონი	p'oligoni
manobras (f pl)	მანევრები	manevrebi
pânico (m)	თავზარი	tavzari
devastação (f)	დაქცევა	daktseva
ruínas (f pl)	ნგრევა	ngreva
destruir (vt)	დანგრევა	dangreva
sobreviver (vi)	გადარჩენა	gadarchena
desarmar (vt)	განიარაღება	ganiaragheba
manusear (vt)	მოპყრობა	mop'qroba
Sentido!	სმენა!	smena!
Descansar!	თავისუფლად!	tavisuplad!
façanha (f)	გმირობა	gmiroba
juramento (m)	ფიცი	pitsi
jurar (vi)	დაფიცება	dapitseba
condecoração (f)	ჯილდო	jildo
condecorar (vt)	დაჯილდოვება	dajildoveba
medalha (f)	მედალი	medali
ordem (f)	ორდენი	ordeni
vitória (f)	გამარჯვება	gamarjveba
derrota (f)	დამარცხება	damartskheba
armistício (m)	ზავი	zavi
bandeira (f)	დროშა	drosha
glória (f)	დიდება	dideba
parada (f)	აღლუმი	aghlumi
marchar (vi)	მარშით სვლა	marshit svla

186. Armas

arma (f)	იარაღი	iaraghi
arma (f) de fogo	ცეცხლსასროლი იარაღი	tsetskhlsasroli iaraghi
arma (f) branca	ცივი იარაღი	tsivi iaraghi
arma (f) química	ქიმიური იარაღი	kimiuri iaraghi
nuclear (adj)	ატომური	at'omuri

arma (f) nuclear	ატომური იარაღი	at'omuri iaraghi
bomba (f)	ბომბი	bombi
bomba (f) atômica	ატომური ბომბი	at'omuri bombi
pistola (f)	პისტოლეტი	p'ist'olet'i
rifle (m)	თოფი	topi
semi-automática (f)	ავტომატი	avt'omat'i
metralhadora (f)	ტყვიამფრქვევი	t'qviamprkvevi
boca (f)	ლულა	lula
cano (m)	ლულა	lula
calibre (m)	კალიბრი	k'alibri
gatilho (m)	ჩახმახი	chakhmakhi
mira (f)	სამიზნე	samizne
carregador (m)	სავაზნე კოლოფი	savazne k'olopi
coronha (f)	კონდახი	k'ondakhi
granada (f) de mão	ყუმბარა	qumbara
explosivo (m)	ასაფეთქებელი	asapetkebeli
bala (f)	ტყვია	t'qvia
cartucho (m)	ვაზნა	vazna
carga (f)	მუხტი	mukht'i
munições (f pl)	საბრძოლო მასალა	sabrdzolo masala
bombardeiro (m)	ბომბდამშენი	bombdamsheni
avião (m) de caça	გამანადგურებელი	gamanadgurebeli
helicóptero (m)	ვერტმფრენი	vert'mpreni
canhão (m) antiaéreo	საზენიტო იარაღი	sazenit'o iaraghi
tanque (m)	ტანკი	t'ank'i
canhão (de um tanque)	ქვემეხი	kvemekhi
artilharia (f)	არტილერია	art'ileria
fazer a pontaria	დამიზნება	damizneba
projétil (m)	ჭურვი	ch'urvi
granada (f) de morteiro	ნაღმი	naghmi
morteiro (m)	ნაღმტყორცნი	naghmt'qortsni
estilhaço (m)	ნამტვრევი	namt'vrevi
submarino (m)	წყალქვეშა ნავი	ts'qalkvesha navi
torpedo (m)	წყალქვეშა ნაღმი	ts'qalkvesha naghmi
míssil (m)	რაკეტა	rak'et'a
carregar (uma arma)	დატენვა	dat'enva
disparar, atirar (vi)	სროლა	srola
apontar para …	დამიზნება	damizneba
baioneta (f)	ხიშტი	khisht'i
espada (f)	დაშნა	dashna
sabre (m)	ხმალი	khmali
lança (f)	შუბი	shubi
arco (m)	მშვილდი	mshvildi
flecha (f)	ისარი	isari

mosquete (m)	მუშკეტი	mushk'et'i
besta (f)	არბალეტი	arbalet'i

187. Povos da antiguidade

primitivo (adj)	პირველყოფილი	p'irvelqopili
pré-histórico (adj)	წინაისტორიული	ts'inaist'oriuli
antigo (adj)	ძველი	dzveli
Idade (f) da Pedra	ქვის ხანა	kvis khana
Idade (f) do Bronze	ბრინჯაოს ხანა	brinjaos khana
Era (f) do Gelo	გამყინვარების პერიოდი	gamqinvarebis p'eriodi
tribo (f)	ტომი	t'omi
canibal (m)	კაციჭამია	k'atsich'amia
caçador (m)	მონადირე	monadire
caçar (vi)	ნადირობა	nadiroba
mamute (m)	მამონტი	mamont'i
caverna (f)	გამოქვაბული	gamokvabuli
fogo (m)	ცეცხლი	tsetskhli
fogueira (f)	კოცონი	k'otsoni
pintura (f) rupestre	კლდეზე ნახატი	k'ldeze nakhat'i
ferramenta (f)	შრომის იარაღი	shromis iaraghi
lança (f)	შუბი	shubi
machado (m) de pedra	ქვის ნაჯახი	kvis najakhi
guerrear (vt)	ბრძოლა	brdzola
domesticar (vt)	მოშინაურება	moshinaureba
ídolo (m)	კერპი	k'erp'i
adorar, venerar (vt)	თაყვანისცემა	taqvanistsema
superstição (f)	ცრურწმენა	tsrurts'mena
evolução (f)	ევოლუცია	evolutsia
desenvolvimento (m)	განვითარება	ganvitareba
extinção (f)	გაუჩინარება	gauchinareba
adaptar-se (vr)	შეგუება	shegueba
arqueologia (f)	არქეოლოგია	arkeologia
arqueólogo (m)	არქეოლოგი	arkeologi
arqueológico (adj)	არქეოლოგიური	arkeologiuri
escavação (sítio)	გათხრები	gatkhrebi
escavações (f pl)	გათხრები	gatkhrebi
achado (m)	აღმოჩენა	aghmochena
fragmento (m)	ფრაგმენტი	pragment'i

188. Idade média

povo (m)	ხალხი	khalkhi
povos (m pl)	ხალხები	khalkhebi

tribo (f)	ტომი	t'omi
tribos (f pl)	ტომები	t'omebi
bárbaros (pl)	ბარბაროსები	barbarosebi
galeses (pl)	გალები	galebi
godos (pl)	გოთები	gotebi
eslavos (pl)	სლავები	slavebi
viquingues (pl)	ვიკინგები	vik'ingebi
romanos (pl)	რომაელები	romaelebi
romano (adj)	რომაული	romauli
bizantinos (pl)	ბიზანტიელები	bizant'ielebi
Bizâncio	ბიზანტია	bizant'ia
bizantino (adj)	ბიზანტიული	bizant'iuli
imperador (m)	იმპერატორი	imp'erat'ori
líder (m)	ბელადი	beladi
poderoso (adj)	ძლევამოსილი	dzlevamosili
rei (m)	მეფე	mepe
governante (m)	მართველი	martveli
cavaleiro (m)	რაინდი	raindi
senhor feudal (m)	ფეოდალი	peodali
feudal (adj)	ფეოდალური	peodaluri
vassalo (m)	ვასალი	vasali
duque (m)	ჰერცოგი	hertsogi
conde (m)	გრაფი	grapi
barão (m)	ბარონი	baroni
bispo (m)	ეპისკოპოსი	ep'isk'op'osi
armadura (f)	ჯავშანი	javshani
escudo (m)	ფარი	pari
espada (f)	მახვილი	makhvili
viseira (f)	ჩაფხუტი	chapkhut'i
cota (f) de malha	ჯაჭვის პერანგი	jach'vis p'erangi
cruzada (f)	ჯვაროსნული ლაშქრობა	jvarosnuli lashkroba
cruzado (m)	ჯვაროსანი	jvarosani
território (m)	ტერიტორია	t'erit'oria
atacar (vt)	თავდასხმა	tavdaskhma
conquistar (vt)	დაპყრობა	dap'qroba
ocupar, invadir (vt)	მიტაცება	mit'atseba
assédio, sítio (m)	ალყა	alqa
sitiado (adj)	ალყაშემორტყმული	alqashemort'qmuli
assediar, sitiar (vt)	ალყის შემორტყმა	alqis shemort'qma
inquisição (f)	ინკვიზიცია	ink'vizitsia
inquisidor (m)	ინკვიზიტორი	ink'vizit'ori
tortura (f)	წამება	ts'ameba
cruel (adj)	სასტიკი	sast'ik'i
herege (m)	ერეტიკოსი	eret'ik'osi
heresia (f)	მწვალებლობა	mts'valebloba

navegação (f) marítima	ზღვაოსნობა	zghvaosnoba
pirata (m)	მეკობრე	mek'obre
pirataria (f)	მეკობრეობა	mek'obreoba
abordagem (f)	აბორდაჟი	abordazhi
presa (f), butim (m)	საშოვარი	sashovari
tesouros (m pl)	განძი	gandzi
descobrimento (m)	აღმოჩენა	aghmochena
descobrir (novas terras)	გაღება	gagheba
expedição (f)	ექსპედიცია	eksp'editsia
mosqueteiro (m)	მუშკეტერი	mushk'et'eri
cardeal (m)	კარდინალი	k'ardinali
heráldica (f)	ჰერალდიკა	heraldik'a
heráldico (adj)	ჰერალდიკური	heraldik'uri

189. Líder. Chefe. Autoridades

rei (m)	მეფე	mepe
rainha (f)	დედოფალი	dedopali
real (adj)	მეფური	mepuri
reino (m)	სამეფო	samepo
príncipe (m)	პრინცი	p'rintsi
princesa (f)	პრინცესა	p'rintsesa
presidente (m)	პრეზიდენტი	p'rezident'i
vice-presidente (m)	ვიცე-პრეზიდენტი	vitse-p'rezident'i
senador (m)	სენატორი	senat'ori
monarca (m)	მონარქი	monarki
governante (m)	მართველი	martveli
ditador (m)	დიქტატორი	dikt'at'ori
tirano (m)	ტირანი	t'irani
magnata (m)	მაგნატი	magnat'i
diretor (m)	დირექტორი	direkt'ori
chefe (m)	შეფი	shepi
gerente (m)	მმართველი	mmartveli
patrão (m)	ბოსი	bosi
dono (m)	მეპატრონე	mep'at'rone
chefe (m)	მეთაური	metauri
autoridades (f pl)	ხელისუფლება	khelisupleba
superiores (m pl)	უფროსობა	uprosoba
governador (m)	გუბერნატორი	gubernat'ori
cônsul (m)	კონსული	k'onsuli
diplomata (m)	დიპლომატი	dip'lomat'i
Presidente (m) da Câmara	მერი	meri
xerife (m)	შერიფი	sheripi
imperador (m)	იმპერატორი	imp'erat'ori
czar (m)	მეფე	mepe

faraó (m)	ფარაონი	paraoni
cã, khan (m)	ხანი	khani

190. Estrada. Caminho. Direções

estrada (f)	გზა	gza
via (f)	გზა	gza
rodovia (f)	გზატკეცილი	gzat'k'etsili
autoestrada (f)	ავტომაგისტრალი	avt'omagist'rali
estrada (f) nacional	ნაციონალური გზა	natsionaluri gza
estrada (f) principal	მთავარი გზა	mtavari gza
estrada (f) de terra	სასოფლო გზა	sasoplo gza
trilha (f)	ბილიკი	bilik'i
pequena trilha (f)	ბილიკი	bilik'i
Onde?	სად?	sad?
Para onde?	სად?	sad?
De onde?	საიდან?	saidan?
direção (f)	მიმართულება	mimartuleba
indicar (~ o caminho)	მითითება	mititeba
para a esquerda	მარცხნივ	martskhniv
para a direita	მარჯვნივ	marjvniv
em frente	პირდაპირ	p'irdap'ir
para trás	უკან	uk'an
curva (f)	შესახვევი	shesakhvevi
virar (~ para a direita)	მობრუნება	mobruneba
dar retorno	მობრუნება	mobruneba
estar visível	მოჩანს	mochans
aparecer (vi)	გამოჩენა	gamochena
paragem (pausa)	გაჩერება	gachereba
descansar (vi)	დასვენება	dasveneba
descanso, repouso (m)	დასვენება	dasveneba
perder-se (vr)	გზის დაბნევა	gzis dabneva
conduzir a ... (caminho)	გზისკენ წასვლა	gzisk'en ts'asvla
chegar a ...	გზაზე გასვლა	gzaze gasvla
trecho (m)	მონაკვეთი	monak'veti
asfalto (m)	ასფალტი	aspalt'i
meio-fio (m)	ბორდიური	bordiuri
valeta (f)	თხრილი	tkhrili
tampa (f) de esgoto	საძვრენი	sadzvreni
acostamento (m)	გზისპირი	gzisp'iri
buraco (m)	ორმო	ormo
ir (a pé)	სვლა	svla
ultrapassar (vt)	გასწრება	gasts'reba

passo (m)	ნაბიჯი	nabiji
a pé	ფეხით	pekhit
bloquear (vt)	გადაკეტვა	gadak'et'va
cancela (f)	შლაგბაუმი	shlagbaumi
beco (m) sem saída	ჩიხი	chikhi

191. Violação da lei. Criminosos. Parte 1

bandido (m)	ბანდიტი	bandit'i
crime (m)	დანაშაული	danashauli
criminoso (m)	დამნაშავე	damnashave
ladrão (m)	ქურდი	kurdi
roubar (vt)	იქურდო	ikurdo
roubo (atividade)	ქურდობა	kurdoba
furto (m)	მოპარვა	mop'arva
raptar, sequestrar (vt)	მოიტაცო	moit'atso
sequestro (m)	გატაცება	gat'atseba
sequestrador (m)	გამტაცებელი	gamt'atsebeli
resgate (m)	გამოსასყიდი	gamosasqidi
pedir resgate	გამოსასყიდის მოთხოვნა	gamosasqidis motkhovna
roubar (vt)	ძარცვა	dzartsva
assaltante (m)	მძარცველი	mdzartsveli
extorquir (vt)	გამოძალვა	gamodzalva
extorsionário (m)	გამომძალველი	gamomdzalveli
extorsão (f)	გამომძალველობა	gamomdzalveloba
matar, assassinar (vt)	მოკვლა	mok'vla
homicídio (m)	მკვლელობა	mk'vleloba
homicida, assassino (m)	მკვლელი	mk'vleli
tiro (m)	სროლა	srola
dar um tiro	გასროლა	gasrola
matar a tiro	დახვრეტა	dakhvret'a
disparar, atirar (vi)	სროლა	srola
tiroteio (m)	სროლა	srola
incidente (m)	შემთხვევა	shemtkhveva
briga (~ de rua)	ჩხუბი	chkhubi
vítima (f)	მსხვერპლი	mskhverp'li
danificar (vt)	დაზიანება	dazianeba
dano (m)	ზარალი	zarali
cadáver (m)	გვამი	gvami
grave (adj)	მძიმე	mdzime
atacar (vt)	თავდასხმა	tavdaskhma
bater (espancar)	დარტყმა	dart'qma
espancar (vt)	ცემა	tsema

tirar, roubar (dinheiro)	წართმევა	ts'artmeva
esfaquear (vt)	დაკვლა	dak'vla
mutilar (vt)	დამახინჯება	damakhinjeba
ferir (vt)	დაჭრა	dach'ra
chantagem (f)	შანტაჟი	shant'azhi
chantagear (vt)	დაშანტაჟება	dashant'azheba
chantagista (m)	შანტაჟისტი	shant'azhist'i
extorsão (f)	რეკეტი	rek'et'i
extorsionário (m)	რეკეტირი	rek'et'iri
gângster (m)	განქსტერი	gankst'eri
máfia (f)	მაფია	mapia
punguista (m)	ჯიბის ქურდი	jibis kurdi
assaltante, ladrão (m)	გამტეხელი	gamt'ekheli
contrabando (m)	კონტრაბანდა	k'ont'rabanda
contrabandista (m)	კონტრაბანდისტი	k'ont'rabandist'i
falsificação (f)	ყალბი	qalbi
falsificar (vt)	გაყალბება	gaqalbeba
falsificado (adj)	ყალბი	qalbi

192. Violação da lei. Criminosos. Parte 2

estupro (m)	გაუპატიურება	gaup'at'iureba
estuprar (vt)	გაუპატიურება	gaup'at'iureba
estuprador (m)	მოძალადე	modzalade
maníaco (m)	მანიაკი	maniak'i
prostituta (f)	მეძავი	medzavi
prostituição (f)	პროსტიტუცია	p'rost'it'utsia
cafetão (m)	სუტენიორი	sut'eniori
drogado (m)	ნარკომანი	nark'omani
traficante (m)	ნარკოტიკებით მოვაჭრე	nark'ot'ik'ebit movach're
explodir (vt)	აფეთქება	apetkeba
explosão (f)	აფეთქება	apetkeba
incendiar (vt)	ცეცხლის წაკიდება	tsetskhlis ts'ak'ideba
incendiário (m)	ცეცხლის წამკიდებელი	tsetskhlis ts'amk'idebeli
terrorismo (m)	ტერორიზმი	t'erorizmi
terrorista (m)	ტერორისტი	t'erorist'i
refém (m)	მძევალი	mdzevali
enganar (vt)	მოტყუება	mot'queba
engano (m)	ტყუილი	t'quili
vigarista (m)	თაღლითი	taghliti
subornar (vt)	გადაბირება	gadabireba
suborno (atividade)	მოსყიდვა	mosqidva
suborno (dinheiro)	ქრთამი	krtami
veneno (m)	შხამი	shkhami

envenenar (vt)	მოწამვლა	mots'amvla
envenenar-se (vr)	თავის მოწამვლა	tavis mots'amvla
suicídio (m)	თვითმკლელობა	tvitmk'leloba
suicida (m)	თვითმკვლელი	tvitmk'vleli
ameaçar (vt)	დამუქრება	damukreba
ameaça (f)	მუქარა	mukara
atentar contra a vida de ...	ხელყოფა	khelqopa
atentado (m)	ხელყოფა	khelqopa
roubar (um carro)	გატაცება	gat'atseba
sequestrar (um avião)	გატაცება	gat'atseba
vingança (f)	შურისძიება	shurisdzieba
vingar (vt)	შურისძიება	shurisdzieba
torturar (vt)	წამება	ts'ameba
tortura (f)	წამება	ts'ameba
atormentar (vt)	წვალება	ts'valeba
pirata (m)	მეკობრე	mek'obre
desordeiro (m)	ხულიგანი	khuligani
armado (adj)	შეიარაღებული	sheiaraghebuli
violência (f)	ძალადობა	dzaladoba
espionagem (f)	შპიონაჟი	shp'ionazhi
espionar (vi)	ჯაშუშობა	jashushoba

193. Polícia. Lei. Parte 1

justiça (sistema de ~)	სასამართლო	sasamartlo
tribunal (m)	სასამართლო	sasamartlo
juiz (m)	მოსამართლე	mosamartle
jurados (m pl)	ნაფიცი მსაჯული	napitsi msajuli
tribunal (m) do júri	ნაფიც მსაჯულთა სასამართლო	napits msajulta sasamartlo
julgar (vt)	გასამართლება	gasamartleba
advogado (m)	ადვოკატი	advok'at'i
réu (m)	ბრალდებული	braldebuli
banco (m) dos réus	ბრალდებულთა სკამი	braldebulta sk'ami
acusação (f)	ბრალდება	braldeba
acusado (m)	ბრალდებული	braldebuli
sentença (f)	განაჩენი	ganacheni
sentenciar (vt)	განაჩენის გამოტანა	ganachenis gamot'ana
culpado (m)	დამნაშავე	damnashave
punir (vt)	დასჯა	dasja
punição (f)	სასჯელი	sasjeli
multa (f)	ჯარიმა	jarima

prisão (f) perpétua	სამუდამო პატიმრობა	samudamo p'at'imroba
pena (f) de morte	სიკვდილით დასჯა	sik'vdilit dasja
cadeira (f) elétrica	ელექტრო სკამი	elekt'ro sk'ami
forca (f)	სახრჩობელა	sakhrchobela
executar (vt)	დასჯა	dasja
execução (f)	სასჯელი	sasjeli
prisão (f)	ციხე	tsikhe
cela (f) de prisão	საკანი	sak'ani
escolta (f)	ბადრაგი	badragi
guarda (m) prisional	ზედამხედველი	zedamkhedveli
preso, prisioneiro (m)	პატიმარი	p'at'imari
algemas (f pl)	ხელბორკილები	khelbork'ilebi
algemar (vt)	ხელბორკილის დადება	khelbork'ilis dadeba
fuga, evasão (f)	გაქცევა	gaktseva
fugir (vi)	გაქცევა	gaktseva
desaparecer (vi)	გაუჩინარება	gauchinareba
soltar, libertar (vt)	განთავისუფლება	gantavisupleba
anistia (f)	ამინისტია	aminist'ia
polícia (instituição)	პოლიცია	p'olitsia
polícia (m)	პოლიციელი	p'olitsieli
delegacia (f) de polícia	პოლიციის უბანი	p'olitsiis ubani
cassetete (m)	რეზინის ხელკეტი	rezinis khelk'et'i
megafone (m)	ხმადიდი	khmadidi
carro (m) de patrulha	საპატრულო მანქანა	sap'at'rulo mankana
sirene (f)	სირენა	sirena
ligar a sirene	საყვირის ჩართვა	saqviris chartva
toque (m) da sirene	საყვირის ხმა	saqviris khma
cena (f) do crime	შემთხვევის ადგილი	shemtkhvevis adgili
testemunha (f)	მოწმე	mots'me
liberdade (f)	თავისუფლება	tavisupleba
cúmplice (m)	თანამზრახველი	tanamzrakhveli
escapar (vi)	მიმალვა	mimalva
traço (não deixar ~s)	კვალი	k'vali

194. Polícia. Lei. Parte 2

procura (f)	ძებნა	dzebna
procurar (vt)	ძებნა	dzebna
suspeita (f)	ეჭვი	ech'vi
suspeito (adj)	საეჭვო	saech'vo
parar (veículo, etc.)	გაჩერება	gachereba
deter (fazer parar)	დაკავება	dak'aveba
caso (~ criminal)	საქმე	sakme
investigação (f)	ძიება	dzieba
detetive (m)	დეტექტივი	det'ekt'ivi

investigador (m)	გამომძიებელი	gamomdziebeli
versão (f)	ვერსია	versia
motivo (m)	მოტივი	mot'ivi
interrogatório (m)	დაკითხვა	dak'itkhva
interrogar (vt)	დაკითხვა	dak'itkhva
questionar (vt)	გამოკითხვა	gamok'itkhva
verificação (f)	შემოწმება	shemots'meba
batida (f) policial	ალყა	alqa
busca (f)	ჩხრეკა	chkhrek'a
perseguição (f)	დადევნება	dadevneba
perseguir (vt)	დევნა	devna
seguir, rastrear (vt)	თვალთვალი	tvaltvali
prisão (f)	პატიმრობა	p'at'imroba
prender (vt)	დაპატიმრება	dap'at'imreba
pegar, capturar (vt)	დაკავება	dak'aveba
captura (f)	დაჭერა	dach'era
documento (m)	დოკუმენტი	dok'ument'i
prova (f)	მტკიცებულება	mt'k'itsebuleba
provar (vt)	დამტკიცება	damt'k'itseba
pegada (f)	ნაფეხური	napekhuri
impressões (f pl) digitais	თითის ანაბეჭდი	titis anabech'di
prova (f)	სამხილი	samkhili
álibi (m)	ალიბი	alibi
inocente (adj)	უდანაშაულო	udanashaulo
injustiça (f)	უსამართლობა	usamartloba
injusto (adj)	უსამართლობა	usamartloba
criminal (adj)	კრიმინალური	k'riminaluri
confiscar (vt)	კონფისკაცია	k'onpisk'atsia
droga (f)	ნარკოტიკი	nark'ot'ik'i
arma (f)	იარაღი	iaraghi
desarmar (vt)	განიარაღება	ganiaragheba
ordenar (vt)	ბრძანება	brdzaneba
desaparecer (vi)	გაუჩინარება	gauchinareba
lei (f)	კანონი	k'anoni
legal (adj)	კანონიერი	k'anonieri
ilegal (adj)	უკანონო	uk'anono
responsabilidade (f)	პასუხისმგებლობა	p'asukhismgebloba
responsável (adj)	პასუხისმგებელი	p'asukhismgebeli

NATUREZA

A Terra. Parte 1

195. Espaço sideral

espaço, cosmo (m)	კოსმოსი	k'osmosi
espacial, cósmico (adj)	კოსმოსური	k'osmosuri
espaço (m) cósmico	კოსმოსური სივრცე	k'osmosuri sivrtse
mundo (m)	მსოფლიო	msoplio
universo (m)	სამყარო	samqaro
galáxia (f)	გალაქტიკა	galakt'ik'a
estrela (f)	ვარსკვლავი	varsk'vlavi
constelação (f)	თანავარსკვლავედი	tanavarsk'vlavedi
planeta (m)	პლანეტა	p'lanet'a
satélite (m)	თანამგზავრი	tanamgzavri
meteorito (m)	მეტეორიტი	met'eorit'i
cometa (m)	კომეტა	k'omet'a
asteroide (m)	ასტეროიდი	ast'eroidi
órbita (f)	ორბიტა	orbit'a
girar (vi)	ბრუნვა	brunva
atmosfera (f)	ატმოსფერო	at'mospero
Sol (m)	მზე	mze
Sistema (m) Solar	მზის სისტემა	mzis sist'ema
eclipse (m) solar	მზის დაბნელება	mzis dabneleba
Terra (f)	დედამიწა	dedamits'a
Lua (f)	მთვარე	mtvare
Marte (m)	მარსი	marsi
Vênus (f)	ვენერა	venera
Júpiter (m)	იუპიტერი	iup'it'eri
Saturno (m)	სატურნი	sat'urni
Mercúrio (m)	მერკური	merk'uri
Urano (m)	ურანი	urani
Netuno (m)	ნეპტუნი	nep't'uni
Plutão (m)	პლუტონი	p'lut'oni
Via Láctea (f)	ირმის ნახტომი	irmis nakht'omi
Ursa Maior (f)	დიდი დათვი	didi datvi
Estrela Polar (f)	პოლარული ვარსკვლავი	p'olaruli varsk'vlavi
marciano (m)	მარსიელი	marsieli
extraterrestre (m)	უცხოპლანეტელი	utskhop'lanet'eli

alienígena (m)	სხვა სამყაროდან ჩამოსული	skhva samqarodan chamosuli
disco (m) voador	მფრინავი თეფში	mprinavi tepshi
espaçonave (f)	კოსმოსური ხომალდი	k'osmosuri khomaldi
estação (f) orbital	ორბიტალური სადგური	orbit'aluri sadguri
lançamento (m)	სტარტი	st'art'i
motor (m)	ძრავა	dzrava
bocal (m)	საქშენი	saksheni
combustível (m)	საწვავი	sats'vavi
cabine (f)	კაბინა	k'abina
antena (f)	ანტენა	ant'ena
vigia (f)	ილუმინატორი	iluminat'ori
bateria (f) solar	მზის ბატარეა	mzis bat'area
traje (m) espacial	სკაფანდრი	sk'apandri
imponderabilidade (f)	უწონადობა	uts'onadoba
oxigênio (m)	ჟანგბადი	zhangbadi
acoplagem (f)	შეერთება	sheerteba
fazer uma acoplagem	შეერთების წარმოება	sheertebis ts'armoeba
observatório (m)	ობსერვატორია	observat'oria
telescópio (m)	ტელესკოპი	t'elesk'op'i
observar (vt)	დაკვირვება	dak'virveba
explorar (vt)	გამოკვლევა	gamok'vleva

196. A Terra

Terra (f)	დედამიწა	dedamits'a
globo terrestre (Terra)	დედამიწის სფერო	dedamits'is spero
planeta (m)	პლანეტა	p'lanet'a
atmosfera (f)	ატმოსფერო	at'mospero
geografia (f)	გეოგრაფია	geograpia
natureza (f)	ბუნება	buneba
globo (mapa esférico)	გლობუსი	globusi
mapa (m)	რუქა	ruka
atlas (m)	ატლასი	at'lasi
Europa (f)	ევროპა	evrop'a
Ásia (f)	აზია	azia
África (f)	აფრიკა	aprik'a
Austrália (f)	ავსტრალია	avst'ralia
América (f)	ამერიკა	amerik'a
América (f) do Norte	ჩრდილოეთ ამერიკა	chrdiloet amerik'a
América (f) do Sul	სამხრეთ ამერიკა	samkhret amerik'a
Antártida (f)	ანტარქტიდა	ant'arkt'ida
Ártico (m)	არქტიკა	arkt'ik'a

197. Pontos cardeais

norte (m)	ჩრდილოეთი	chrdiloeti
para norte	ჩრდილოეთისკენ	chrdiloetisk'en
no norte	ჩრდილოეთში	chrdiloetshi
do norte (adj)	ჩრდილოეთის	chrdiloetis
sul (m)	სამხრეთი	samkhreti
para sul	სამხრეთისკენ	samkhretisk'en
no sul	სამხრეთში	samkhretshi
do sul (adj)	სამხრეთის	samkhretis
oeste, ocidente (m)	დასავლეთი	dasavleti
para oeste	დასავლეთისკენ	dasavletisk'en
no oeste	დასავლეთში	dasavletshi
ocidental (adj)	დასავლეთის	dasavletis
leste, oriente (m)	აღმოსავლეთი	aghmosavleti
para leste	აღმოსავლეთისკენ	aghmosavletisk'en
no leste	აღმოსავლეთში	aghmosavletshi
oriental (adj)	აღმოსავლეთის	aghmosavletis

198. Mar. Oceano

mar (m)	ზღვა	zghva
oceano (m)	ოკეანე	ok'eane
golfo (m)	ყურე	qure
estreito (m)	სრუტე	srut'e
continente (m)	მატერიკი	mat'erik'i
ilha (f)	კუნძული	k'undzuli
península (f)	ნახევარკუნძული	nakhevark'undzuli
arquipélago (m)	არქიპელაგი	arkip'elagi
baía (f)	ყურე	qure
porto (m)	ნავსადგური	navsadguri
lagoa (f)	ლაგუნა	laguna
cabo (m)	კონცხი	k'ontskhi
atol (m)	ატოლი	at'oli
recife (m)	რიფი	ripi
coral (m)	მარჯანი	marjani
recife (m) de coral	მარჯნის რიფი	marjnis ripi
profundo (adj)	ღრმა	ghrma
profundidade (f)	სიღრმე	sighrme
abismo (m)	უფსკრული	upsk'ruli
fossa (f) oceânica	ღრმული	ghrmuli
corrente (f)	დინება	dineba
banhar (vt)	გაბანა	gabana
litoral (m)	ნაპირი	nap'iri
costa (f)	სანაპირო	sanap'iro

maré (f) alta	მოქცევა	moktseva
refluxo (m)	მიქცევა	miktseva
restinga (f)	მეჩეჩი	mechechi
fundo (m)	ფსკერი	psk'eri
onda (f)	ტალღა	t'algha
crista (f) da onda	ტალღის ქოჩორი	t'alghis kochori
espuma (f)	ქაფი	kapi
tempestade (f)	ქარიშხალი	karishkhali
furacão (m)	გრიგალი	grigali
tsunami (m)	ცუნამი	tsunami
calmaria (f)	მყუდროება	mqudroeba
calmo (adj)	წყნარი	ts'qnari
polo (m)	პოლუსი	p'olusi
polar (adj)	პოლარული	p'olaruli
latitude (f)	განედი	ganedi
longitude (f)	გრძედი	grdzedi
paralela (f)	პარალელი	p'araleli
equador (m)	ეკვატორი	ek'vat'ori
céu (m)	ცა	tsa
horizonte (m)	ჰორიზონტი	horizont'i
ar (m)	ჰაერი	haeri
farol (m)	შუქურა	shukura
mergulhar (vi)	ყვინთვა	qvintva
afundar-se (vr)	ჩაძირვა	chadzirva
tesouros (m pl)	განძი	gandzi

199. Nomes de Mares e Oceanos

Oceano (m) Atlântico	ატლანტის ოკეანე	at'lant'is ok'eane
Oceano (m) Índico	ინდოეთის ოკეანე	indoetis ok'eane
Oceano (m) Pacífico	წყნარი ოკეანე	ts'qnari ok'eane
Oceano (m) Ártico	ჩრდილოეთის ყინულოვანი ოკეანე	chrdiloetis qinulovani ok'eane
Mar (m) Negro	შავი ზღვა	shavi zghva
Mar (m) Vermelho	წითელი ზღვა	ts'iteli zghva
Mar (m) Amarelo	ყვითელი ზღვა	qviteli zghva
Mar (m) Branco	თეთრი ზღვა	tetri zghva
Mar (m) Cáspio	კასპიის ზღვა	k'asp'iis zghva
Mar (m) Morto	მკვდარი ზღვა	mk'vdari zghva
Mar (m) Mediterrâneo	ხმელთაშუა ზღვა	khmeltashua zghva
Mar (m) Egeu	ეგეოსის ზღვა	egeosis zghva
Mar (m) Adriático	ადრიატიკის ზღვა	adriat'ik'is zghva
Mar (m) Arábico	არავიის ზღვა	araviis zghva
Mar (m) do Japão	იაპონიის ზღვა	iap'oniis zghva

Mar (m) de Bering	ბერინგის ზღვა	beringis zghva
Mar (m) da China Meridional	სამხრეთ-ჩინეთის ზღვა	samkhret-chinetis zghva
Mar (m) de Coral	მარჯნის ზღვა	marjnis zghva
Mar (m) de Tasman	ტასმანიის ზღვა	t'asmaniis zghva
Mar (m) do Caribe	კარიბის ზღვა	k'aribis zghva
Mar (m) de Barents	ბარენცის ზღვა	barentsis zghva
Mar (m) de Kara	კარსის ზღვა	k'arsis zghva
Mar (m) do Norte	ჩრდილოეთის ზღვა	chrdiloetis zghva
Mar (m) Báltico	ბალტიის ზღვა	balt'iis zghva
Mar (m) da Noruega	ნორვეგიის ზღვა	norvegiis zghva

200. Montanhas

montanha (f)	მთა	mta
cordilheira (f)	მთების ჯაჭვი	mtebis jach'vi
serra (f)	მთის ქედი	mtis kedi
cume (m)	მწვერვალი	mts'vervali
pico (m)	პიკი	p'ik'i
pé (m)	მთის ძირი	mtis dziri
declive (m)	ფერდობი	perdobi
vulcão (m)	ვულკანი	vulk'ani
vulcão (m) ativo	მოქმედი ვულკანი	mokmedi vulk'ani
vulcão (m) extinto	ჩამქრალი ვულკანი	chamkrali vulk'ani
erupção (f)	ამოფრქვევა	amoprkveva
cratera (f)	კრატერი	k'rat'eri
magma (m)	მაგმა	magma
lava (f)	ლავა	lava
fundido (lava ~a)	გავარვარებული	gavarvarebuli
cânion, desfiladeiro (m)	კანიონი	k'anioni
garganta (f)	ხეობა	kheoba
fenda (f)	ნაპრალი	nap'rali
passo, colo (m)	უღელტეხილი	ughelt'ekhili
planalto (m)	პლატო	p'lat'o
falésia (f)	კლდე	k'lde
colina (f)	ბორცვი	bortsvi
geleira (f)	მყინვარი	mqinvari
cachoeira (f)	ჩანჩქერი	chanchkeri
gêiser (m)	გეიზერი	geizeri
lago (m)	ტბა	t'ba
planície (f)	ვაკე	vak'e
paisagem (f)	პეიზაჟი	p'eizazhi
eco (m)	ექო	eko
alpinista (m)	ალპინისტი	alp'inist'i
escalador (m)	მთასვლელი	mtasvleli

conquistar (vt)	დაპყრობა	dap'qroba
subida, escalada (f)	ასვლა	asvla

201. Nomes de montanhas

Alpes (m pl)	ალპები	alp'ebi
Monte Branco (m)	მონბლანი	monblani
Pirineus (m pl)	პირენეები	p'ireneebi
Cárpatos (m pl)	კარპატები	k'arp'at'ebi
Urais (m pl)	ურალის მთები	uralis mtebi
Cáucaso (m)	კავკასია	k'avk'asia
Elbrus (m)	იალბუზი	ialbuzi
Altai (m)	ალტაი	alt'ai
Tian Shan (m)	ტიან-შანი	t'ian-shani
Pamir (m)	პამირი	p'amiri
Himalaia (m)	ჰიმალაი	himalai
monte Everest (m)	ევერესტი	everest'i
Cordilheira (f) dos Andes	ანდები	andebi
Kilimanjaro (m)	კილიმანჯარო	k'ilimanjaro

202. Rios

rio (m)	მდინარე	mdinare
fonte, nascente (f)	წყარო	ts'qaro
leito (m) de rio	კალაპოტი	k'alap'ot'i
bacia (f)	აუზი	auzi
desaguar no ...	ჩადინება	chadineba
afluente (m)	შენაკადი	shenak'adi
margem (do rio)	ნაპირი	nap'iri
corrente (f)	დინება	dineba
rio abaixo	დინების ქვემოთ	dinebis kvemot
rio acima	დინების ზემოთ	dinebis zemot
inundação (f)	წყალდიდობა	ts'qaldidoba
cheia (f)	წყალდიდობა	ts'qaldidoba
transbordar (vi)	გადმოსვლა	gadmosvla
inundar (vt)	დატბორვა	dat'borva
banco (m) de areia	თავთხელი	tavtkheli
corredeira (f)	ზღურბლი	zghurbli
barragem (f)	კაშხალი	k'ashkhali
canal (m)	არხი	arkhi
reservatório (m) de água	წყალსაცავი	ts'qalsatsavi
eclusa (f)	რაბი	rabi
corpo (m) de água	წყალსატევი	ts'qalsat'evi
pântano (m)	ჭაობი	ch'aobi

lamaçal (m)	ჭანჭრობი	ch'anch'robi
redemoinho (m)	მორევი	morevi
riacho (m)	ნაკადული	nak'aduli
potável (adj)	სასმელი	sasmeli
doce (água)	მტკნარი	mt'k'nari
gelo (m)	ყინული	qinuli
congelar-se (vr)	გაყინვა	gaqinva

203. Nomes de rios

rio Sena (m)	სენა	sena
rio Loire (m)	ლუარა	luara
rio Tâmisa (m)	ტემზა	t'emza
rio Reno (m)	რეინი	reini
rio Danúbio (m)	დუნაი	dunai
rio Volga (m)	ვოლგა	volga
rio Don (m)	დონი	doni
rio Lena (m)	ლენა	lena
rio Amarelo (m)	ხუანხე	khuankhe
rio Yangtzé (m)	იანძი	iandzi
rio Mekong (m)	მეკონგი	mek'ongi
rio Ganges (m)	განგი	gangi
rio Nilo (m)	ნილოსი	nilosi
rio Congo (m)	კონგო	k'ongo
rio Cubango (m)	ოკავანგო	ok'avango
rio Zambeze (m)	ზამბეზი	zambezi
rio Limpopo (m)	ლიმპოპო	limp'op'o
rio Mississippi (m)	მისისიპი	misisip'i

204. Floresta

floresta (f), bosque (m)	ტყე	t'qe
florestal (adj)	ტყის	t'qis
mata (f) fechada	ტევრი	t'evri
arvoredo (m)	ჭალა	ch'ala
clareira (f)	მინდორი	mindori
matagal (m)	ბარდები	bardebi
mato (m), caatinga (f)	ბუჩქნარი	buchknari
pequena trilha (f)	ბილიკი	bilik'i
ravina (f)	ხევი	khevi
árvore (f)	ხე	khe
folha (f)	ფოთოლი	potoli

folhagem (f)	ფოთლეული	potleuli
queda (f) das folhas	ფოთოლცვენა	potoltsvena
cair (vi)	ცვენა	tsvena
topo (m)	კენწერო	k'ents'ero
ramo (m)	ტოტი	t'ot'i
galho (m)	ნუჟრი	nuzhri
botão (m)	კვირტი	k'virt'i
agulha (f)	წიწვი	ts'its'vi
pinha (f)	გირჩი	girchi
buraco (m) de árvore	ფუღურო	pughuro
ninho (m)	ბუდე	bude
toca (f)	სორო	soro
tronco (m)	ტანი	t'ani
raiz (f)	ფესვი	pesvi
casca (f) de árvore	ქერქი	kerki
musgo (m)	ხავსი	khavsi
arrancar pela raiz	ამოძირკვა	amodzirk'va
cortar (vt)	მოჭრა	moch'ra
desflorestar (vt)	გაჩეხვა	gachekhva
toco, cepo (m)	კუნძი	k'undzi
fogueira (f)	კოცონი	k'otsoni
incêndio (m) florestal	ხანძარი	khandzari
apagar (vt)	ჩაქრობა	chakroba
guarda-parque (m)	მეტყევე	met'qeve
proteção (f)	დაცვა	datsva
proteger (a natureza)	დაცვა	datsva
caçador (m) furtivo	ბრაკონიერი	brak'onieri
armadilha (f)	ხაფანგი	khapangi
colher (cogumelos, bagas)	კრეფა	k'repa
perder-se (vr)	გზის დაბნევა	gzis dabneva

205. Recursos naturais

recursos (m pl) naturais	ბუნებრივი რესურსები	bunebrivi resursebi
minerais (m pl)	სასარგებლო წიაღისეული	sasargeblo ts'iaghiseuli
depósitos (m pl)	საბადო	sabado
jazida (f)	საბადო	sabado
extrair (vt)	მოპოვება	mop'oveba
extração (f)	მოპოვება	mop'oveba
minério (m)	მადანი	madani
mina (f)	მადნეული	madneuli
poço (m) de mina	შახტი	shakht'i
mineiro (m)	მეშახტე	meshakht'e
gás (m)	გაზი	gazi
gasoduto (m)	გაზსადენი	gazsadeni

petróleo (m)	ნავთობი	navtobi
oleoduto (m)	ნავთობსადენი	navtobsadeni
poço (m) de petróleo	ნავთობის კოშკურა	navtobis k'oshk'ura
torre (f) petrolífera	საბურღი კოშკურა	saburghi k'oshk'ura
petroleiro (m)	ტანკერი	t'ank'eri
areia (f)	ქვიშა	kvisha
calcário (m)	კირქვა	k'irkva
cascalho (m)	ხრეში	khreshi
turfa (f)	ტორფი	t'orpi
argila (f)	თიხა	tikha
carvão (m)	ქვანახშირი	kvanakhshiri
ferro (m)	რკინა	rk'ina
ouro (m)	ოქრო	okro
prata (f)	ვერცხლი	vertskhli
níquel (m)	ნიკელი	nik'eli
cobre (m)	სპილენძი	sp'ilendzi
zinco (m)	თუთია	tutia
manganês (m)	მარგანეცი	marganetsi
mercúrio (m)	ვერცხლისწყალი	vertskhlists'qali
chumbo (m)	ტყვია	t'qvia
mineral (m)	მინერალი	minerali
cristal (m)	კრისტალი	k'rist'ali
mármore (m)	მარმარილო	marmarilo
urânio (m)	ურანი	urani

A Terra. Parte 2

206. Tempo

tempo (m)	ამინდი	amindi
previsão (f) do tempo	ამინდის პროგნოზი	amindis p'rognozi
temperatura (f)	ტემპერატურა	t'emp'erat'ura
termômetro (m)	თერმომეტრი	termomet'ri
barômetro (m)	ბარომეტრი	baromet'ri
umidade (f)	ტენიანობა	t'enianoba
calor (m)	სიცხე	sitskhe
tórrido (adj)	ცხელი	tskheli
está muito calor	ცხელი	tskheli
está calor	თბილა	tbila
quente (morno)	თბილი	tbili
está frio	სიცივე	sitsive
frio (adj)	ცივი	tsivi
sol (m)	მზე	mze
brilhar (vi)	ანათებს	anatebs
de sol, ensolarado	მზიანი	mziani
nascer (vi)	ამოსვლა	amosvla
pôr-se (vr)	ჩასვლა	chasvla
nuvem (f)	ღრუბელი	ghrubeli
nublado (adj)	ღრუბლიანი	ghrubliani
nuvem (f) preta	ღრუბელი	ghrubeli
escuro, cinzento (adj)	მოღრუბლული	moghrubluli
chuva (f)	წვიმა	ts'vima
está a chover	წვიმა მოდის	ts'vima modis
chuvoso (adj)	წვიმიანი	ts'vimiani
chuviscar (vi)	ჟინჟღვლა	zhinzhghvla
chuva (f) torrencial	კოკისპირული	k'ok'isp'iruli
aguaceiro (m)	თავსხმა	tavskhma
forte (chuva, etc.)	ძლიერი	dzlieri
poça (f)	გუბე	gube
molhar-se (vr)	დასველება	dasveleba
nevoeiro (m)	ნისლი	nisli
de nevoeiro	ნისლიანი	nisliani
neve (f)	თოვლი	tovli
está nevando	თოვლი მოდის	tovli modis

207. Tempo extremo. Catástrofes naturais

trovoada (f)	ჭექა	ch'eka
relâmpago (m)	მეხი	mekhi
relampejar (vi)	ელვარება	elvareba
trovão (m)	ქუხილი	kukhili
trovejar (vi)	ქუხილი	kukhili
está trovejando	ქუხს	kukhs
granizo (m)	სეტყვა	set'qva
está caindo granizo	სეტყვა მოდის	set'qva modis
inundar (vt)	წალეკვა	ts'alek'va
inundação (f)	წყალდიდობა	ts'qaldidoba
terremoto (m)	მიწისძვრა	mits'isdzvra
abalo, tremor (m)	ბიძგი	bidzgi
epicentro (m)	ეპიცენტრი	ep'itsent'ri
erupção (f)	ამოფრქვევა	amoprkveva
lava (f)	ლავა	lava
tornado (m)	გრიგალი	grigali
tornado (m)	ტორნადო	t'ornado
tufão (m)	ტაიფუნი	t'aipuni
furacão (m)	გრიგალი	grigali
tempestade (f)	ქარიშხალი	karishkhali
tsunami (m)	ცუნამი	tsunami
ciclone (m)	ციკლონი	tsik'loni
mau tempo (m)	უამინდობა	uamindoba
incêndio (m)	ხანძარი	khandzari
catástrofe (f)	კატასტროფა	k'at'ast'ropa
meteorito (m)	მეტეორიტი	met'eorit'i
avalanche (f)	ზვავი	zvavi
deslizamento (m) de neve	ჩამოქცევა	chamoktseva
nevasca (f)	ქარბუქი	karbuki
tempestade (f) de neve	ბუქი	buki

208. Ruídos. Sons

silêncio (m)	სიჩუმე	sichume
som (m)	ხმა	khma
ruído, barulho (m)	ხმაური	khmauri
fazer barulho	ხმაურობა	khmauroba
ruidoso, barulhento (adj)	ხმაურიანი	khmauriani
alto	ხმამაღლა	khmamaghla
alto (ex. voz ~a)	ხმამაღალი	khmamaghali
constante (ruído, etc.)	მუდმივი	mudmivi

grito (m)	ყვირილი	qvirili
gritar (vi)	ყვირილი	qvirili
sussurro (m)	ჩურჩული	churchuli
sussurrar (vi, vt)	ჩურჩული	churchuli
latido (m)	ყეფა	qepa
latir (vi)	ყეფა	qepa
gemido (m)	კვნესა	k'vnesa
gemer (vi)	კვნესა	k'vnesa
tosse (f)	ხველა	khvela
tossir (vi)	ხველება	khveleba
assobio (m)	სტვენა	st'vena
assobiar (vi)	სტვენა	st'vena
batida (f)	კაკუნი	k'ak'uni
bater (à porta)	კაკუნი	k'ak'uni
estalar (vi)	ჭრიალი	ch'riali
estalido (m)	ჭრიალი	ch'riali
sirene (f)	სირენა	sirena
apito (m)	საყვირი	saqviri
apitar (vi)	გუგუნი	guguni
buzina (f)	სიგნალი	signali
buzinar (vi)	დასიგნალება	dasignaleba

209. Inverno

inverno (m)	ზამთარი	zamtari
de inverno	ზამთრის	zamtris
no inverno	ზამთარში	zamtarshi
neve (f)	თოვლი	tovli
está nevando	თოვლი მოდის	tovli modis
queda (f) de neve	თოვა	tova
amontoado (m) de neve	თოვლის ნამქერი	tovlis namkeri
floco (m) de neve	თოვლის ფიფქი	tovlis pipki
bola (f) de neve	თოვლის გუნდა	tovlis gunda
boneco (m) de neve	თოვლის კაცი	tovlis k'atsi
sincelo (m)	ყინულის ლოლო	qinulis lolo
dezembro (m)	დეკემბერი	dek'emberi
janeiro (m)	იანვარი	ianvari
fevereiro (m)	თებერვალი	tebervali
gelo (m)	ყინვა	qinva
gelado (tempo ~)	ყინვიანი	qinviani
abaixo de zero	ნულს ქვემოთ	nuls kvemot
primeira geada (f)	სუსხი	suskhi
geada (f) branca	თრთვილი	trtvili
frio (m)	სიცივე	sitsive

está frio	ცივა	tsiva
casaco (m) de pele	ქურქი	kurki
mitenes (f pl)	ხელთათმანი	kheltatmani
adoecer (vi)	ავად გახდომა	avad gakhdoma
resfriado (m)	გაცივება	gatsiveba
ficar resfriado	გაცივება	gatsiveba
gelo (m)	ყინული	qinuli
gelo (m) na estrada	მოლიპული გზა	molip'uli gza
congelar-se (vr)	გაყინვა	gaqinva
bloco (m) de gelo	ხორგი	khorgi
esqui (m)	თხილამურები	tkhilamurebi
esquiador (m)	მოთხილამურე	motkhilamure
esquiar (vi)	თხილამურებით სრიალი	tkhilamurebit sriali
patinar (vi)	ციგურებით სრიალი	tsigurebit sriali

Fauna

210. Mamíferos. Predadores

predador (m)	მტაცებელი	mt'atsebeli
tigre (m)	ვეფხვი	vepkhvi
leão (m)	ლომი	lomi
lobo (m)	მგელი	mgeli
raposa (f)	მელა	mela
jaguar (m)	იაგუარი	iaguari
leopardo (m)	ლეოპარდი	leop'ardi
chita (f)	გეპარდი	gep'ardi
pantera (f)	ავაზა	avaza
puma (m)	პუმა	p'uma
leopardo-das-neves (m)	თოვლის ჯიქი	tovlis jiki
lince (m)	ფოცხვერი	potskhveri
coiote (m)	კოიოტი	k'oiot'i
chacal (m)	ტურა	t'ura
hiena (f)	გიენა	giena

211. Animais selvagens

animal (m)	ცხოველი	tskhoveli
besta (f)	მხეცი	mkhetsi
esquilo (m)	ციყვი	tsiqvi
ouriço (m)	ზღარბი	zgharbi
lebre (f)	კურდღელი	k'urdgheli
coelho (m)	ბოცვერი	botsveri
texugo (m)	მაჩვი	machvi
guaxinim (m)	ენოტი	enot'i
hamster (m)	ზაზუნა	zazuna
marmota (f)	ზაზუნა	zazuna
toupeira (f)	თხუნელა	tkhunela
rato (m)	თაგვი	tagvi
ratazana (f)	ვირთხა	virtkha
morcego (m)	ღამურა	ghamura
arminho (m)	ყარყუმი	qarqumi
zibelina (f)	სიასამური	siasamuri
marta (f)	კვერნა	k'verna
doninha (f)	სინდიოფალა	sindiopala
visom (m)	წაულა	ts'aula

castor (m)	თახვი	takhvi
lontra (f)	წავი	ts'avi
cavalo (m)	ცხენი	tskheni
alce (m)	ცხენ-ირემი	tskhen-iremi
veado (m)	ირემი	iremi
camelo (m)	აქლემი	aklemi
bisão (m)	ბიზონი	bizoni
auroque (m)	დომბა	domba
búfalo (m)	კამეჩი	k'amechi
zebra (f)	ზებრა	zebra
antílope (m)	ანტილოპა	ant'ilop'a
corça (f)	შველი	shveli
gamo (m)	ფურ-ირემი	pur-iremi
camurça (f)	ქურციკი	kurtsik'i
javali (m)	ტახი	t'akhi
baleia (f)	ვეშაპი	veshap'i
foca (f)	სელაპი	selap'i
morsa (f)	ლომვეშაპი	lomveshap'i
urso-marinho (m)	ზღვის კატა	zghvis k'at'a
golfinho (m)	დელფინი	delpini
urso (m)	დათვი	datvi
urso (m) polar	თეთრი დათვი	tetri datvi
panda (m)	პანდა	p'anda
macaco (m)	მაიმუნი	maimuni
chimpanzé (m)	შიმპანზე	shimp'anze
orangotango (m)	ორანგუტანი	orangut'ani
gorila (m)	გორილა	gorila
macaco (m)	მაკაკა	mak'ak'a
gibão (m)	გიბონი	giboni
elefante (m)	სპილო	sp'ilo
rinoceronte (m)	მარტორქა	mart'orka
girafa (f)	ჟირაფი	zhirapi
hipopótamo (m)	ბეჰემოთი	behemoti
canguru (m)	კენგურუ	k'enguru
coala (m)	კოალა	k'oala
mangusto (m)	მანგუსტი	mangust'i
chinchila (f)	შინშილა	shinshila
cangambá (f)	თრითინა	tritina
porco-espinho (m)	მაჩვზღარბა	machvzgharba

212. Animais domésticos

gata (f)	კატა	k'at'a
gato (m) macho	ხვადი კატა	khvadi k'at'a
cavalo (m)	ცხენი	tskheni

garanhão (m)	ულაყი	ulaqi
égua (f)	ფაშატი	pashat'i
vaca (f)	ძროხა	dzrokha
touro (m)	ხარი	khari
boi (m)	ხარი	khari
ovelha (f)	დედალი ცხვარი	dedali tskhvari
carneiro (m)	ცხვარი	tskhvari
cabra (f)	თხა	tkha
bode (m)	ვაცი	vatsi
burro (m)	ვირი	viri
mula (f)	ჯორი	jori
porco (m)	ღორი	ghori
leitão (m)	გოჭი	goch'i
coelho (m)	ბოცვერი	botsveri
galinha (f)	ქათამი	katami
galo (m)	მამალი	mamali
pata (f), pato (m)	იხვი	ikhvi
pato (m)	მამალი იხვი	mamali ikhvi
ganso (m)	ბატი	bat'i
peru (m)	ინდაური	indauri
perua (f)	დედალი ინდაური	dedali indauri
animais (m pl) domésticos	შინაური ცხოველები	shinauri tskhovelebi
domesticado (adj)	მოშინაურებული	moshinaurebuli
domesticar (vt)	მოშინაურება	moshinaureba
criar (vt)	გამოზრდა	gamozrda
fazenda (f)	ფერმა	perma
aves (f pl) domésticas	შინაური ფრინველი	shinauri prinveli
gado (m)	საქონელი	sakoneli
rebanho (m), manada (f)	ჯოგი	jogi
estábulo (m)	თავლა	tavla
chiqueiro (m)	საღორე	saghore
estábulo (m)	ბოსელი	boseli
coelheira (f)	საკურდღლე	sak'urdghle
galinheiro (m)	საქათმე	sakatme

213. Cães. Raças de cães

cão (m)	ძაღლი	dzaghli
cão pastor (m)	ნაგაზი	nagazi
poodle (m)	პუდელი	p'udeli
linguicinha (m)	ტაქსა	t'aksa
buldogue (m)	ბულდოგი	buldogi
boxer (m)	ბოქსიორი	boksiori

mastim (m)	მასტიფი	mast'ipi
rottweiler (m)	როტვეილერი	rot'veileri
dóberman (m)	დობერმანი	dobermani
basset (m)	ბასეტი	baset'i
pastor inglês (m)	ბობტეილი	bobt'eili
dálmata (m)	დალმატინელი	dalmat'ineli
cocker spaniel (m)	კოკერ-სპანიელი	k'ok'er-sp'anieli
terra-nova (m)	ნიუფაუნდლენდი	niupaundlendi
são-bernardo (m)	სენბერნარი	senbernari
husky (m) siberiano	ხასკი	khask'i
Chow-chow (m)	ჩაუ-ჩაუ	chau-chau
spitz alemão (m)	შპიცი	shp'itsi
pug (m)	მოპსი	mop'si

214. Sons produzidos pelos animais

latido (m)	ყეფა	qepa
latir (vi)	ყეფა	qepa
miar (vi)	კნავილი	k'navili
ronronar (vi)	კრუტუნი	k'rut'uni
mugir (vaca)	ბღავილი	bghavili
bramir (touro)	ღმუილი	ghmuili
rosnar (vi)	ღრენა	ghrena
uivo (m)	ყმუილი	qmuili
uivar (vi)	ყმუილი	qmuili
ganir (vi)	წკმუტუნი	ts'k'mut'uni
balir (vi)	ბღავილი	bghavili
grunhir (vi)	ღრუტუნი	ghrut'uni
guinchar (vi)	წივილი	ts'ivili
coaxar (sapo)	ყიყინი	qiqini
zumbir (inseto)	ბზუილი	bzuili
ziziar (vi)	ჭრიჭინი	ch'rich'ini

215. Animais jovens

cria (f), filhote (m)	ნაშიერი	nashieri
gatinho (m)	კნუტი	k'nut'i
ratinho (m)	წრუწუნა	ts'ruts'una
cachorro (m)	ლეკვი	lek'vi
filhote (m) de lebre	ბაჭია	bach'ia
coelhinho (m)	ბაჭია	bach'ia
lobinho (m)	მგლის ლეკვი	mglis lek'vi
filhote (m) de raposa	მელიის ლეკვი	meliis lek'vi
filhote (m) de urso	დათვის ბელი	datvis beli

filhote (m) de leão	ბოკვერი	bok'veri
filhote (m) de tigre	ბოკვერი	bok'veri
filhote (m) de elefante	სპლიყვი	sp'liqvi
leitão (m)	გოჭი	goch'i
bezerro (m)	ხბო	khbo
cabrito (m)	ციკანი	tsik'ani
cordeiro (m)	ბატკანი	bat'k'ani
filhote (m) de veado	ნუკრი	nuk'ri
cria (f) de camelo	კოზაკი	k'ozak'i
filhote (m) de serpente	გველის წიწილი	gvelis ts'its'ili
filhote (m) de rã	პატარა ბაყაყი	p'at'ara baqaqi
cria (f) de ave	ბარტყი	bart'qi
pinto (m)	წიწილა	ts'its'ila
patinho (m)	იხვის ჭუკი	ikhvis ch'uk'i

216. Pássaros

pássaro (m), ave (f)	ფრინველი	prinveli
pombo (m)	მტრედი	mt'redi
pardal (m)	ბეღურა	beghura
chapim-real (m)	წიწკანა	ts'its'k'ana
pega-rabuda (f)	კაჭკაჭი	k'ach'k'ach'i
corvo (m)	ყვავი	qvavi
gralha-cinzenta (f)	ყვავი	qvavi
gralha-de-nuca-cinzenta (f)	ჭკა	ch'k'a
gralha-calva (f)	ჭილყვავი	ch'ilqvavi
pato (m)	იხვი	ikhvi
ganso (m)	ბატი	bat'i
faisão (m)	ხოხობი	khokhobi
águia (f)	არწივი	arts'ivi
açor (m)	ქორი	kori
falcão (m)	შევარდენი	shevardeni
abutre (m)	ორბი	orbi
condor (m)	კონდორი	k'ondori
cisne (m)	გედი	gedi
grou (m)	წერო	ts'ero
cegonha (f)	ყარყატი	qarqat'i
papagaio (m)	თუთიყუში	tutiqushi
beija-flor (m)	კოლიბრი	k'olibri
pavão (m)	ფარშევანგი	parshevangi
avestruz (m)	სირაქლემა	siraklema
garça (f)	ყანჩა	qancha
flamingo (m)	ფლამინგო	plamingo
pelicano (m)	ვარხვი	varkhvi
rouxinol (m)	ბულბული	bulbuli

andorinha (f)	მერცხალი	mertskhali
tordo-zornal (m)	შაშვი	shashvi
tordo-músico (m)	შაშვი მგალობელი	shashvi mgalobeli
melro-preto (m)	შავი შაშვი	shavi shashvi
andorinhão (m)	ნამგალა	namgala
cotovia (f)	ტოროლა	t'orola
codorna (f)	მწყერი	mts'qeri
pica-pau (m)	კოდალა	k'odala
cuco (m)	გუგული	guguli
coruja (f)	ბუ	bu
bufo-real (m)	ჭოტი	ch'ot'i
tetraz-grande (m)	ყრუანჩელა	qruanchela
tetraz-lira (m)	როჭო	roch'o
perdiz-cinzenta (f)	კაკაბი	k'ak'abi
estorninho (m)	შოშია	shoshia
canário (m)	იადონი	iadoni
galinha-do-mato (f)	გნოლქათამა	gnolkatama
tentilhão (m)	სკვინჩა	sk'vincha
dom-fafe (m)	სტვენია	st'venia
gaivota (f)	თოლია	tolia
albatroz (m)	ალბატროსი	albat'rosi
pinguim (m)	პინგვინი	p'ingvini

217. Pássaros. Canto e sons

cantar (vi)	გალობა	galoba
gritar, chamar (vi)	ყვირილი	qvirili
cantar (o galo)	ყივილი	qivili
cocorocó (m)	ყიყლიყო	qiqliqo
cacarejar (vi)	კაკანი	k'ak'ani
crocitar (vi)	ჩხავილი	chkhavili
grasnar (vi)	ყიყინი	qiqini
piar (vi)	წივილი	ts'ivili
chilrear, gorjear (vi)	ჭიკჭიკი	ch'ik'ch'ik'i

218. Peixes. Animais marinhos

brema (f)	კაპარჭინა	k'ap'arch'ina
carpa (f)	კობრი	k'obri
perca (f)	ქორჭილა	korch'ila
siluro (m)	ლოქო	loko
lúcio (m)	ქარიყლაპია	kariqlap'ia
salmão (m)	ორაგული	oraguli
esturjão (m)	თართი	tarti
arenque (m)	ქაშაყი	kashaqi
salmão (m) do Atlântico	გოჯი	goji

cavala, sarda (f)	სკუმბრია	sk'umbria
solha (f), linguado (m)	კამბალა	k'ambala
lúcio perca (m)	ფარგა	parga
bacalhau (m)	ვირთევზა	virtevza
atum (m)	თინუსი	tinusi
truta (f)	კალმახი	k'almakhi
enguia (f)	გველთევზა	gveltevza
raia (f) elétrica	ელექტრული სკაროსი	elekt'ruli sk'arosi
moreia (f)	მურენა	murena
piranha (f)	პირანია	p'irania
tubarão (m)	ზვიგენი	zvigeni
golfinho (m)	დელფინი	delpini
baleia (f)	ვეშაპი	veshap'i
caranguejo (m)	კიბორჩხალა	k'iborchkhala
água-viva (f)	მედუზა	meduza
polvo (m)	რვაფეხა	rvapekha
estrela-do-mar (f)	ზღვის ვარსკვლავი	zghvis varsk'vlavi
ouriço-do-mar (m)	ზღვის ზღარბი	zghvis zgharbi
cavalo-marinho (m)	ცხენთევზა	tskhentevza
ostra (f)	ხამანწკა	khamants'k'a
camarão (m)	კრევეტი	k'revet'i
lagosta (f)	ასთაკვი	astak'vi
lagosta (f)	ლანგუსტი	langust'i

219. Anfíbios. Répteis

cobra (f)	გველი	gveli
venenoso (adj)	შხამიანი	shkhamiani
víbora (f)	გველგესლა	gvelgesla
naja (f)	კობრა	k'obra
píton (m)	პითონი	p'itoni
jiboia (f)	მახრჩობელა გველი	makhrchobela gveli
cobra-de-água (f)	ანკარა	ank'ara
cascavel (f)	ჩხრიალა გველი	chkhriala gveli
anaconda (f)	ანაკონდა	anak'onda
lagarto (m)	ხვლიკი	khvlik'i
iguana (f)	იგუანა	iguana
varano (m)	ვარანი	varani
salamandra (f)	სალამანდრა	salamandra
camaleão (m)	ქამელეონი	kameleoni
escorpião (m)	მორიელი	morieli
tartaruga (f)	კუ	k'u
rã (f)	ბაყაყი	baqaqi
sapo (m)	გომბეშო	gombesho
crocodilo (m)	ნიანგი	niangi

220. Insetos

inseto (m)	მწერი	mts'eri
borboleta (f)	პეპელა	p'ep'ela
formiga (f)	ჭიანჭველა	ch'ianch'vela
mosca (f)	ბუზი	buzi
mosquito (m)	კოღო	k'ogho
escaravelho (m)	ხოჭო	khoch'o
vespa (f)	ბზიკი	bzik'i
abelha (f)	ფუტკარი	put'k'ari
mamangaba (f)	კელა	k'ela
moscardo (m)	კრაზანა	k'razana
aranha (f)	ობობა	oboba
teia (f) de aranha	აბლაბუდა	ablabuda
libélula (f)	ჭრიჭინა	ch'rich'ina
gafanhoto (m)	კალია	k'alia
traça (f)	ფარვანა	parvana
barata (f)	აბანოს ჭია	abanos ch'ia
carrapato (m)	ტკიპა	t'k'ip'a
pulga (f)	რწყილი	rts'qili
borrachudo (m)	ქინქლა	kinkla
gafanhoto (m)	კალია	k'alia
caracol (m)	ლოკოკინა	lok'ok'ina
grilo (m)	ჭრიჭინა	ch'rich'ina
pirilampo, vaga-lume (m)	ციცინათელა	tsitsinatela
joaninha (f)	ჭია მაია	ch'ia maia
besouro (m)	მაისის ხოჭო	maisis khoch'o
sanguessuga (f)	წურბელა	ts'urbela
lagarta (f)	მუხლუხი	mukhlukhi
minhoca (f)	ჭია	ch'ia
larva (f)	მატლი	mat'li

221. Animais. Partes do corpo

bico (m)	ნისკარტი	nisk'art'i
asas (f pl)	ფრთები	prtebi
pata (f)	ფეხი	pekhi
plumagem (f)	ბუმბული	bumbuli
pena, pluma (f)	ფრთა	prta
crista (f)	ბიბილო	bibilo
brânquias, guelras (f pl)	ლაყუჩები	laquchebi
ovas (f pl)	ქვირითი	kviriti
larva (f)	მატლი	mat'li
barbatana (f)	ფარფლი	parpli
escama (f)	ქერცლი	kertsli
presa (f)	ეშვი	eshvi

pata (f)	თათი	tati
focinho (m)	თავი	tavi
boca (f)	ხახა	khakha
cauda (f), rabo (m)	კუდი	k'udi
bigodes (m pl)	ულვაში	ulvashi
casco (m)	ჩლიქი	chliki
corno (m)	რქა	rka
carapaça (f)	ჯავშანი	javshani
concha (f)	ნიჟარა	nizhara
casca (f) de ovo	ნაჭუჭი	nach'uch'i
pelo (m)	ბეწვი	bets'vi
pele (f), couro (m)	ტყავი	t'qavi

222. Ações dos animais

voar (vi)	ფრენა	prena
dar voltas	ტრიალი	t'riali
voar (para longe)	გაფრენა	gaprena
bater as asas	ქნევა	kneva
bicar (vi)	კენკვა	k'enk'va
incubar (vt)	კვერცხებზე ჯდომა	k'vertskhebze jdoma
sair do ovo	გამოჩეკვა	gamochek'va
fazer o ninho	კეთება	k'eteba
rastejar (vi)	ცოცვა	tsotsva
picar (vt)	კბენა	k'bena
morder (cachorro, etc.)	კბენა	k'bena
cheirar (vt)	ყნოსვა	qnosva
latir (vi)	ყეფა	qepa
silvar (vi)	შიშინი	shishini
assustar (vt)	შეშინება	sheshineba
atacar (vt)	თავდასხმა	tavdaskhma
roer (vt)	ღრღნა	ghrghna
arranhar (vt)	კაწვრა	k'ats'vra
esconder-se (vr)	დამალვა	damalva
brincar (vi)	თამაში	tamashi
caçar (vi)	ნადირობა	nadiroba
hibernar (vi)	ძილში ყოფნა	dzilshi qopna
extinguir-se (vr)	გადაშენება	gadasheneba

223. Animais. Habitats

hábitat (m)	საცხოვრებელი გარემო	satskhovrebeli garemo
migração (f)	მიგრაცია	migratsia
montanha (f)	მთა	mta

recife (m)	რიფი	ripi
falésia (f)	კლდე	k'lde
floresta (f)	ტყე	t'qe
selva (f)	ჯუნგლები	junglebi
savana (f)	სავანა	savana
tundra (f)	ტუნდრა	t'undra
estepe (f)	ტრამალი	t'ramali
deserto (m)	უდაბნო	udabno
oásis (m)	ოაზისი	oazisi
mar (m)	ზღვა	zghva
lago (m)	ტბა	t'ba
oceano (m)	ოკეანე	ok'eane
pântano (m)	ჭაობი	ch'aobi
de água doce	მტკნარწყლიანი	mt'k'narts'qliani
lagoa (f)	ტბორი	t'bori
rio (m)	მდინარე	mdinare
toca (f) do urso	ბუნაგი	bunagi
ninho (m)	ბუდე	bude
buraco (m) de árvore	ფუღურო	pughuro
toca (f)	სორო	soro
formigueiro (m)	ჭიანჭველების ბუდე	ch'ianch'velebis bude

224. Cuidados com os animais

jardim (m) zoológico	ზოოპარკი	zoop'ark'i
reserva (f) natural	ნაკრძალი	nak'rdzali
viveiro (m)	სანაშენე	sanashene
jaula (f) de ar livre	ვოლიერი	volieri
jaula, gaiola (f)	გალია	galia
casinha (f) de cachorro	ხუხულა	khukhula
pombal (m)	სამტრედე	samt'rede
aquário (m)	აკვარიუმი	ak'variumi
delfinário (m)	დელფინარიუმი	delpinariumi
criar (vt)	გამრავლება	gamravleba
cria (f)	შთამომავლობა	shtamomavloba
domesticar (vt)	მოშინაურება	moshinaureba
adestrar (vt)	წრთვნა	ts'rtvna
ração (f)	საკვები	sak'vebi
alimentar (vt)	ჭმევა	ch'meva
loja (f) de animais	ზოომაღაზია	zoomaghazia
focinheira (m)	ალიკაპი	alik'ap'i
coleira (f)	საყელური	saqeluri
nome (do animal)	მეტსახელი	met'sakheli
pedigree (m)	წარმომავლობა	ts'armomavloba

225. Animais. Diversos

alcateia (f)	ხროვა	khrova
bando (pássaros)	გუნდი	gundi
cardume (peixes)	ქარავანი	karavani
manada (cavalos)	რემა	rema
macho (m)	მამალი	mamali
fêmea (f)	დედალი	dedali
faminto (adj)	მშიერი	mshieri
selvagem (adj)	გარეული	gareuli
perigoso (adj)	საშიში	sashishi

226. Cavalos

cavalo (m)	ცხენი	tskheni
raça (f)	ჯიში	jishi
potro (m)	კვიცი	k'vitsi
égua (f)	ფაშატი	pashat'i
mustangue (m)	მუსტანგი	must'angi
pônei (m)	პონი	p'oni
cavalo (m) de tiro	ტვირთმზიდავი	t'virtmzidavi
crina (f)	ფაფარი	papari
rabo (m)	კუდი	k'udi
casco (m)	ჩლიქი	chliki
ferradura (f)	ნალი	nali
ferrar (vt)	დაჭედვა	dach'edva
ferreiro (m)	მჭედელი	mch'edeli
sela (f)	უნაგირი	unagiri
estribo (m)	უზანგი	uzangi
brida (f)	აღვირი	aghviri
rédeas (f pl)	ლაგამი	lagami
chicote (m)	მათრახი	matrakhi
cavaleiro (m)	მხედარი	mkhedari
colocar sela	შეკაზმვა	shek'azmva
montar no cavalo	უნაგირზე დაჯდომა	unagirze dajdoma
galope (m)	ჭენება	ch'eneba
galopar (vi)	ჯირითი ჭენებით	jiriti ch'enebit
trote (m)	ჩორთი	chorti
a trote	ჩორთით	chortit
cavalo (m) de corrida	დოღის ცხენი	doghis tskheni
corridas (f pl)	დოღი	doghi
estábulo (m)	თავლა	tavla
alimentar (vt)	ჭმევა	ch'meva

feno (m)	თივა	tiva
dar água	დალევინება	dalevineba
limpar (vt)	გასუფთავება	gasuptaveba
pastar (vi)	ბალახობა	balakhoba
relinchar (vi)	ჭიხვინი	ch'ikhvini
dar um coice	ჩაწიხვლა	chats'ikhvla

Flora

227. Árvores

árvore (f)	ხე	khe
decídua (adj)	ფოთლოვანი	potlovani
conífera (adj)	წიწვოვანი	ts'its'vovani
perene (adj)	მარადმწვანე	maradmts'vane
macieira (f)	ვაშლის ხე	vashlis khe
pereira (f)	მსხალი	mskhali
cerejeira (f)	ბალი	bali
ginjeira (f)	ალუბალი	alubali
ameixeira (f)	ქლიავი	kliavi
bétula (f)	არყის ხე	arqis khe
carvalho (m)	მუხა	mukha
tília (f)	ცაცხვი	tsatskhvi
choupo-tremedor (m)	ვერხვი	verkhvi
bordo (m)	ნეკერჩხალი	nek'erchkhali
espruce (m)	ნაძვის ხე	nadzvis khe
pinheiro (m)	ფიჭვი	pich'vi
alerce, lariço (m)	ლარიქსი	lariksi
abeto (m)	სოჭი	soch'i
cedro (m)	კედარი	k'edari
choupo, álamo (m)	ალვის ხე	alvis khe
tramazeira (f)	ცირცელი	tsirtseli
salgueiro (m)	ტირიფი	t'iripi
amieiro (m)	მურყანი	murqani
faia (f)	წიფელი	ts'ipeli
ulmeiro, olmo (m)	თელა	tela
freixo (m)	იფანი	ipani
castanheiro (m)	წაბლი	ts'abli
magnólia (f)	მაგნოლია	magnolia
palmeira (f)	პალმა	p'alma
cipreste (m)	კვიპაროსი	k'vip'arosi
mangue (m)	მანგოს ხე	mangos khe
embondeiro, baobá (m)	ბაობაბი	baobabi
eucalipto (m)	ევკალიპტი	evk'alip't'i
sequoia (f)	სექვოია	sekvoia

228. Arbustos

arbusto (m)	ბუჩქი	buchki
arbusto (m), moita (f)	ბუჩქნარი	buchknari

videira (f)	ყურძენი	qurdzeni
vinhedo (m)	ვენახი	venakhi
framboeseira (f)	ჟოლო	zholo
groselheira-vermelha (f)	წითელი მოცხარი	ts'iteli motskhari
groselheira (f) espinhosa	ხურტკმელი	khurt'k'meli
acácia (f)	აკაცია	ak'atsia
bérberis (f)	კოწახური	k'ots'akhuri
jasmim (m)	ჟასმინი	zhasmini
junípero (m)	ღვია	ghvia
roseira (f)	ვარდის ბუჩქი	vardis buchki
roseira (f) brava	ასკილი	ask'ili

229. Cogumelos

cogumelo (m)	სოკო	sok'o
cogumelo (m) comestível	საჭმელი სოკო	sach'meli sok'o
cogumelo (m) venenoso	შხამიანი სოკო	shkhamiani sok'o
chapéu (m)	ქუდი	kudi
pé, caule (m)	ფეხი	pekhi
boleto, porcino (m)	თეთრი სოკო	tetri sok'o
boleto (m) alaranjado	ვერხვისძირა	verkhvisdzira
boleto (m) de bétula	არყისძირა	arqisdzira
cantarelo (m)	მიქლიო	miklio
rússula (f)	ბღავანა	bghavana
morchella (f)	მერცხალა სოკო	mertskhala sok'o
agário-das-moscas (m)	ბუზიხოცია	buzikhotsia
cicuta (f) verde	შხამა	shkhama

230. Frutos. Bagas

maçã (f)	ვაშლი	vashli
pera (f)	მსხალი	mskhali
ameixa (f)	ქლიავი	kliavi
morango (m)	მარწყვი	marts'qvi
ginja (f)	ალუბალი	alubali
cereja (f)	ბალი	bali
uva (f)	ყურძენი	qurdzeni
framboesa (f)	ჟოლო	zholo
groselha (f) negra	შავი მოცხარი	shavi motskhari
groselha (f) vermelha	წითელი მოცხარი	ts'iteli motskhari
groselha (f) espinhosa	ხურტკმელი	khurt'k'meli
oxicoco (m)	შტოში	sht'oshi
laranja (f)	ფორთოხალი	portokhali
tangerina (f)	მანდარინი	mandarini

abacaxi (m)	ანანასი	ananasi
banana (f)	ბანანი	banani
tâmara (f)	ფინიკი	pinik'i
limão (m)	ლიმონი	limoni
damasco (m)	გარგარი	gargari
pêssego (m)	ატამი	at'ami
quiuí (m)	კივი	k'ivi
toranja (f)	გრეიფრუტი	greiprut'i
baga (f)	კენკრა	k'enk'ra
bagas (f pl)	კენკრა	k'enk'ra
arando (m) vermelho	წითელი მოცვი	ts'iteli motsvi
morango-silvestre (m)	მარწყვი	marts'qvi
mirtilo (m)	მოცვი	motsvi

231. Flores. Plantas

flor (f)	ყვავილი	qvavili
buquê (m) de flores	თაიგული	taiguli
rosa (f)	ვარდი	vardi
tulipa (f)	ტიტა	t'it'a
cravo (m)	მიხაკი	mikhak'i
gladíolo (m)	გლადიოლუსი	gladiolusi
centáurea (f)	ღიღილო	ghighilo
campainha (f)	მაჩიტა	machit'a
dente-de-leão (m)	ბაბუაწვერა	babuats'vera
camomila (f)	გვირილა	gvirila
aloé (m)	ალოე	aloe
cacto (m)	კაქტუსი	k'akt'usi
fícus (m)	ფიკუსი	pik'usi
lírio (m)	შროშანი	shroshani
gerânio (m)	ნემსიწვერა	nemsits'vera
jacinto (m)	ჰიაცინტი	hiatsint'i
mimosa (f)	მიმოზა	mimoza
narciso (m)	ნარგიზი	nargizi
capuchinha (f)	ნასტურცია	nast'urtsia
orquídea (f)	ორქიდეა	orkidea
peônia (f)	იორდასალამი	iordasalami
violeta (f)	ია	ia
amor-perfeito (m)	სამფერა ია	sampera ia
não-me-esqueças (m)	კესანე	k'esane
margarida (f)	ზიზილა	zizila
papoula (f)	ყაყაჩო	qaqacho
cânhamo (m)	კანაფი	k'anapi
hortelã, menta (f)	პიტნა	p'it'na

lírio-do-vale (m)	შროშანა	shroshana
campânula-branca (f)	ენძელა	endzela
urtiga (f)	ჭინჭარი	ch'inch'ari
azedinha (f)	მჟაუნა	mzhauna
nenúfar (m)	წყლის შროშანი	ts'qlis shroshani
samambaia (f)	გვიმრა	gvimra
líquen (m)	ლიქენა	likena
estufa (f)	ორანჟერეა	oranzherea
gramado (m)	გაზონი	gazoni
canteiro (m) de flores	ყვავილნარი	qvavilnari
planta (f)	მცენარე	mtsenare
grama (f)	ბალახი	balakhi
folha (f) de grama	ბალახის ღერო	balakhis ghero
folha (f)	ფოთოლი	potoli
pétala (f)	ფურცელი	purtseli
talo (m)	ღერო	ghero
tubérculo (m)	ბოლქვი	bolkvi
broto, rebento (m)	ღივი	ghivi
espinho (m)	ეკალი	ek'ali
florescer (vi)	ყვავილობა	qvaviloba
murchar (vi)	ჭკნობა	ch'k'noba
cheiro (m)	სუნი	suni
cortar (flores)	მოჭრა	moch'ra
colher (uma flor)	მოწყვეტა	mots'qvet'a

232. Cereais, grãos

grão (m)	მარცვალი	martsvali
cereais (plantas)	მარცვლეული მცენარე	martsvleuli mtsenare
espiga (f)	თავთავი	tavtavi
trigo (m)	ხორბალი	khorbali
centeio (m)	ჭვავი	ch'vavi
aveia (f)	შვრია	shvria
painço (m)	ფეტვი	pet'vi
cevada (f)	ქერი	keri
milho (m)	სიმინდი	simindi
arroz (m)	ბრინჯი	brinji
trigo-sarraceno (m)	წიწიბურა	ts'its'ibura
ervilha (f)	ბარდა	barda
feijão (m) roxo	ლობიო	lobio
soja (f)	სოია	soia
lentilha (f)	ოსპი	osp'i
feijão (m)	პარკები	p'ark'ebi

233. Vegetais. Verduras

vegetais (m pl)	ბოსტნეული	bost'neuli
verdura (f)	მწვანილი	mts'vanili
tomate (m)	პომიდორი	p'omidori
pepino (m)	კიტრი	k'it'ri
cenoura (f)	სტაფილო	st'apilo
batata (f)	კარტოფილი	k'art'opili
cebola (f)	ხახვი	khakhvi
alho (m)	ნიორი	niori
couve (f)	კომბოსტო	k'ombost'o
couve-flor (f)	ყვავილოვანი კომბოსტო	qvavilovani k'ombost'o
couve-de-bruxelas (f)	ბრიუსელის კომბოსტო	briuselis k'ombost'o
beterraba (f)	ჭარხალი	ch'arkhali
berinjela (f)	ბადრიჯანი	badrijani
abobrinha (f)	ყაბაყი	qabaqi
abóbora (f)	გოგრა	gogra
nabo (m)	თალგამი	talgami
salsa (f)	ოხრახუში	okhrakhushi
endro, aneto (m)	კამა	k'ama
alface (f)	სალათი	salati
aipo (m)	ნიახური	niakhuri
aspargo (m)	სატაცური	sat'atsuri
espinafre (m)	ისპანახი	isp'anakhi
ervilha (f)	ბარდა	barda
feijão (~ soja, etc.)	პარკები	p'ark'ebi
milho (m)	სიმინდი	simindi
feijão (m) roxo	ლობიო	lobio
pimentão (m)	წიწაკა	ts'its'ak'a
rabanete (m)	ბოლოკი	bolok'i
alcachofra (f)	არტიშოკი	art'ishok'i

GEOGRAFIA REGIONAL

Países. Nacionalidades

234. Europa Ocidental

Europa (f)	ევროპა	evrop'a
União (f) Europeia	ევროპის კავშირი	evrop'is k'avshiri
europeu (m)	ევროპელი	evrop'eli
europeu (adj)	ევროპული	evrop'uli
Áustria (f)	ავსტრია	avst'ria
austríaco (m)	ავსტრიელი	avst'rieli
austríaca (f)	ავსტრიელი ქალი	avst'rieli kali
austríaco (adj)	ავსტრიული	avst'riuli
Grã-Bretanha (f)	დიდი ბრიტანეთი	didi brit'aneti
Inglaterra (f)	ინგლისი	inglisi
inglês (m)	ინგლისელი	ingliseli
inglesa (f)	ინგლისელი ქალი	ingliseli kali
inglês (adj)	ინგლისური	inglisuri
Bélgica (f)	ბელგია	belgia
belga (m)	ბელგიელი	belgieli
belga (f)	ბელგიელი ქალი	belgieli kali
belga (adj)	ბელგიური	belgiuri
Alemanha (f)	გერმანია	germania
alemão (m)	გერმანელი	germaneli
alemã (f)	გერმანელი ქალი	germaneli kali
alemão (adj)	გერმანული	germanuli
Países Baixos (m pl)	ნიდერლანდები	niderlandebi
Holanda (f)	ჰოლანდია	holandia
holandês (m)	ჰოლანდიელი	holandieli
holandesa (f)	ჰოლანდიელი ქალი	holandieli kali
holandês (adj)	ჰოლანდიური	holandiuri
Grécia (f)	საბერძნეთი	saberdzneti
grego (m)	ბერძენი	berdzeni
grega (f)	ბერძენი ქალი	berdzeni kali
grego (adj)	ბერძნული	berdznuli
Dinamarca (f)	დანია	dania
dinamarquês (m)	დანიელი	danieli
dinamarquesa (f)	დანიელი ქალი	danieli kali
dinamarquês (adj)	დანიური	daniuri
Irlanda (f)	ირლანდია	irlandia
irlandês (m)	ირლანდიელი	irlandieli

irlandesa (f)	ირლანდიელი ქალი	irlandieli kali
irlandês (adj)	ირლანდიური	irlandiuri
Islândia (f)	ისლანდია	islandia
islandês (m)	ისლანდიელი	islandieli
islandesa (f)	ისლანდიელი ქალი	islandieli kali
islandês (adj)	ისლანდიური	islandiuri
Espanha (f)	ესპანეთი	esp'aneti
espanhol (m)	ესპანელი	esp'aneli
espanhola (f)	ესპანელი ქალი	esp'aneli kali
espanhol (adj)	ესპანური	esp'anuri
Itália (f)	იტალია	it'alia
italiano (m)	იტალიელი	it'alieli
italiana (f)	იტალიელი ქალი	it'alieli kali
italiano (adj)	იტალიური	it'aliuri
Chipre (m)	კვიპროსი	k'vip'rosi
cipriota (m)	კვიპროსელი	k'vip'roseli
cipriota (f)	კვიპროსელი ქალი	k'vip'roseli kali
cipriota (adj)	კვიპროსული	k'vip'rosuli
Malta (f)	მალტა	malt'a
maltês (m)	მალტელი	malt'eli
maltesa (f)	მალტელი ქალი	malt'eli kali
maltês (adj)	მალტური	malt'uri
Noruega (f)	ნორვეგია	norvegia
norueguês (m)	ნორვეგიელი	norvegieli
norueguesa (f)	ნორვეგიელი ქალი	norvegieli kali
norueguês (adj)	ნორვეგიული	norvegiuli
Portugal (m)	პორტუგალია	p'ort'ugalia
português (m)	პორტუგალიელი	p'ort'ugalieli
portuguesa (f)	პორტუგალიელი ქალი	p'ort'ugalieli kali
português (adj)	პორტუგალიური	p'ort'ugaliuri
Finlândia (f)	ფინეთი	pineti
finlandês (m)	ფინელი	pineli
finlandesa (f)	ფინელი ქალი	pineli kali
finlandês (adj)	ფინური	pinuri
França (f)	საფრანგეთი	saprangeti
francês (m)	ფრანგი	prangi
francesa (f)	ფრანგი ქალი	prangi kali
francês (adj)	ფრანგული	pranguli
Suécia (f)	შვეცია	shvetsia
sueco (m)	შვედი	shvedi
sueca (f)	შვედი ქალი	shvedi kali
sueco (adj)	შვედური	shveduri
Suíça (f)	შვეიცარია	shveitsaria
suíço (m)	შვეიცარიელი	shveitsarieli
suíça (f)	შვეიცარიელი ქალი	shveitsarieli kali

suíço (adj)	შვეიცარიული	shveitsariuli
Escócia (f)	შოტლანდია	shot'landia
escocês (m)	შოტლანდიელი	shot'landieli
escocesa (f)	შოტლანდიელი ქალი	shot'landieli kali
escocês (adj)	შოტლანდიური	shot'landiuri
Vaticano (m)	ვატიკანი	vat'ik'ani
Liechtenstein (m)	ლიხტენშტეინი	likht'ensht'eini
Luxemburgo (m)	ლუქსემბურგი	luksemburgi
Mônaco (m)	მონაკო	monak'o

235. Europa Central e de Leste

Albânia (f)	ალბანეთი	albaneti
albanês (m)	ალბანელი	albaneli
albanesa (f)	ალბანელი ქალი	albaneli kali
albanês (adj)	ალბანური	albanuri
Bulgária (f)	ბულგარეთი	bulgareti
búlgaro (m)	ბულგარელი	bulgareli
búlgara (f)	ბულგარელი ქალი	bulgareli kali
búlgaro (adj)	ბულგარული	bulgaruli
Hungria (f)	უნგრეთი	ungreti
húngaro (m)	უნგრი	ungri
húngara (f)	უნგრი ქალი	ungri kali
húngaro (adj)	უნგრული	ungruli
Letônia (f)	ლატვია	lat'via
letão (m)	ლატვიელი	lat'vieli
letã (f)	ლატვიელი ქალი	lat'vieli kali
letão (adj)	ლატვიური	lat'viuri
Lituânia (f)	ლიტვა	lit'va
lituano (m)	ლიტველი	lit'veli
lituana (f)	ლიტველი ქალი	lit'veli kali
lituano (adj)	ლიტვური	lit'vuri
Polônia (f)	პოლონეთი	p'oloneti
polonês (m)	პოლონელი	p'oloneli
polonesa (f)	პოლონელი ქალი	p'oloneli kali
polonês (adj)	პოლონური	p'olonuri
Romênia (f)	რუმინეთი	rumineti
romeno (m)	რუმინელი	rumineli
romena (f)	რუმინელი ქალი	rumineli kali
romeno (adj)	რუმინული	ruminuli
Sérvia (f)	სერბია	serbia
sérvio (m)	სერბი	serbi
sérvia (f)	სერბი ქალი	serbi kali
sérvio (adj)	სერბული	serbuli
Eslováquia (f)	სლოვაკია	slovak'ia
eslovaco (m)	სლოვაკი	slovak'i

eslovaca (f)	სლოვაკი ქალი	slovak'i kali
eslovaco (adj)	სლოვაკური	slovak'uri
Croácia (f)	ხორვატია	khorvat'ia
croata (m)	ხორვატი	khorvat'i
croata (f)	ხორვატი ქალი	khorvat'i kali
croata (adj)	ხორვატული	khorvat'uli
República (f) Checa	ჩეხეთი	chekheti
checo (m)	ჩეხი	chekhi
checa (f)	ჩეხი ქალი	chekhi kali
checo (adj)	ჩეხური	chekhuri
Estônia (f)	ესტონეთი	est'oneti
estônio (m)	ესტონი	est'oni
estônia (f)	ესტონი ქალი	est'oni kali
estônio (adj)	ესტონური	est'onuri
Bósnia e Herzegovina (f)	ბოსნია და ჰერცოგოვინა	bosnia da hertsogovina
Macedônia (f)	მაკედონია	mak'edonia
Eslovênia (f)	სლოვენია	slovenia
Montenegro (m)	ჩერნოგორია	chernogoria

236. Países da ex-URSS

Azerbaijão (m)	აზერბაიჯანი	azerbaijani
azeri (m)	აზერბაიჯანელი	azerbaijaneli
azeri (f)	აზერბაიჯანელი ქალი	azerbaijaneli kali
azeri, azerbaijano (adj)	აზერბაიჯანული	azerbaijanuli
Armênia (f)	სომხეთი	somkheti
armênio (m)	სომეხი	somekhi
armênia (f)	სომეხი ქალი	somekhi kali
armênio (adj)	სომხური	somkhuri
Belarus	ბელორუსია	belorusia
bielorrusso (m)	ბელორუსი	belorusi
bielorrussa (f)	ბელორუსი ქალი	belorusi kali
bielorrusso (adj)	ბელორუსული	belorusuli
Geórgia (f)	საქართველო	sakartvelo
georgiano (m)	ქართველი	kartveli
georgiana (f)	ქართველი ქალი	kartveli kali
georgiano (adj)	ქართული	kartuli
Cazaquistão (m)	ყაზახეთი	qazakheti
cazaque (m)	ყაზახი	qazakhi
cazaque (f)	ყაზახი ქალი	qazakhi kali
cazaque (adj)	ყაზახური	qazakhuri
Quirguistão (m)	ყირგიზეთი	qirgizeti
quirguiz (m)	ყირგიზი	qirgizi
quirguiz (f)	ყირგიზი ქალი	qirgizi kali
quirguiz (adj)	ყირგიზული	qirgizuli

Moldávia (f)	მოლდოვა	moldova
moldavo (m)	მოლდოველი	moldoveli
moldava (f)	მოლდოველი ქალი	moldoveli kali
moldavo (adj)	მოლდოვური	moldovuri
Rússia (f)	რუსეთი	ruseti
russo (m)	რუსი	rusi
russa (f)	რუსი ქალი	rusi kali
russo (adj)	რუსული	rusuli
Tajiquistão (m)	ტაჯიკეთი	t'ajik'eti
tajique (m)	ტაჯიკი	t'ajik'i
tajique (f)	ტაჯიკი ქალი	t'ajik'i kali
tajique (adj)	ტაჯიკური	t'ajik'uri
Turquemenistão (m)	თურქმენეთი	turkmeneti
turcomeno (m)	თურქმენი	turkmeni
turcomena (f)	თურქმენი ქალი	turkmeni kali
turcomeno (adj)	თურქმენული	turkmenuli
Uzbequistão (f)	უზბეკეთი	uzbek'eti
uzbeque (m)	უზბეკი	uzbek'i
uzbeque (f)	უზბეკი ქალი	uzbek'i kali
uzbeque (adj)	უზბეკური	uzbek'uri
Ucrânia (f)	უკრაინა	uk'raina
ucraniano (m)	უკრაინელი	uk'raineli
ucraniana (f)	უკრაინელი ქალი	uk'raineli kali
ucraniano (adj)	უკრაინული	uk'rainuli

237. Asia

Ásia (f)	აზია	azia
asiático (adj)	აზიური	aziuri
Vietnã (m)	ვიეტნამი	viet'nami
vietnamita (m)	ვიეტნამელი	viet'nameli
vietnamita (f)	ვიეტნამელი ქალი	viet'nameli kali
vietnamita (adj)	ვიეტნამური	viet'namuri
Índia (f)	ინდოეთი	indoeti
indiano (m)	ინდოელი	indoeli
indiana (f)	ინდოელი ქალი	indoeli kali
indiano (adj)	ინდური	induri
Israel (m)	ისრაელი	israeli
israelense (m)	ისრაელელი	israeleli
israelita (f)	ისრაელელი ქალი	israeleli kali
israelense (adj)	ისრაელის	israelis
judeu (m)	ებრაელი	ebraeli
judia (f)	ებრაელი ქალი	ebraeli kali
judeu (adj)	ებრაული	ebrauli
China (f)	ჩინეთი	chineti

chinês (m)	ჩინელი	chineli
chinesa (f)	ჩინელი ქალი	chineli kali
chinês (adj)	ჩინური	chinuri
coreano (m)	კორეელი	k'oreeli
coreana (f)	კორეელი ქალი	k'oreeli kali
coreano (adj)	კორეული	k'oreuli
Líbano (m)	ლიბანი	libani
libanês (m)	ლიბანელი	libaneli
libanesa (f)	ლიბანელი ქალი	libaneli kali
libanês (adj)	ლიბანური	libanuri
Mongólia (f)	მონღოლეთი	mongholeti
mongol (m)	მონღოლი	mongholi
mongol (f)	მონღოლი ქალი	mongholi kali
mongol (adj)	მონღოლური	mongholuri
Malásia (f)	მალაიზია	malaizia
malaio (m)	მალაიზიელი	malaizieli
malaia (f)	მალაიზიელი ქალი	malaizieli kali
malaio (adj)	მალაიზიური	malaiziuri
Paquistão (m)	პაკისტანი	p'ak'ist'ani
paquistanês (m)	პაკისტანელი	p'ak'ist'aneli
paquistanesa (f)	პაკისტანელი ქალი	p'ak'ist'aneli kali
paquistanês (adj)	პაკისტანური	p'ak'ist'anuri
Arábia (f) Saudita	საუდის არაბეთი	saudis arabeti
árabe (m)	არაბი	arabi
árabe (f)	არაბი ქალი	arabi kali
árabe (adj)	არაბული	arabuli
Tailândia (f)	ტაილანდი	t'ailandi
tailandês (m)	ტაილანდელი	t'ailandeli
tailandesa (f)	ტაილანდელი ქალი	t'ailandeli kali
tailandês (adj)	ტაილანდური	t'ailanduri
Taiwan (m)	ტაივანი	t'aivani
taiwanês (m)	ტაივანელი	t'aivaneli
taiwanesa (f)	ტაივანელი ქალი	t'aivaneli kali
taiwanês (adj)	ტაივანური	t'aivanuri
Turquia (f)	თურქეთი	turketi
turco (m)	თურქი	turki
turca (f)	თურქი ქალი	turki kali
turco (adj)	თურქული	turkuli
Japão (m)	იაპონია	iap'onia
japonês (m)	იაპონელი	iap'oneli
japonesa (f)	იაპონელი ქალი	iap'oneli kali
japonês (adj)	იაპონური	iap'onuri
Afeganistão (m)	ავღანეთი	avghaneti
Bangladesh (m)	ბანგლადეში	bangladeshi
Indonésia (f)	ინდონეზია	indonezia

Jordânia (f)	იორდანია	iordania
Iraque (m)	ერაყი	eraqi
Irã (m)	ირანი	irani
Camboja (f)	კამბოჯა	k'amboja
Kuwait (m)	კუვეიტი	k'uveit'i
Laos (m)	ლაოსი	laosi
Birmânia (f)	მიანმარი	mianmari
Nepal (m)	ნეპალი	nep'ali
Emirados Árabes Unidos	აგს	ags
Síria (f)	სირია	siria
Palestina (f)	პალესტინის ავტონომია	p'alest'inis avt'onomia
Coreia (f) do Sul	სამხრეთ კორეა	samkhret k'orea
Coreia (f) do Norte	ჩრდილოეთ კორეა	chrdiloet k'orea

238. América do Norte

Estados Unidos da América	ამერიკის შეერთებული შტატები	amerik'is sheertebuli sht'at'ebi
americano (m)	ამერიკელი	amerik'eli
americana (f)	ამერიკელი ქალი	amerik'eli kali
americano (adj)	ამერიკული	amerik'uli
Canadá (m)	კანადა	k'anada
canadense (m)	კანადელი	k'anadeli
canadense (f)	კანადელი ქალი	k'anadeli kali
canadense (adj)	კანადური	k'anaduri
México (m)	მექსიკა	meksik'a
mexicano (m)	მექსიკელი	meksik'eli
mexicana (f)	მექსიკელი ქალი	meksik'eli kali
mexicano (adj)	მექსიკური	meksik'uri

239. América Central do Sul

Argentina (f)	არგენტინა	argent'ina
argentino (m)	არგენტინელი	argent'ineli
argentina (f)	არგენტინელი ქალი	argent'ineli kali
argentino (adj)	არგენტინული	argent'inuli
Brasil (m)	ბრაზილია	brazilia
brasileiro (m)	ბრაზილიელი	brazilieli
brasileira (f)	ბრაზილიელი ქალი	brazilieli kali
brasileiro (adj)	ბრაზილიური	braziliuri
Colômbia (f)	კოლუმბია	k'olumbia
colombiano (m)	კოლუმბიელი	k'olumbieli
colombiana (f)	კოლუმბიელი ქალი	k'olumbieli kali
colombiano (adj)	კოლუმბიური	k'olumbiuri
Cuba (f)	კუბა	k'uba
cubano (m)	კუბელი	k'ubeli

cubana (f)	კუბელი ქალი	k'ubeli kali
cubano (adj)	კუბური	k'uburi
Chile (m)	ჩილე	chile
chileno (m)	ჩილელი	chileli
chilena (f)	ჩილელი ქალი	chileli kali
chileno (adj)	ჩილეს	chiles
Bolívia (f)	ბოლივია	bolivia
Venezuela (f)	ვენესუელა	venesuela
Paraguai (m)	პარაგვაი	p'aragvai
Peru (m)	პერუ	p'eru
Suriname (m)	სურინამი	surinami
Uruguai (m)	ურუგვაი	urugvai
Equador (m)	ეკვადორი	ek'vadori
Bahamas (f pl)	ბაჰამის კუნძულები	bahamis k'undzulebi
Haiti (m)	ჰაიტი	hait'i
República Dominicana	დომინიკის რესპუბლიკა	dominik'is resp'ublik'a
Panamá (m)	პანამა	p'anama
Jamaica (f)	იამაიკა	iamaik'a

240. Africa

Egito (m)	ეგვიპტე	egvip't'e
egípcio (m)	ეგვიპტელი	egvip't'eli
egípcia (f)	ეგვიპტელი ქალი	egvip't'eli kali
egípcio (adj)	ეგვიპტური	egvip't'uri
Marrocos	მაროკო	marok'o
marroquino (m)	მაროკოელი	marok'oeli
marroquina (f)	მაროკოელი ქალი	marok'oeli kali
marroquino (adj)	მაროკოული	marok'ouli
Tunísia (f)	ტუნისი	t'unisi
tunisiano (m)	ტუნისელი	t'uniseli
tunisiana (f)	ტუნისელი ქალი	t'uniseli kali
tunisiano (adj)	ტუნისური	t'unisuri
Gana (f)	განა	gana
Zanzibar (m)	ზანზიბარი	zanzibari
Quênia (f)	კენია	k'enia
Líbia (f)	ლივია	livia
Madagascar (m)	მადაგასკარი	madagask'ari
Namíbia (f)	ნამიბია	namibia
Senegal (m)	სენეგალი	senegali
Tanzânia (f)	ტანზანია	t'anzania
África (f) do Sul	სამხრეთ აფრიკის რესპუბლიკა	samkhret aprik'is resp'ublik'a
africano (m)	აფრიკელი	aprik'eli
africana (f)	აფრიკელი ქალი	aprik'eli kali
africano (adj)	აფრიკული	aprik'uli

241. Austrália. Oceania

Austrália (f)	ავსტრალია	avst'ralia
australiano (m)	ავსტრალიელი	avst'ralieli
australiana (f)	ავსტრალიელი ქალი	avst'ralieli kali
australiano (adj)	ავსტრალიური	avst'raliuri
Nova Zelândia (f)	ახალი ზელანდია	akhali zelandia
neozelandês (m)	ახალზელანდიელი	akhalzelandieli
neozelandesa (f)	ახალზელანდიელი ქალი	akhalzelandieli kali
neozelandês (adj)	ახალზელანდიური	akhalzelandiuri
Tasmânia (f)	ტასმანია	t'asmania
Polinésia (f) Francesa	საფრანგეთის პოლინეზია	saprangetis p'olinezia

242. Cidades

Amesterdã, Amsterdã	ამსტერდამი	amst'erdami
Ancara	ანკარა	ank'ara
Atenas	ათენი	ateni
Bagdade	ბაღდადი	baghdadi
Bancoque	ბანკოკი	bank'ok'i
Barcelona	ბარსელონა	barselona
Beirute	ბეირუთი	beiruti
Berlim	ბერლინი	berlini
Bonn	ბონი	boni
Bordéus	ბორდო	bordo
Bratislava	ბრატისლავა	brat'islava
Bruxelas	ბრიუსელი	briuseli
Bucareste	ბუხარესტი	bukharest'i
Budapeste	ბუდაპეშტი	budap'esht'i
Cairo	კაირო	k'airo
Calcutá	კალკუტა	k'alk'ut'a
Chicago	ჩიკაგო	chik'ago
Cidade do México	მეხიკო	mekhik'o
Copenhague	კოპენჰაგენი	k'op'enhageni
Dar es Salaam	დარ-ეს-სალამი	dar-es-salami
Deli	დელი	deli
Dubai	დუბაი	dubai
Dublim	დუბლინი	dublini
Düsseldorf	დიუსელდორფი	diuseldorpi
Estocolmo	სტოკჰოლმი	st'ok'holmi
Florença	ფლორენცია	plorentsia
Frankfurt	ფრანკფურტი	prank'purt'i
Genebra	ჟენევა	zheneva
Haia	ჰააგა	haaga
Hamburgo	ჰამბურგი	hamburgi
Hanói	ჰანოი	hanoi

Havana	გავანა	gavana
Helsinque	ჰელსინკი	helsink'i
Hiroshima	ხიროსიმა	khirosima
Hong Kong	ჰონკონგი	honk'ongi
Istambul	სტამბული	st'ambuli
Jerusalém	იერუსალიმი	ierusalimi
Kiev, Quieve	კიევი	k'ievi
Kuala Lumpur	კუალა-ლუმპური	k'uala-lump'uri
Lion	ლიონი	lioni
Lisboa	ლისაბონი	lisaboni
Londres	ლონდონი	londoni
Los Angeles	ლოს-ანჟელესი	los-anzhelesi
Madrid	მადრიდი	madridi
Marselha	მარსელი	marseli
Miami	მაიამი	maiami
Montreal	მონრეალი	monreali
Moscou	მოსკოვი	mosk'ovi
Mumbai	ბომბეი	bombei
Munique	მიუნხენი	miunkheni
Nairóbi	ნაირობი	nairobi
Nápoles	ნეაპოლი	neap'oli
Nice	ნიცა	nitsa
Nova York	ნიუ-იორკი	niu-iork'i
Oslo	ოსლო	oslo
Ottawa	ოტავა	ot'ava
Paris	პარიზი	p'arizi
Pequim	პეკინი	p'ek'ini
Praga	პრაღა	p'ragha
Rio de Janeiro	რიო-დე-ჟანეირო	rio-de-zhaneiro
Roma	რომი	romi
São Petersburgo	სანკტ-პეტერბურგი	sank't'-p'et'erburgi
Seul	სეული	seuli
Singapura	სინგაპური	singap'uri
Sydney	სიდნეი	sidnei
Taipé	ტაიბეი	t'aibei
Tóquio	ტოკიო	t'ok'io
Toronto	ტორონტო	t'oront'o
Varsóvia	ვარშავა	varshava
Veneza	ვენეცია	venetsia
Viena	ვენა	vena
Washington	ვაშინგტონი	vashingt'oni
Xangai	შანხაი	shankhai

243. Política. Governo. Parte 1

política (f)	პოლიტიკა	p'olit'ik'a
político (adj)	პოლიტიკური	p'olit'ik'uri

político (m)	პოლიტიკოსი	p'olit'ik'osi
estado (m)	სახელმწიფო	sakhelmts'ipo
cidadão (m)	მოქალაქე	mokalake
cidadania (f)	მოქალაქეობა	mokalakeoba
brasão (m) de armas	ეროვნული ღერბი	erovnuli gherbi
hino (m) nacional	სახელმწიფო ჰიმნი	sakhelmts'ipo himni
governo (m)	მთავრობა	mtavroba
Chefe (m) de Estado	ქვეყნის ხელმძღვანელი	kveqnis khelmdzghvaneli
parlamento (m)	პარლამენტი	p'arlament'i
partido (m)	პარტია	p'art'ia
capitalismo (m)	კაპიტალიზმი	k'ap'it'alizmi
capitalista (adj)	კაპიტალისტური	k'ap'it'alist'uri
socialismo (m)	სოციალიზმი	sotsializmi
socialista (adj)	სოციალისტური	sotsialist'uri
comunismo (m)	კომუნიზმი	k'omunizmi
comunista (adj)	კომუნისტური	k'omunist'uri
comunista (m)	კომუნისტი	k'omunist'i
democracia (f)	დემოკრატია	demok'rat'ia
democrata (m)	დემოკრატი	demok'rat'i
democrático (adj)	დემოკრატიული	demok'rat'iuli
Partido (m) Democrático	დემოკრატიული პარტია	demok'rat'iuli p'art'ia
liberal (m)	ლიბერალი	liberali
liberal (adj)	ლიბერალური	liberaluri
conservador (m)	კონსერვატორი	k'onservat'ori
conservador (adj)	კონსერვატიული	k'onservat'iuli
república (f)	რესპუბლიკა	resp'ublik'a
republicano (m)	რესპუბლიკელი	resp'ublik'eli
Partido (m) Republicano	რესპუბლიკური პარტია	resp'ublik'uri p'art'ia
eleições (f pl)	არჩევნები	archevnebi
eleger (vt)	არჩევა	archeva
eleitor (m)	ამომრჩეველი	amomrcheveli
campanha (f) eleitoral	საარჩევნო კამპანია	saarchevno k'amp'ania
votação (f)	ხმის მიცემა	khmis mitsema
votar (vi)	ხმის მიცემა	khmis mitsema
sufrágio (m)	ხმის უფლება	khmis upleba
candidato (m)	კანდიდატი	k'andidat'i
candidatar-se (vi)	ბალოტირება	balot'ireba
campanha (f)	კამპანია	k'amp'ania
da oposição	ოპოზიციური	op'ozitsiuri
oposição (f)	ოპოზიცია	op'ozitsia
visita (f)	ვიზიტი	vizit'i
visita (f) oficial	ოფიციალური ვიზიტი	opitsialuri vizit'i

internacional (adj)	საერთაშორისო	saertashoriso
negociações (f pl)	მოლაპარაკება	molap'arak'eba
negociar (vi)	მოლაპარაკების წარმოება	molap'arak'ebis ts'armoeba

244. Política. Governo. Parte 2

sociedade (f)	საზოგადოება	sazogadoeba
constituição (f)	კონსტიტუცია	k'onst'it'utsia
poder (ir para o ~)	ხელისუფლება	khelisupleba
corrupção (f)	კორუფცია	k'oruptsia
lei (f)	კანონი	k'anoni
legal (adj)	კანონიერი	k'anonieri
justeza (f)	სამართლიანობა	samartlianoba
justo (adj)	სამართლიანი	samartliani
comitê (m)	კომიტეტი	k'omit'et'i
projeto-lei (m)	კანონპროექტი	k'anonp'roekt'i
orçamento (m)	ბიუჯეტი	biujet'i
política (f)	პოლიტიკა	p'olit'ik'a
reforma (f)	რეფორმა	reporma
radical (adj)	რადიკალური	radik'aluri
força (f)	ძალა	dzala
poderoso (adj)	ძლევამოსილი	dzlevamosili
partidário (m)	მომხრე	momkhre
influência (f)	გავლენა	gavlena
regime (m)	რეჟიმი	rezhimi
conflito (m)	კონფლიქტი	k'onplikt'i
conspiração (f)	შეთქმულება	shetkmuleba
provocação (f)	პროვოკაცია	p'rovok'atsia
derrubar (vt)	ჩამოგდება	chamogdeba
derrube (m), queda (f)	დამხობა	damkhoba
revolução (f)	რევოლუცია	revolutsia
golpe (m) de Estado	გადატრიალება	gadat'rialeba
golpe (m) militar	სამხედრო გადატრიალება	samkhedro gadat'rialeba
crise (f)	კრიზისი	k'rizisi
recessão (f) econômica	ეკონომიკური ვარდნა	ek'onomik'uri vardna
manifestante (m)	დემონსტრანტი	demonst'rant'i
manifestação (f)	დემონსტრაცია	demonst'ratsia
lei (f) marcial	სამხედრო მდგომარეობა	samkhedro mdgomareoba
base (f) militar	ბაზა	baza
estabilidade (f)	სტაბილურობა	st'abiluroba
estável (adj)	სტაბილური	st'abiluri
exploração (f)	ექსპლუატაცია	eksp'ulat'atsia
explorar (vt)	ექსპლუატირება	eksp'ulat'ireba
racismo (m)	რასიზმი	rasizmi

racista (m)	რასისტი	rasist'i
fascismo (m)	ფაშიზმი	pashizmi
fascista (m)	ფაშისტი	pashist'i

245. Países. Diversos

estrangeiro (m)	უცხოელი	utskhoeli
estrangeiro (adj)	უცხოური	utskhouri
no estrangeiro	საზღვარგარეთ	sazghvargaret
emigrante (m)	ემიგრანტი	emigrant'i
emigração (f)	ემიგრაცია	emigratsia
emigrar (vi)	ემიგრაცია	emigratsia
Ocidente (m)	დასავლეთი	dasavleti
Oriente (m)	აღმოსავლეთი	aghmosavleti
Extremo Oriente (m)	შორეული აღმოსავლეთი	shoreuli aghmosavleti
civilização (f)	ცივილიზაცია	tsivilizatsia
humanidade (f)	კაცობრიობა	k'atsobrioba
mundo (m)	მსოფლიო	msoplio
paz (f)	მშვიდობა	mshvidoba
mundial (adj)	საქვეყნო	sakveqno
pátria (f)	სამშობლო	samshoblo
povo (população)	ხალხი	khalkhi
população (f)	მოსახლეობა	mosakhleoba
gente (f)	ხალხი	khalkhi
nação (f)	ერი	eri
geração (f)	თაობა	taoba
território (m)	ტერიტორია	t'erit'oria
região (f)	რეგიონი	regioni
estado (m)	შტატი	sht'at'i
tradição (f)	ტრადიცია	t'raditsia
costume (m)	ჩვეულება	chveuleba
ecologia (f)	ეკოლოგია	ek'ologia
índio (m)	ინდიელი	indieli
cigano (m)	ბოშა	bosha
cigana (f)	ბოშა ქალი	bosha kali
cigano (adj)	ბოშური	boshuri
império (m)	იმპერია	imp'eria
colônia (f)	კოლონია	k'olonia
escravidão (f)	მონობა	monoba
invasão (f)	შემოსევა	shemoseva
fome (f)	შიმშილი	shimshili

246. Grupos religiosos mais importantes. Confissões

religião (f)	რელიგია	religia
religioso (adj)	რელიგიური	religiuri

crença (f)	სარწმუნოება	sarts'munoeba
crer (vt)	რწმენა	rts'mena
crente (m)	მორწმუნე	morts'mune
ateísmo (m)	ათეიზმი	ateizmi
ateu (m)	ათეისტი	ateist'i
cristianismo (m)	ქრისტიანობა	krist'ianoba
cristão (m)	ქრისტიანი	krist'iani
cristão (adj)	ქრისტიანული	krist'ianuli
catolicismo (m)	კათოლიციზმი	k'atolitsizmi
católico (m)	კათოლიკე	k'atolik'e
católico (adj)	კათოლიკური	k'atolik'uri
protestantismo (m)	პროტესტანტობა	p'rot'est'ant'oba
Igreja (f) Protestante	პროტესტანტული ეკლესია	p'rot'est'ant'uli ek'lesia
protestante (m)	პროტესტანტი	p'rot'est'ant'i
ortodoxia (f)	მართლმადიდებლობა	martlmadidebloba
Igreja (f) Ortodoxa	მართლმადიდებლური ეკლესია	martlmadidebluri ek'lesia
ortodoxo (m)	მართლმადიდებელი	martlmadidebeli
presbiterianismo (m)	პრესბიტერიანობა	p'resbit'erianoba
Igreja (f) Presbiteriana	პრესბიტერიანული ეკლესია	p'resbit'erianuli ek'lesia
presbiteriano (m)	პრესბიტერიანი	p'resbit'eriani
luteranismo (m)	ლუტერანული ეკლესია	lut'eranuli ek'lesia
luterano (m)	ლუტერანი	lut'erani
Igreja (f) Batista	ბაპტიზმი	bap't'izmi
batista (m)	ბაპტისტი	bap't'ist'i
Igreja (f) Anglicana	ანგლიკანური	anglik'anuri
anglicano (m)	ანგლიკანელი	anglik'aneli
mormonismo (m)	მორმონობა	mormonoba
mórmon (m)	მორმონი	mormoni
Judaísmo (m)	იუდაიზმი	iudaizmi
judeu (m)	იუდეველი	iudeveli
budismo (m)	ბუდიზმი	budizmi
budista (m)	ბუდისტი	budist'i
hinduísmo (m)	ინდუიზმი	induizmi
hindu (m)	ინდუისტი	induist'i
Islã (m)	ისლამი	islami
muçulmano (m)	მუსულმანი	musulmani
muçulmano (adj)	მუსულმანური	musulmanuri
xiismo (m)	შიიზმი	shiizmi
xiita (m)	შიიტი	shiit'i
sunismo (m)	სუნიზმი	sunizmi
sunita (m)	სუნიტი	sunit'i

247. Religiões. Padres

padre (m)	მღვდელი	mghvdeli
Papa (m)	რომის პაპი	romis p'ap'i
monge (m)	ბერი	beri
freira (f)	მონაზონი	monazoni
pastor (m)	მღვდელი	mghvdeli
abade (m)	აბატი	abat'i
vigário (m)	მღვდელი	mghvdeli
bispo (m)	ეპისკოპოსი	ep'isk'op'osi
cardeal (m)	კარდინალი	k'ardinali
pregador (m)	მქადაგებელი	mkadagebeli
sermão (m)	ქადაგება	kadageba
paroquianos (pl)	მრევლი	mrevli
crente (m)	მორწმუნე	morts'mune
ateu (m)	ათეისტი	ateist'i

248. Fé. Cristianismo. Islão

Adão	ადამი	adami
Eva	ევა	eva
Deus (m)	ღმერთი	ghmerti
Senhor (m)	უფალი	upali
Todo Poderoso (m)	ყოვლისშემძლე	qovlisshemdzle
pecado (m)	ცოდვა	tsodva
pecar (vi)	ცოდვის ჩადენა	tsodvis chadena
pecador (m)	ცოდვილი	tsodvili
pecadora (f)	ცოდვილი ქალი	tsodvili kali
inferno (m)	ჯოჯოხეთი	jojokheti
paraíso (m)	სამოთხე	samotkhe
Jesus	იესო	ieso
Jesus Cristo	იესო ქრისტე	ieso krist'e
Espírito (m) Santo	წმინდა სული	ts'minda suli
Salvador (m)	მხსნელი	mkhsneli
Virgem Maria (f)	ღვთისმშობელი	ghvtismshobeli
Diabo (m)	ეშმაკი	eshmak'i
diabólico (adj)	ეშმაკური	eshmak'uri
Satanás (m)	სატანა	sat'ana
satânico (adj)	სატანური	sat'anuri
anjo (m)	ანგელოზი	angelozi
anjo (m) da guarda	მფარველი ანგელოზი	mparveli angelozi
angelical	ანგელოზური	angelozuri

apóstolo (m)	მოციქული	motsikuli
arcanjo (m)	მთავარანგელოზი	mtavarangelozi
anticristo (m)	ანტიქრისტე	ant'ikrist'e
Igreja (f)	სამღვდელოება	samghvdeloeba
Bíblia (f)	ბიბლია	biblia
bíblico (adj)	ბიბლიური	bibliuri
Velho Testamento (m)	ძველი ანდერძი	dzveli anderdzi
Novo Testamento (m)	ახალი ანდერძი	akhali anderdzi
Evangelho (m)	ევანგელია	evangelia
Sagradas Escrituras (f pl)	წმინდა ნაწერი	ts'minda nats'eri
Céu (sete céus)	ზეციური სამოთხე	zetsiuri samotkhe
mandamento (m)	მცნება	mtsneba
profeta (m)	წინასწარმეტყველი	ts'inasts'armet'qveli
profecia (f)	წინასწარმეტყველება	ts'inasts'armet'qveleba
Alá (m)	ალაჰი	alahi
Maomé (m)	მუჰამედი	muhamedi
Alcorão (m)	ყურანი	qurani
mesquita (f)	მეჩეთი	mecheti
mulá (m)	მოლა	mola
oração (f)	ლოცვა	lotsva
rezar, orar (vi)	ლოცვა	lotsva
peregrinação (f)	მლოცველობა	mlotsveloba
peregrino (m)	მლოცველი	mlotsveli
Meca (f)	მექა	meka
igreja (f)	ეკლესია	ek'lesia
templo (m)	ტაძარი	t'adzari
catedral (f)	ტაძარი	t'adzari
gótico (adj)	გოთიკური	gotik'uri
sinagoga (f)	სინაგოგა	sinagoga
mesquita (f)	მეჩეთი	mecheti
capela (f)	სამლოცველო	samlotsvelo
abadia (f)	სააბატო	saabat'o
convento (m)	მონასტერი	monast'eri
monastério (m)	მონასტერი	monast'eri
sino (m)	ზარი	zari
campanário (m)	სამრეკლო	samrek'lo
repicar (vi)	რეკვა	rek'va
cruz (f)	ჯვარი	jvari
cúpula (f)	გუმბათი	gumbati
ícone (m)	ხატი	khat'i
alma (f)	სული	suli
destino (m)	ბედი	bedi
mal (m)	ბოროტება	borot'eba
bem (m)	სიკეთე	sik'ete
vampiro (m)	ვამპირი	vamp'iri

bruxa (f)	ჯადოქარი	jadokari
demônio (m)	დემონი	demoni
espírito (m)	სული	suli
redenção (f)	მონანიება	monanieba
redimir (vt)	გამოსყიდვა	gamosqidva
missa (f)	სამსახური	samsakhuri
celebrar a missa	მსახური	msakhuri
confissão (f)	აღსარება	aghsareba
confessar-se (vr)	აღსარების თქმა	aghsarebis tkma
santo (m)	წმინდა	ts'minda
sagrado (adj)	საღმრთო	saghmrto
água (f) benta	წმინდა წყალი	ts'minda ts'qali
ritual (m)	რიტუალი	rit'uali
ritual (adj)	რიტუალური	rit'ualuri
sacrifício (m)	მსხვერპლშეწირვა	mskhverp'lshets'irva
superstição (f)	ცრურწმენა	tsrurts'mena
supersticioso (adj)	ცრუმორწმუნე	tsrumorts'mune
vida (f) após a morte	იმქვეყნური სიცოცხლე	imkveqnuri sitsotskhle
vida (f) eterna	მუდმივი სიცოცხლე	mudmivi sitsotskhle

TEMAS DIVERSOS

249. Várias palavras úteis

ajuda (f)	დახმარება	dakhmareba
barreira (f)	წინაღობა	ts'inaghoba
base (f)	ბაზა	baza
categoria (f)	კატეგორია	k'at'egoria
causa (f)	მიზეზი	mizezi
coincidência (f)	დამთხვევა	damtkhveva
coisa (f)	ნივთი	nivti
começo, início (m)	დასაწყისი	dasats'qisi
cômodo (ex. poltrona ~a)	მოხერხებული	mokherkhebuli
comparação (f)	შედარება	shedareba
compensação (f)	კომპენსაცია	k'omp'ensatsia
crescimento (m)	ზრდა	zrda
desenvolvimento (m)	განვითარება	ganvitareba
diferença (f)	განსხვავება	ganskhvaveba
efeito (m)	ეფექტი	epekt'i
elemento (m)	ელემენტი	element'i
equilíbrio (m)	ბალანსი	balansi
erro (m)	შეცდომა	shetsdoma
esforço (m)	ძალისხმევა	dzaliskhmeva
estilo (m)	სტილი	st'ili
exemplo (m)	მაგალითი	magaliti
fato (m)	ფაქტი	pakt'i
fim (m)	დასასრული	dasasruli
forma (f)	ფორმა	porma
frequente (adj)	ხშირი	khshiri
fundo (ex. ~ verde)	ფონი	poni
gênero (tipo)	სახეობა	sakheoba
grau (m)	ხარისხი	khariskhi
ideal (m)	იდეალი	ideali
labirinto (m)	ლაბირინთი	labirinti
modo (m)	საშუალება	sashualeba
momento (m)	მომენტი	moment'i
objeto (m)	ობიექტი	obiekt'i
obstáculo (m)	დაბრკოლება	dabrk'oleba
original (m)	ორიგინალი	originali
padrão (adj)	სტანდარტული	st'andart'uli
padrão (m)	სტანდარტი	st'andart'i
paragem (pausa)	შეჩერება	shechereba
parte (f)	ნაწილი	nats'ili

partícula (f)	ნაწილი	nats'ili
pausa (f)	პაუზა	p'auza
posição (f)	პოზიცია	p'ozitsia
princípio (m)	პრინციპი	p'rintsip'i
problema (m)	პრობლემა	p'roblema
processo (m)	პროცესი	p'rotsesi
progresso (m)	პროგრესი	p'rogresi
propriedade (qualidade)	თვისება	tviseba
reação (f)	რეაქცია	reaktsia
risco (m)	რისკი	risk'i
ritmo (m)	ტემპი	t'emp'i
segredo (m)	საიდუმლო	saidumlo
série (f)	სერია	seria
sistema (m)	სისტემა	sist'ema
situação (f)	სიტუაცია	sit'uatsia
solução (f)	ამოხსნა	amokhsna
tabela (f)	ტაბულა	t'abula
termo (ex. ~ técnico)	ტერმინი	t'ermini
tipo (m)	ტიპი	t'ip'i
urgente (adj)	სასწრაფო	sasts'rapo
urgentemente	სასწრაფოდ	sasts'rapod
utilidade (f)	სარგებელი	sargebeli
variante (f)	ვარიანტი	variant'i
variedade (f)	არჩევანი	archevani
verdade (f)	ჭეშმარიტება	ch'eshmarit'eba
vez (f)	რიგი	rigi
zona (f)	ზონა	zona

250. Modificadores. Adjetivos. Parte 1

aberto (adj)	ღია	ghia
afetuoso (adj)	ალერსიანი	alersiani
afiado (adj)	ბასრი	basri
agradável (adj)	სასიამოვნო	sasimovno
agradecido (adj)	მადლობელი	madlobeli
alegre (adj)	მხიარული	mkhiaruli
alto (ex. voz ~a)	ხმამაღალი	khmamaghali
amargo (adj)	მწარე	mts'are
amplo (adj)	ფართე	parte
antigo (adj)	ძველი	dzveli
apropriado (adj)	გამოსადეგი	gamosadegi
arriscado (adj)	სარისკო	sarisk'o
artificial (adj)	ხელოვნური	khelovnuri
azedo (adj)	მჟავე	mzhave
baixo (voz ~a)	ჩუმი	chumi
barato (adj)	იაფი	iapi

belo (adj)	ულამაზესი	ulamazesi
bom (adj)	კარგი	k'argi
bondoso (adj)	კეთილი	k'etili
bonito (adj)	ლამაზი	lamazi
bronzeado (adj)	მზემოკიდებული	mzemok'idebuli
burro, estúpido (adj)	სულელი	suleli
calmo (adj)	მშვიდი	mshvidi
cansado (adj)	დაღლილი	daghlili
cansativo (adj)	დამქანცველი	damkantsveli
carinhoso (adj)	მზრუნველი	mzrunveli
caro (adj)	ძვირი	dzviri
cego (adj)	ბრმა	brma
central (adj)	ცენტრალური	tsent'raluri
cerrado (ex. nevoeiro ~)	ხშირი	khshiri
cheio (xícara ~a)	სავსე	savse
civil (adj)	სამოქალაქო	samokalako
clandestino (adj)	იატაკქვეშა	iat'ak'vesha
claro (explicação ~a)	გასაგები	gasagebi
claro (pálido)	ნათელი	nateli
compatível (adj)	თავსებადი	tavsebadi
comum, normal (adj)	ჩვეულებრივი	chveulebrivi
congelado (adj)	გაყინული	gaqinuli
conjunto (adj)	ერთობლივი	ertoblivi
considerável (adj)	მნიშვნელოვანი	mnishvnelovani
contente (adj)	კმაყოფილი	k'maqopili
contínuo (adj)	ხანგრძლივი	khangrdzlivi
contrário (ex. o efeito ~)	საწინააღმდეგო	sats'inaaghmdego
correto (resposta ~a)	სწორი	sts'ori
cru (não cozinhado)	უმი	umi
curto (adj)	მოკლე	mok'le
de curta duração	ხანმოკლე	khanmok'le
de sol, ensolarado	მზიანი	mziani
de trás	უკანა	uk'ana
denso (fumaça ~a)	მჭიდრო	mch'idro
desanuviado (adj)	უღრუბლო	ughrublo
descuidado (adj)	დაუდევარი	daudevari
diferente (adj)	სხვადასხვა	skhvadaskhva
difícil (decisão)	ძნელი	dzneli
difícil, complexo (adj)	რთული	rtuli
direito (lado ~)	მარჯვენა	marjvena
distante (adj)	შორეული	shoreuli
diverso (adj)	განსხვავებული	ganskhvavebuli
doce (açucarado)	ტკბილი	t'k'bili
doce (água)	მტკნარი	mt'k'nari
doente (adj)	ავადმყოფი	avadmqopi
duro (material ~)	მყარი	mqari
educado (adj)	ზრდილობიანი	zrdilobiani

encantador (agradável)	სანდომიანი	sandomiani
enigmático (adj)	იდუმალი	idumali
enorme (adj)	უზარმაზარი	uzarmazari
escuro (quarto ~)	ბნელი	bneli
especial (adj)	სპეციალური	sp'etsialuri
esquerdo (lado ~)	მარცხენა	martskhena
estrangeiro (adj)	უცხოური	utskhouri
estreito (adj)	ვიწრო	vits'ro
exato (montante ~)	ზუსტი	zust'i
excelente (adj)	წარჩინებული	ts'archinebuli
excessivo (adj)	უზომო	uzomo
externo (adj)	გარეგანი	garegani
fácil (adj)	უბრალო	ubralo
faminto (adj)	მშიერი	mshieri
fechado (adj)	დახურული	dakhuruli
feliz (adj)	ბედნიერი	bednieri
fértil (terreno ~)	ნაყოფიერი	naqopieri
forte (pessoa ~)	ძლიერი	dzlieri
fraco (luz ~a)	ბუნდოვანი	bundovani
frágil (adj)	მყიფე	mqipe
fresco (pão ~)	ახალი	akhali
fresco (tempo ~)	გრილი	grili
frio (adj)	ცივი	tsivi
gordo (alimentos ~s)	ცხიმიანი	tskhimiani
gostoso, saboroso (adj)	გემრიელი	gemrieli
grande (adj)	დიდი	didi
gratuito, grátis (adj)	უფასო	upaso
grosso (camada ~a)	სქელი	skeli
hostil (adj)	მტრული	mt'ruli

251. Modificadores. Adjetivos. Parte 2

igual (adj)	ერთნაირი	ertnairi
imóvel (adj)	უმოძრაო	umodzrao
importante (adj)	მნიშვნელოვანი	mnishvnelovani
impossível (adj)	შეუძლებელი	sheudzlebeli
incompreensível (adj)	გაურკვეველი	gaurk'veveli
indigente (muito pobre)	ღატაკი	ghat'ak'i
indispensável (adj)	აუცილებელი	autsilebeli
inexperiente (adj)	გამოუცდელი	gamoutsdeli
infantil (adj)	საბავშვო	sabavshvo
ininterrupto (adj)	უწყვეტი	uts'qvet'i
insignificante (adj)	უმნიშვნელო	umnishvnelo
inteiro (completo)	მთელი	mteli
inteligente (adj)	ჭკვიანი	ch'k'viani
interno (adj)	შინაგანი	shinagani
jovem (adj)	ახალგაზრდა	akhalgazrda

largo (caminho ~)	განიერი	ganieri
legal (adj)	კანონიერი	k'anonieri
leve (adj)	მსუბუქი	msubuki
limitado (adj)	განსაზღვრული	gansazghvruli
limpo (adj)	სუფთა	supta
líquido (adj)	თხევადი	tkhevadi
liso (adj)	გლუვი	gluvi
liso (superfície ~a)	სწორი	sts'ori
livre (adj)	თავისუფალი	tavisupali
longo (ex. cabelo ~)	გრძელი	grdzeli
maduro (ex. fruto ~)	მწიფე	mts'ipe
magro (adj)	გამხდარი	gamkhdari
mais próximo (adj)	უახლოესი	uakhloesi
mais recente (adj)	განვლილი	ganvlili
mate (adj)	მქრქალი	mkrkali
mau (adj)	ცუდი	tsudi
meticuloso (adj)	აკურატული	ak'urat'uli
míope (adj)	ახლომხედველი	akhlomkhedveli
mole (adj)	რბილი	rbili
molhado (adj)	სველი	sveli
moreno (adj)	შავგვრემანი	shavgvremani
morto (adj)	მკვდარი	mk'vdari
muito magro (adj)	გამხდარი	gamkhdari
não difícil (adj)	მარტივი	mart'ivi
não é clara (adj)	ბუნდოვანი	bundovani
não muito grande (adj)	მცირე	mtsire
natal (país ~)	მშობლიური	mshobliuri
necessário (adj)	საჭირო	sach'iro
negativo (resposta ~a)	უარყოფითი	uarqopiti
nervoso (adj)	ნერვიული	nerviuli
normal (adj)	ნორმალური	normaluri
novo (adj)	ახალი	akhali
o mais importante (adj)	ყველაზე მნიშვნელოვანი	qvelaze mnishvnelovani
obrigatório (adj)	აუცილებელი	autsilebeli
original (incomum)	ორიგინალური	originaluri
passado (adj)	წარსული	ts'arsuli
pequeno (adj)	პაწაწინა	p'ats'ats'ina
perigoso (adj)	საშიში	sashishi
permanente (adj)	მუდმივი	mudmivi
perto (adj)	ახლო	akhlo
pesado (adj)	მძიმე	mdzime
pessoal (adj)	კერძო	k'erdzo
plano (ex. ecrã ~ a)	ბრტყელი	brt'qeli
pobre (adj)	ღარიბი	gharibi
pontual (adj)	პუნქტუალური	p'unkt'ualuri
possível (adj)	შესაძლებელი	shesadzlebeli
pouco fundo (adj)	თხელი	tkheli

presente (ex. momento ~)	ნამდვილი	namdvili
prévio (adj)	წინანდელი	ts'inandeli
primeiro (principal)	ძირითადი	dziritadi
principal (adj)	მთავარი	mtavari
privado (adj)	პირადი	p'iradi
provável (adj)	უეჭველი	uech'veli
próximo (adj)	ახლობელი	akhlobeli
público (adj)	საზოგადო	sazogado
quente (cálido)	ცხელი	tskheli
quente (morno)	თბილი	tbili
rápido (adj)	სწრაფი	sts'rapi
raro (adj)	იშვიათი	ishviati
remoto, longínquo (adj)	შორეული	shoreuli
reto (linha ~a)	სწორი	sts'ori
salgado (adj)	მლაშე	mlashe
satisfeito (adj)	დაკმაყოფილებული	dak'maqopilebuli
seco (roupa ~a)	მშრალი	mshrali
seguinte (adj)	შემდეგი	shemdegi
seguro (não perigoso)	უსაფრთხო	usaprtkho
similar (adj)	მსგავსი	msgavsi
simples (fácil)	უბრალო	ubralo
soberbo, perfeito (adj)	შესანიშნავი	shesanishnavi
sólido (parede ~a)	მტკიცე	mt'k'itse
sombrio (adj)	შავბნელი	shavbneli
sujo (adj)	ჭუჭყიანი	ch'uch'qiani
superior (adj)	უმაღლესი	umaghlesi
suplementar (adj)	დამატებითი	damat'ebiti
tranquilo (adj)	წყნარი	ts'qnari
transparente (adj)	გამჭირვალე	gamch'irvale
triste (pessoa)	სევდიანი	sevdiani
triste (um ar ~)	დარდიანი	dardiani
último (adj)	ბოლო	bolo
úmido (adj)	ნესტიანი	nest'iani
único (adj)	უნიკალური	unik'aluri
usado (adj)	ხმარებაში ნამყოფი	khmarebashi namqopi
vazio (meio ~)	ცარიელი	tsarieli
velho (adj)	მოხუცი	mokhutsi
vizinho (adj)	მეზობელი	mezobeli

500 VERBOS PRINCIPAIS

252. Verbos A-B

abraçar (vt)	მოხვევა	mokhveva
abrir (vt)	გაღება	gagheba
acalmar (vt)	დამშვიდება	damshvideba
acariciar (vt)	მოფერება	mopereba
acenar (com a mão)	ქნევა	kneva
acender (~ uma fogueira)	ანთება	anteba
achar (vt)	თვლა, ფიქრი	tvla, pikri
acompanhar (vt)	თანხლება	tankhleba
aconselhar (vt)	რჩევა	rcheva
acordar, despertar (vt)	გაღვიძება	gaghvidzeba
acrescentar (vt)	დამატება	damat'eba
acusar (vt)	დაბრალება	dabraleba
adestrar (vt)	წვრთნა	ts'vrtna
adivinhar (vt)	გამოცნობა	gamotsnoba
admirar (vt)	აღტაცება	aght'atseba
adorar (~ fazer)	სიყვარული	siqvaruli
advertir (vt)	გაფრთხილება	gaprtkhileba
afirmar (vt)	დაჯინება	dajineba
afogar-se (vr)	ჩაძირვა	chadzirva
afugentar (vt)	გაგდება	gagdeba
agir (vi)	მოქმედება	mokmedeba
agitar, sacudir (vt)	ნჯღრევა	njghreva
agradecer (vt)	მადლობა	madloba
ajudar (vt)	დახმარება	dakhmareba
alcançar (objetivos)	მიღწევა	mights'eva
alimentar (dar comida)	ჭმევა	ch'meva
almoçar (vi)	სადილობა	sadiloba
alugar (~ o barco, etc.)	დაქირავება	dakiraveba
alugar (~ um apartamento)	დაქირავება	dakiraveba
amar (pessoa)	სიყვარული	siqvaruli
amarrar (vt)	შეკვრა	shek'vra
ameaçar (vt)	დამუქრება	damukreba
amputar (vt)	ამპუტირება	amp'ut'ireba
anotar (escrever)	მონიშვნა	monishvna
anotar (escrever)	ჩაწერა	chats'era
anular, cancelar (vt)	გაუქმება	gaukmeba
apagar (com apagador, etc.)	წაშლა	ts'ashla
apagar (um incêndio)	ქრობა	kroba

apaixonar-se ...	შეყვარება	sheqvareba
aparecer (vi)	გამოჩენა	gamochena
aplaudir (vi)	ტაშის დაკვრა	t'ashis dak'vra
apoiar (vt)	მხარდაჭერა	mkhardach'era
apontar para ...	დამიზნება	damizneba
apresentar (alguém a alguém)	გაცნობა	gatsnoba
apresentar (Gostaria de ~)	წარდგენა	ts'ardgena
apressar (vt)	დაჩქარება	dachkareba
apressar-se (vr)	აჩქარება	achkareba
aproximar-se (vr)	მიახლოება	miakhloeba
aquecer (vt)	გაცხელება	gatskheleba
arrancar (vt)	მოხევა	mokheva
arranhar (vt)	კაწვრა	k'ats'vra
arrepender-se (vr)	სინანული	sinanuli
arriscar (vt)	რისკის გაწევა	risk'is gats'eva
arrumar, limpar (vt)	დალაგება	dalageba
aspirar a ...	სწრაფვა	sts'rapva
assinar (vt)	ხელის მოწერა	khelis mots'era
assistir (vt)	ასისტირება	asist'ireba
atacar (vt)	შეტევა	shet'eva
atar (vt)	მიბმა	mibma
atracar (vi)	მიდგომა	midgoma
aumentar (vi)	გადიდება	gadideba
aumentar (vt)	გადიდება	gadideba
avançar (vi)	დაწინაურება	dats'inaureba
avistar (vt)	დანახვა	danakhva
baixar (guindaste, etc.)	დაშვება	dashveba
barbear-se (vr)	პარსვა	p'arsva
basear-se (vr)	ბაზირება	bazireba
bastar (vi)	საკმარისია	sak'marisia
bater (à porta)	კაკუნი	k'ak'uni
bater (espancar)	დარტყმა	dart'qma
bater-se (vr)	ჩხუბი	chkhubi
beber, tomar (vt)	სმა	sma
brilhar (vi)	კაშკაში	k'ashk'ashi
brincar, jogar (vi, vt)	თამაში	tamashi
buscar (vt)	ძებნა	dzebna

253. Verbos C-D

caçar (vi)	ნადირობა	nadiroba
calar-se (parar de falar)	გაჩუმება	gachumeba
calcular (vt)	დათვლა	datvla
carregar (o caminhão, etc.)	დატვირთვა	dat'virtva
carregar (uma arma)	დატენვა	dat'enva

casar-se (vr)	ცოლის შერთვა	tsolis shertva
causar (vt)	მიზეზად ყოფნა	mizezad qopna
cavar (vt)	თხრა	tkhra
ceder (não resistir)	დათმობა	datmoba
cegar, ofuscar (vt)	დაბრმავება	dabrmaveba
censurar (vt)	დაყვედრება	daqvedreba
chamar (~ por socorro)	დაძახება	dadzakheba
chamar (alguém para ...)	დაძახება	dadzakheba
chegar (a algum lugar)	მიღწევა	mights'eva
chegar (vi)	ჩამოსვლა	chamosvla
cheirar (~ uma flor)	ყნოსვა	qnosva
cheirar (tem o cheiro)	სუნი	suni
chorar (vi)	ტირილი	t'irili
citar (vt)	ციტირება	tsit'ireba
colher (flores)	მოწყვეტა	mots'qvet'a
colocar (vt)	მოთავსება	motavseba
combater (vi, vt)	ბრძოლა	brdzola
começar (vt)	დაწყება	dats'qeba
comer (vt)	ჭამა	ch'ama
comparar (vt)	შედარება	shedareba
compensar (vt)	ანაზღაურება	anazghaureba
competir (vi)	კონკურენციის გაწევა	k'onk'urentsiis gats'eva
complicar (vt)	გართულება	gartuleba
compor (~ música)	შექმნა	shekmna
comportar-se (vr)	მოქცევა	moktseva
comprar (vt)	ყიდვა	qidva
comprometer (vt)	კომპრომეტირება	k'omp'romet'ireba
concentrar-se (vr)	კონცენტრაცია	k'ontsent'ratsia
concordar (dizer "sim")	დათანხმება	datankhmeba
condecorar (dar medalha)	დაჯილდოვება	dajildoveba
confessar-se (vr)	აღიარება	aghiareba
confiar (vt)	ნდობა	ndoba
confundir (equivocar-se)	არევა	areva
conhecer (vt)	ცნობა	tsnoba
conhecer-se (vr)	გაცნობა	gatsnoba
consertar (vt)	წესრიგში მოყვანა	ts'esrigshi moqvana
consultar ...	კონსულტირება	k'onsult'ireba
contagiar-se com ...	დასნეულება	dasneuleba
contar (vt)	მოყოლა	moqola
contar com ...	იმედის ქონა	imedis kona
continuar (vt)	გაგრძელება	gagrdzeleba
contratar (vt)	დაქირავება	dakiraveba
controlar (vt)	კონტროლის გაწევა	k'ont'rolis gats'eva
convencer (vt)	დარწმუნება	darts'muneba
convidar (vt)	მოწვევა	mots'veva
cooperar (vi)	თანამშრომლობა	tanamshromloba

coordenar (vt)	კოორდინირება	k'oordinireba
corar (vi)	გაწითლება	gats'itleba
correr (vi)	გაქცევა	gaktseva
corrigir (~ um erro)	გამოსწორება	gamosts'oreba
cortar (com um machado)	მოკვეთა	mok'veta
cortar (com uma faca)	მოჭრა	moch'ra
cozinhar (vt)	მზადება	mzadeba
crer (pensar)	ნდობა	ndoba
criar (vt)	შექმნა	shekmna
cultivar (~ plantas)	გაზრდა	gazrda
cuspir (vi)	ფურთხება	purtkheba
custar (vt)	ღირება	ghireba
dar banho, lavar (vt)	ბანვა	banva
datar (vi)	დათარიღება	datarigheba
decidir (vt)	გადაწყვეტა	gadats'qvet'a
decorar (enfeitar)	შემკობა	shemk'oba
dedicar (vt)	გაზიარება	gaziareba
defender (vt)	დაცვა	datsva
defender-se (vr)	თავის დაცვა	tavis datsva
deixar (~ a mulher)	მიტოვება	mit'oveba
deixar (esquecer)	დატოვება	dat'oveba
deixar (permitir)	ნების დართვა	nebis dartva
deixar cair (vt)	ხელიდან გავარდნა	khelidan gavardna
denominar (vt)	დაძახება	dadzakheba
denunciar (vt)	დასმენა	dasmena
depender de ...	დამოკიდებულება	damok'idebuleba
derramar (~ líquido)	დაღვრა	daghvra
desaparecer (vi)	გაუჩინარება	gauchinareba
desatar (vt)	აშვება	ashveba
desatracar (vi)	ნაპირს მოცილება	nap'irs motsileba
descansar (um pouco)	შესვენება	shesveneba
descer (para baixo)	ჩასვლა	chasvla
descobrir (novas terras)	აღმოჩენა	aghmochena
descolar (avião)	აფრენა	aprena
desculpar (vt)	პატიება	p'at'ieba
desculpar-se (vr)	ბოდიშის მოხდა	bodishis mokhda
desejar (vt)	ნატვრა	nat'vra
desempenhar (papel)	თამაში	tamashi
desligar (vt)	ჩაქრობა	chakroba
desprezar (vt)	ზიზღი	zizghi
destruir (documentos, etc.)	მოსპობა	mosp'oba
dever (vi)	სათანადოდ ყოფნა	satanadod qopna
devolver (vt)	უკან გაგზავნა	uk'an gagzavna
direcionar (vt)	მიმართვა	mimartva
dirigir (~ um carro)	მანქანის მართვა	mankanis martva
dirigir (~ uma empresa)	ხელმძღვანელობა	khelmdzghvaneloba

dirigir-se (a um auditório, etc.)	მიმართვა	mimartva
discutir (notícias, etc.)	განხილვა	gankhilva
disparar, atirar (vi)	სროლა	srola
distribuir (folhetos, etc.)	გავრცელება	gavrtseleba
distribuir (vt)	დარიგება	darigeba
divertir (vt)	გართობა	gartoba
divertir-se (vr)	მხიარულება	mkhiaruleba
dividir (mat.)	გაყოფა	gaqopa
dizer (vt)	თქმა	tkma
dobrar (vt)	გაორმაგება	gaormageba
duvidar (vt)	დაეჭვება	daech'veba

254. Verbos E-J

elaborar (uma lista)	შედგენა	shedgena
elevar-se acima de ...	ამაღლება	amaghleba
eliminar (um obstáculo)	მოშორება	moshoreba
embrulhar (com papel)	შეფუთვა	sheputva
emergir (submarino)	ამოცურება	amotsureba
emitir (~ cheiro)	გავრცელება	gavrtseleba
empreender (vt)	წამოწყება	ts'amots'qeba
empurrar (vt)	კვრა	k'vra
encabeçar (vt)	მეთაურობა	metauroba
encher (~ a garrafa, etc.)	ავსება	avseba
encontrar (achar)	პოვნა	p'ovna
enganar (vt)	მოტყუება	mot'queba
ensinar (vt)	სწავლება	sts'avleba
entediar-se (vr)	მოწყენა	mots'qena
entender (vt)	გაგება	gageba
entrar (na sala, etc.)	შესვლა	shesvla
enviar (uma carta)	გაგზავნა	gagzavna
equipar (vt)	აღჭურვა	aghch'urva
errar (enganar-se)	შეცდომა	shetsdoma
escolher (vt)	არჩევა	archeva
esconder (vt)	დამალვა	damalva
escrever (vt)	წერა	ts'era
escutar (vt)	მოსმენა	mosmena
escutar atrás da porta	ფარულად ყურის გდება	parulad quris gdeba
esmagar (um inseto, etc.)	გაჭყლეტა	gach'qlet'a
esperar (aguardar)	ლოდინი	lodini
esperar (contar com)	ლოდინი	lodini
esperar (ter esperança)	იმედოვნება	imedovneba
espreitar (vi)	ფარულად ყურება	parulad qureba
esquecer (vt)	დავიწყება	davits'qeba
estar	დება	deba

estar convencido	დარწმუნება	darts'muneba
estar deitado	წოლა	ts'ola
estar perplexo	ვერმიხვედრა	vermikhvedra
estar preocupado	წუხილი	ts'ukhili
estar sentado	ჯდომა	jdoma
estremecer (vi)	შეკრთომა	shek'rtoma
estudar (vt)	შესწავლა	shests'avla
evitar (~ o perigo)	არიდება	arideba
examinar (~ uma proposta)	განხილვა	gankhilva
exigir (vt)	მოთხოვნა	motkhovna
existir (vi)	არსებობა	arseboba
explicar (vt)	ახსნა	akhsna
expressar (vt)	გამოხატვა	gamokhat'va
expulsar (~ da escola, etc.)	გარიცხვა	garitskhva
facilitar (vt)	შემსუბუქება	shemsubukeba
falar com ...	ლაპარაკი	lap'arak'i
faltar (a la escuela, etc.)	გაცდენა	gatsdena
fascinar (vt)	მოხიბვლა	mokhiblva
fatigar (vt)	დამღლელობა	damghleloba
fazer (vt)	კეთება	k'eteba
fazer lembrar	შეხსენება	shekhseneba
fazer piadas	ხუმრობა	khumroba
fazer publicidade	რეკლამირება	rek'lamireba
fazer uma tentativa	მცდელობა	mtsdeloba
fechar (vt)	დაკეტვა	dak'et'va
felicitar (vt)	მილოცვა	milotsva
ficar cansado	დაღლა	daghla
ficar em silêncio	დუმილი	dumili
ficar pensativo	ჩაფიქრება	chapikreba
forçar (vt)	იძულება	idzuleba
formar (vt)	ჩამოყალიბება	chamoqalibeba
gabar-se (vr)	ტრაბახი	t'rabakhi
garantir (vt)	გარანტია	garant'ia
gostar (apreciar)	მოწონება	mots'oneba
gritar (vi)	ყვირილი	qvirili
guardar (fotos, etc.)	შენახვა	shenakhva
guardar (no armário, etc.)	ალაგება	alageba
guerrear (vt)	ბრძოლა	brdzola
herdar (vt)	მემკვიდრეობა	memk'vidreoba
iluminar (vt)	განათება	ganateba
imaginar (vt)	წარმოდგენა	ts'armodgena
imitar (vt)	იმიტირება	imit'ireba
implorar (vt)	ვედრება	vedreba
importar (vt)	იმპორტირება	imp'ort'ireba
indicar (~ o caminho)	მითითება	mititeba
indignar-se (vr)	აღშფოთება	aghshpoteba

infetar, contagiar (vt)	დასნებოვნება	dasnebovneba
influenciar (vt)	გავლენა	gavlena
informar (~ a policia)	შეტყობინება	shet'qobineba
informar (vt)	ინფორმირება	inpormireba
informar-se (~ sobre)	შეტყობა	shet'qoba
inscrever (na lista)	ჩაწერა	chats'era
inserir (vt)	ჩაყენება	chaqeneba
insinuar (vt)	სიტყვის გადაკვრა	sit'qvis gadak'vra
insistir (vi)	დაჟინება	dazhineba
inspirar (vt)	აღფრთოვანება	aghprtovaneba
instruir (ensinar)	ინსტრუქტირება	inst'rukt'ireba
insultar (vt)	შეურაცხყოფა	sheuratskhqopa
interessar (vt)	დაინტერესება	daint'ereseba
interessar-se (vr)	ინტერესის გამოჩენა	int'eresis gamochena
intervir (vi)	ჩარევა	chareva
invejar (vt)	შეშურება	sheshureba
inventar (vt)	გამოგონება	gamogoneba
ir (a pé)	სვლა	svla
ir (de carro, etc.)	მგზავრობა	mgzavroba
ir nadar	ბანაობა	banaoba
ir para a cama	საძილედ დაწოლა	sadziled dats'ola
irritar (vt)	გაღიზიანება	gaghizianeba
irritar-se (vr)	გაღიზიანება	gaghizianeba
isolar (vt)	იზოლირება	izolireba
jantar (vi)	ვახშმობა	vakhshmoba
jogar, atirar (vt)	სროლა	srola
juntar, unir (vt)	გაერთიანება	gaertianeba
juntar-se a ...	შეერთება	sheerteba

255. Verbos L-P

lançar (novo projeto, etc.)	გაშვება	gashveba
lavar (vt)	რეცხვა	retskhva
lavar a roupa	რეცხვა	retskhva
lavar-se (vr)	დაბანა	dabana
lembrar (vt)	ხსოვნა	khsovna
ler (vt)	კითხვა	k'itkhva
levantar-se (vr)	ადგომა	adgoma
levar (ex. leva isso daqui)	წაღება	ts'agheba
libertar (cidade, etc.)	გათავისუფლება	gatavisupleba
ligar (~ o radio, etc.)	ჩართვა	chartva
limitar (vt)	შეზღუდვა	shezghudva
limpar (eliminar sujeira)	წმენდა	ts'menda
limpar (tirar o calcário, etc.)	გაწმენდა	gats'menda
lisonjear (vt)	პირფერობა	p'irperoba
livrar-se de ...	ჩამოშორება	chamoshoreba

lutar (combater)	ბრძოლა	brdzola
lutar (esporte)	ბრძოლა	brdzola
marcar (com lápis, etc.)	აღნიშვნა	aghnishvna
matar (vt)	მოკვლა	mok'vla
memorizar (vt)	დამახსოვრება	damakhsovreba
mencionar (vt)	ხსენება	khseneba
mentir (vi)	ტყუილი	t'quili
merecer (vt)	დამსახურება	damsakhureba
mergulhar (vi)	ყვინთვა	qvintva
misturar (vt)	შეზავება	shezaveba
morar (vt)	ცხოვრება	tskhovreba
mostrar (vt)	ჩვენება	chveneba
mover (vt)	გადაადგილება	gadaadgileba
mudar (modificar)	შეცვლა	shetsvla
multiplicar (mat.)	გამრავლება	gamravleba
nadar (vi)	ცურვა	tsurva
negar (vt)	უარყოფა	uarqopa
negociar (vi)	მოლაპარაკების წარმოება	molap'arak'ebis ts'armoeba
nomear (função)	დანიშვნა	danishvna
obedecer (vt)	დამორჩილება	damorchileba
objetar (vt)	წინააღმდეგ ყოფნა	ts'inaaghmdeg qopna
observar (vt)	დაკვირვება	dak'virveba
ofender (vt)	წყენინება	ts'qenineba
olhar (vt)	ყურება	qureba
omitir (vt)	გატარება	gat'areba
ordenar (mil.)	ბრძანება	brdzaneba
organizar (evento, etc.)	მოგვარება	mogvareba
ousar (vt)	გათამამება	gatamameba
ouvir (vt)	სმენა	smena
pagar (vt)	გადახდა	gadakhda
parar (para descansar)	გაჩერება	gachereba
parar, cessar (vt)	შეწყვეტა	shets'qvet'a
parecer-se (vr)	მსგავსი ყოფნა	msgavsi qopna
participar (vi)	მონაწილეობის მიღება	monats'ileobis migheba
partir (~ para o estrangeiro)	გამგზავრება	gamgzavreba
passar (vt)	გავლა	gavla
passar a ferro	დაუთოება	dautoeba
pecar (vi)	ცოდვის ჩადენა	tsodvis chadena
pedir (comida)	შეკვეთა	shek'veta
pedir (um favor, etc.)	თხოვნა	tkhovna
pegar (tomar com a mão)	ჭერა	ch'era
pegar (tomar)	აღება	agheba
pendurar (cortinas, etc.)	ჩამოკიდება	chamok'ideba
penetrar (vt)	შეღწევა	sheghts'eva
pensar (vi, vt)	ფიქრი	pikri
pentear-se (vr)	დავარცხნა	davartskhna

perceber (ver)	შენიშვნა	shenishvna
perder (o guarda-chuva, etc.)	დაკარგვა	dak'argva
perdoar (vt)	პატიება	p'at'ieba
permitir (vt)	ნებართვა	nebartva
pertencer a …	კუთვნება	k'utvneba
perturbar (vt)	ხელის შეშლა	khelis sheshla
pesar (ter o peso)	წონა	ts'ona
pescar (vt)	თევზის ჭერა	tevzis ch'era
planejar (vt)	დაგეგმვა	dagegmva
poder (~ fazer algo)	შეძლება	shedzleba
pôr (posicionar)	განლაგება	ganlageba
possuir (uma casa, etc.)	ფლობა	ploba
predominar (vi, vt)	ჭარბობა	ch'arboba
preferir (vt)	მჯობინება	mjobineba
preocupar (vt)	შეწუხება	shets'ukheba
preocupar-se (vr)	აღელვება	aghelveba
preparar (vt)	მომზადება	momzadeba
preservar (ex. ~ a paz)	შენახვა	shenakhva
prever (vt)	გათვალისწინება	gatvalists'ineba
privar (vt)	ჩამორთმევა	chamortmeva
proibir (vt)	აკრძალვა	ak'rdzalva
projetar, criar (vt)	დაპროექტება	dap'roekt'eba
prometer (vt)	დაპირება	dap'ireba
pronunciar (vt)	წარმოთქმა	ts'armotkma
propor (vt)	შეთავაზება	shetavazeba
proteger (a natureza)	დაცვა	datsva
protestar (vi)	გაპროტესტება	gap'rot'est'eba
provar (~ a teoria, etc.)	დამტკიცება	damt'k'itseba
provocar (vt)	პროვოცირება	p'rovotsireba
punir, castigar (vt)	დასჯა	dasja
puxar (vt)	თრევა	treva

256. Verbos Q-Z

quebrar (vt)	ტეხა	t'ekha
queimar (vt)	დაწვა	dats'va
queixar-se (vr)	ჩივილი	chivili
querer (desejar)	ნდომა	ndoma
rachar-se (vr)	სკდომა	sk'doma
ralhar, repreender (vt)	ლანძღვა	landzghva
realizar (vt)	განხორციელება	gankhortsieleba
recomendar (vt)	რეკომენდაციის მიცემა	rek'omendatsiis mitsema
reconhecer (identificar)	ცნობა	tsnoba
reconhecer (o erro)	ცნობა	tsnoba
recordar, lembrar (vt)	გახსენება	gakhseneba

recuperar-se (vr)	გამოჯანმრთელება	gamojanmrteleba
recusar (~ alguém)	უარის თქმა	uaris tkma
reduzir (vt)	შემცირება	shemtsireba
refazer (vt)	გადაკეთება	gadak'eteba
reforçar (vt)	განმტკიცება	ganmt'k'itseba
refrear (vt)	შეკავება	shek'aveba
regar (plantas)	მორწყვა	morts'qva
remover (~ uma mancha)	მოცილება	motsileba
reparar (vt)	შეკეთება	shek'eteba
repetir (dizer outra vez)	გამეორება	gameoreba
reportar (vt)	მოხსენება	mokhseneba
reservar (~ um quarto)	დაჯავშნა	dajavshna
resolver (o conflito)	მოწესრიგება	mots'esrigeba
resolver (um problema)	ამოხსნა	amokhsna
respirar (vi)	სუნთქვა	suntkva
responder (vt)	პასუხის გაცემა	p'asukhis gatsema
rezar, orar (vi)	ლოცვა	lotsva
rir (vi)	სიცილი	sitsili
romper-se (corda, etc.)	გაწყვეტა	gats'qvet'a
roubar (vt)	პარვა	p'arva
saber (vt)	ცოდნა	tsodna
sair (~ de casa)	გასვლა	gasvla
sair (ser publicado)	გამოსვლა	gamosvla
salvar (resgatar)	შველა	shvela
satisfazer (vt)	დაკმაყოფილება	dak'maqopileba
saudar (vt)	მისალმება	misalmeba
secar (vt)	შრობა	shroba
seguir (~ alguém)	მიდევნა	midevna
selecionar (vt)	ამორჩევა	amorcheva
semear (vt)	თესვა	tesva
sentar-se (vr)	დაჯდომა	dajdoma
sentenciar (vt)	განაჩენი	ganacheni
sentir (vt)	გრძნობა	grdznoba
ser diferente	გამორჩევა	gamorcheva
ser indispensável	საჭიროება	sach'iroeba
ser necessário	საჭიროება	sach'iroeba
ser preservado	შენახვა	shenakhva
ser, estar	ყოფნა	qopna
servir (restaurant, etc.)	მომსახურება	momsakhureba
servir (roupa, caber)	მორგება	morgeba
significar (palavra, etc.)	მაშასადამე	mashasadame
significar (vt)	აღნიშვნა	aghnishvna
simplificar (vt)	გამარტივება	gamart'iveba
sofrer (vt)	ტანჯვა	t'anjva
sonhar (~ com)	ოცნება	otsneba
sonhar (ver sonhos)	სიზმრების ნახვა	sizmrebis nakhva

soprar (vi)	დაბერვა	daberva
sorrir (vi)	გაღიმება	gaghimeba
subestimar (vt)	არშეფასება	arshepaseba
sublinhar (vt)	ხაზის გასმა	khazis gasma
sujar-se (vr)	გასვრა	gasvra
superestimar (vt)	გადაფასება	gadapaseba
supor (vt)	ვარაუდი	varaudi
suportar (as dores)	თმენა	tmena
surpreender (vt)	გაკვირვება	gak'virveba
surpreender-se (vr)	გაკვირვება	gak'virveba
suspeitar (vt)	ეჭვის მიტანა	ech'vis mit'ana
suspirar (vi)	ამოოხვრა	amookhvra
tentar (~ fazer)	ცდა	tsda
ter (vt)	ქონა	kona
ter medo	შიში	shishi
terminar (vt)	დამთავრება	damtavreba
tirar (vt)	მოხსნა	mokhsna
tirar cópias	გამრავლება	gamravleba
tirar fotos, fotografar	სურათის გადაღება	suratis gadagheba
tirar uma conclusão	დასკვნის გამოტანა	dask'vnis gamot'ana
tocar (com as mãos)	შეხება	shekheba
tomar café da manhã	საუზმობა	sauzmoba
tomar emprestado	სესხება	seskheba
tornar-se (ex. ~ conhecido)	გარდაქმნა	gardakmna
trabalhar (vi)	მუშაობა	mushaoba
traduzir (vt)	თარგმნა	targmna
transformar (vt)	გარდასახვა	gardasakhva
tratar (a doença)	მკურნალობა	mk'urnaloba
trazer (vt)	ჩამოტანა	chamot'ana
treinar (vt)	წვრთნა	ts'vrtna
treinar-se (vr)	ვარჯიში	varjishi
tremer (de frio)	კანკალი	k'ank'ali
trocar (vt)	გაცვლა	gatsvla
trocar, mudar (vt)	შეცვლა	shetsvla
usar (uma palavra, etc.)	გამოყენება	gamoqeneba
utilizar (vt)	სარგებლობა	sargebloba
vacinar (vt)	აცრა	atsra
vender (vt)	გაყიდვა	gaqidva
verter (encher)	დასხმა	daskhma
vingar (vt)	შურისძიება	shurisdzieba
virar (~ para a direita)	მობრუნება	mobruneba
virar (pedra, etc.)	გადაბრუნება	gadabruneba
virar as costas	შემობრუნება	shemobruneba
viver (vi)	არსებობა	arseboba
voar (vi)	ფრენა	prena
voltar (vi)	დაბრუნება	dabruneba

votar (vi)	ხმის მიცემა	khmis mitsema
zangar (vt)	გაჯავრება	gajavreba
zangar-se com ...	გაჯავრება	gajavreba
zombar (vt)	დაცინვა	datsinva

www.ingramcontent.com/pod-product-compliance
Lightning Source LLC
Chambersburg PA
CBHW062054080426
42734CB00012B/2650